W0391945

Wo das Herz des Glaubens schlägt

© Verlag Herder GmbH, Freiburg im Breisgau 2008
Alle Rechte vorbehalten
www.herder.de

Satz: Weiß-Freiburg GmbH – Graphik & Buchgestaltung
Herstellung: fgb · freiburger graphische betriebe
www.fgb.de

Gedruckt auf umweltfreundlichem, chlorfrei gebleichtem Papier
Printed in Germany

ISBN 978-3-451-29873

Kardinal Walter Kasper
Daniel Deckers

Wo das Herz des Glaubens schlägt

Die Erfahrung eines Lebens

HERDER
FREIBURG · BASEL · WIEN

Dem Andenken meiner Eltern
und meinen Geschwistern

Inhalt

PROLOG

Man schreibt den 12. September 2006, über der malerischen Stadt Regensburg mit ihren römischen Grundmauern, den mittelalterlichen Wohntürmen und der weithin sichtbaren Kathedrale wölbt sich ein strahlend blauer Himmel. Hunderte geistlicher, weltlicher und akademischer Honoratioren und eine handverlesene Gruppe Journalisten strömen am späten Nachmittag in das Auditorium Maximum jener Universität, an der Joseph Ratzinger von 1969 bis 1977 gelehrt hatte und nun als Papst Benedikt XVI. nochmals eine Vorlesung halten will, eine, die in die Geschichte eingehen wird.

Unmittelbar vor der Bühne, in der ersten Reihe, haben zwei Kardinäle Platz genommen. Den Mann, der jetzt Papst ist, kennen sie als Professor und Bischof seit fast einem halben Jahrhundert: Karl Lehmann und Walter Kasper. Die Lebenswege der drei weisen frappierende Parallelen auf. Alle drei stammen aus Süddeutschland, alle drei waren für ihre Heimatdiözese Priester geworden, alle drei hatten, bevor sie Bischöfe wurden, theologische Lehrstühle an staatlichen Fakultäten inne. Sogar an der Universität Regensburg waren sie schon einmal beisammen, wenn auch nur virtuell. Als es Anfang 1969 galt, den neuen, zweiten Lehrstuhl für Dogmatik zu besetzen, hatte die Fakultät eine Berufungsliste erstellt, auf deren erstem Platz Joseph Ratzinger stand, auf Platz zwei derjenige, der bald sein Nachfolger in Tübingen wurde, Walter Kasper, auf Platz drei Karl Lehmann, damals Professor, später Bischof von Mainz und mehr als zwanzig Jahre Vorsitzender der Deutschen Bischofskonferenz.

Zwar ist die Rede, die der Papst zu halten gedenkt, für die akkreditierten Vertreter der Medien schon seit dem Morgengrauen im Internet zugänglich, doch kaum jemand hat sich die

Mühe gemacht, den Text vorab zu lesen. Viele Mitarbeiter des Papstes haben die Rede vorher – wie man hört – erst gar nicht zu Gesicht bekommen. Selbst als der Papst kurz nach Beginn seiner Vorlesung einen spätbyzantinischen Kaiser zitiert, der sich kritisch über den Islam geäußert hatte, ermessen die meisten Zuhörer die Tragweite seiner Worte nicht. Anders Kardinal Kasper. „Das könnte Ärger geben", durchzuckt es ihn.

Als Theologe weiß er des Papstes Plädoyer für eine positive Verhältnisbestimmung von Glaube und Vernunft und seine Absage an alle Formen von Gewalt in der Ausübung der Religion zu schätzen. Als Präsident des Päpstlichen Rates für die Einheit der Christen weiß er, der in Personalunion auch Präsident der Kommission für die religiösen Beziehungen mit den Juden ist, aus eigenem Erleben, welche unkalkulierbare Dynamik einzelne Äußerungen entfesseln können, welche Wunden manche beiläufige Bemerkung oder auch ein richtiges Wort zur falschen Zeit schlagen kann.

Im Frühjahr 1999 hatte Johannes Paul II. Bischof Walter Kasper von Rottenburg-Stuttgart nach Rom berufen. Das Amt des Sekretärs des Päpstlichen Rates zur Förderung der Einheit der Christen war zu besetzen, bald würde das Präsidentenamt frei werden. Hinter dem Schwaben lagen mehr als ein Vierteljahrhundert als Professor für Dogmatik, zunächst in Münster, dann in Tübingen, und zehn Jahre als Bischof einer der größten Diözesen in Deutschland, vor ihm lag die weite Welt des Dialogs mit den anderen christlichen Konfessionen und mit dem Judentum. Es war eine Zeit hoher Erwartungen, aber auch manch herber Enttäuschungen.

Als junger Professor war Walter Kasper von Anfang an bei dem 1967 aufgenommenen internationalen lutherisch-katholischen Dialog dabei. Das Projekt einer „Gemeinsamen Erklärung" zwischen dem Vatikan und dem Lutherischen Weltbund (LWB) über die Rechtfertigungslehre weckte hohe Erwartungen für den weiteren Dialog mit den aus der Reformation hervorgegangenen Kirchengemeinschaften. Mitte der neunziger Jahre gab es hier und da sogar die Hoffnung auf Abendmahlsgemeinschaft zwischen Katholiken und Lutheranern. Jetzt war dieses Projekt mit Mühe zum Abschluss gebracht worden. Damals ging ein Photo um die Welt, das den neuen Sekretär des Einheitsrates zeigt, wie er Ismael Noko, den Generalsekretär des Lutherischen Weltbundes, umarmt. Die Berufung dieses angesehenen Theologen auf dem Gebiet der Ökumene weltweit sollte Gegnern wie Anhängern auf beiden Seiten signalisieren: Rom hält am Projekt der Verständigung und Annäherung auf dem Weg eines theologisch seriösen Dialogs fest.

Mit vielen alten und manchen neuen Ungewissheiten verbunden war auch der in den achtziger Jahren begonnene Dialog mit den orthodoxen Kirchen byzantinischer wie slawischer Tradition. 1995 hatte Johannes Paul II. in der Enzyklika „Ut unum sint" um Vorschläge gebeten, wie das Petrusamt so ausgeübt werden könne, dass der Petrusdienst des Bischofs von Rom nicht länger Stein des Anstoßes zwischen West und Ost sei. Wer zwischen den Zeilen und im Gesicht des Papstes zu lesen verstand, dem konnte nicht verborgen bleiben, dass der Mann, der wie kein zweiter zum Fall des Eisernen Vorhangs beigetragen hatte, den Wunsch hegte, noch zu seinen Lebzeiten auch alles Kirchentrennende zwischen Ost und West, Rom und Byzanz und sogar Moskau, zu beseitigen. Diese welthistorische Mission sollte Kasper nach dem Willen Johannes Pauls II. nach Kräften befördern.

Wer aber ist der Mann, zu dessen 75. Geburtstags am 3. März 2008 Papst Benedikt XVI. schrieb, er habe „im Ringen dieser Jahrzehnte" immer an vorderster Stelle gestanden und zahlreiche Bücher geschrieben, die „für viele Menschen, Theologen und Laien, in den verschiedenen Sprachen und Kulturen Orientierung geworden“ sind? Der ökumenische Patriarch Bartholomäus II. nannte ihn aus demselben Anlass einen „Glücksfall für die Ökumene“, und vom Präsidenten des Jüdischen Weltkongresses erhielt Kasper ein Schreiben, das ihm nicht nur als Kurienkardinal zur Ehre gereicht, sondern auch als Deutschem: „Your open-mindedness and positive attitude towards Judaism made it possible that today relations between Catholics and Jews are excellent“, schrieb Ronald Lauder. „It has been very, very important that we have often found an ally in you on various issues of concern to us. It was you who filled the aims of Nostra Aetate with life.”

Wer ist Walter Kasper? Was hat ihn geprägt, was hat er getan? Wie schätzt der Kardinal die Lage der katholischen Kirche am Beginn des 21. Jahrhunderts ein, wie steht es in seinen Augen um die Christenheit an der Schwelle des 3. Jahrtausends? Drei Worte nahm sich Walter Kasper zum Wahlspruch, als er 1989 Bischof wurde: „Veritatem in caritate“ – „Die Wahrheit in Liebe“. Dieses Zitat aus dem vierten Kapitel des Briefs des Völkerapostels Paulus an die Gemeinde von Ephesos steht damit als Leitwort über seinem Wirken im Dienst der Ökumene – Ökumene verstanden im ursprünglichen Sinn des Wortes als die weltweite und weltumspannende Christenheit.

I. Schwäbische Heimat – Zwischen Alb und Allgäu

Man kann es ihm anhören, an der umfangreichen Liste seiner Veröffentlichungen ablesen oder die Energie bestaunen, mit der er in den vergangenen Jahren im Dienst der Ökumene alle Kontinente bereist hat. Walter Kasper ist ein Schwabe.

Der Schwabe

Mein Vater, Franz Josef (Jahrgang 1901), stammt aus dem württembergischen Allgäu, aus der alten Reichsstadt Wangen, auf die er immer stolz war. Meine Mutter, Theresia, eine geborene Bacher (Jahrgang 1902), wuchs in dem zwischen Tuttlingen und Spaichingen gelegenen Weilheim auf, unterhalb des Dreifaltigkeitsbergs. Kennengelernt haben sich meine Eltern im Kirchenchor von St. Maria in Stuttgart. Als ich später als Bischof dort einen Pastoralbesuch abstattete, sagte ich: „Ohne St. Maria gäbe es mich nicht."

Nach der Heirat wurde mein Vater Lehrer in einem kleinen Dorf am Rand der Schwäbischen Alb, in Burgberg. Zur Entbindung ging meine Mutter in das nahegelegene Krankenhaus in Heidenheim an der Brenz. Heute halten sich die Heidenheimer zugute, dass ich einer der ihren bin.

Der Eintrag im Bundespersonalausweis gibt als Geburtsdatum den geschichtsträchtigen 5. März 1933 an, den Tag, an dem Adolf Hitler gewählt wurde.

Daheim

Doch weit mehr als mit der Stadt Heidenheim und der ebenso rauhen wie landschaftlich reizvollen Ostalb verbindet den

Kardinal mit dem barock-katholischen Oberschwaben und dem Allgäu, in dem die Alpen bei Fönwetterlagen zum Greifen nahe sind. Doch zwischen der Alb und dem Allgäu liegt eine Kindheit, zu der auch die schweren Kriegsjahre von 1939 bis 1945 gehören.

Zunächst waren es in einem kleinen Dorf auf der Ostalb gute und behütete Kinderjahre im Kreis der Familie, zu der bald auch die beiden Schwestern Hildegard und Inge, zwei und fünf Jahre jünger, zählten.
Selbstverständlich lernten wir die Grundkenntnisse über den Glauben und die christlichen Grundgebete zu Hause. Es gehörte selbstverständlich dazu, morgens und abends gemeinsam zu beten, am Sonntag, auch an vielen Werktagen zur Kirche zu gehen; am Sonntagnachmittag gehörte auch die Andacht in der Kirche dazu. Das geschah ohne Murren, es war einfach schön so.

Nur die Allerheiligenlitanei schien den Kindern etwas lang und auch etwas langweilig zu sein.

Zu meinen allerfrühesten Kindheitserinnerungen gehört das Bild des Vaters auf dem Orgelbock. Er war Lehrer, und der Lehrer musste früher auf dem Dorf so gut wie alles machen, unter anderem den Kirchenchor leiten. Ich durfte auf dem Orgelbock neben ihm sitzen, das war mein Platz, den habe ich auch beansprucht. Der Vater hat mit einer Hand gespielt, mit der anderen musste er dirigieren. Wahrscheinlich ist damals meine Vorliebe für klassische polyphone Kirchenmusik grundgelegt worden.

Alt-Württemberg

Der Junge ist fünfeinhalb Jahre alt, als der Vater versetzt wird. Immerhin bleibt die Familie wie die Kirche im Dorf: Wäschenbeuren, auf halbem Weg zwischen Schwäbisch Gmünd und Göppingen gelegen, mitten in Alt-Württemberg. Doch Wäschenbeuren, mit dem malerischen Wäscherschlösschen am Fuß des geschichtsträchtigen Hohenstaufen gelegen, ist katholisch geblieben und ist bis heute stolz darauf.

Der Berg mit den Grundmauern der alten Hohenstauferburg hat für mich als Bub eine große Rolle gespielt. Die Hohenstaufenkaiser haben meine Phantasie und mein Interesse mächtig angeregt: Friedrich Barbarossa, die Kreuzzüge, Friedrich II., im nahegelegenen romanischen Kloster Lorch die Grablege der Hohenstaufer. Das alles hat den Blick schon früh in die Ferne und in die Geschichte gelenkt. Als ich viel später, schon Kardinal, im Dom von Palermo am Grab Friedrich II. stand, war das ein bewegender Moment.

Mindestens ebenso wichtig wie der Hohenstaufen wurde ein anderer der drei der Schwäbischen Alb vorgelagerten Kaiserberge, der Hohe Rechberg mit der Wallfahrtskirche der „Schönen Madonna“.

Oft bin ich als Bub, zuerst mit der Mutter, später auch allein zu Fuß dort hingepilgert. Später habe ich als Bischof dort an manchen Marienfesten mit vielen Gläubigen unter freiem Himmel die Messe gefeiert. Der Ort ist mir einfach ans Herz gewachsen.

In Wäschenbeuren zieht die Familie in das Schulhaus. Vom Vater wird der Sohn bald mit einer Kindergeige vertraut gemacht; später sollte das Klavier und nochmals später das Orgelspiel dazukommen. Heute bedauert Kasper, um der Theologie willen das Musizieren aufgegeben zu haben. Die Liebe zu der Musik von Bach und Mozart ist geblieben.

Katholisch gegen Hitler

> Mein Vater musste wie die meisten jungen Männer in den Krieg. Er kam gleich zu Beginn des Krieges zur Wehrmacht und diente bei der Flak. Nach meinem sechsten Lebensjahr habe ich den Vater einige Jahre lang nur gesehen, wenn er Heimaturlaub hatte.

Das Katholische ist und bleibt ein Unterscheidungsmerkmal in einer Welt, in der seit langem auch ein geistiger Krieg tobt. Als es in der Schule keinen Religionsunterricht mehr gibt, holt die Mutter die Bücher des Vaters aus dem Schrank und erteilt dem Jungen Religionsunterricht. Der lernt schon früh: Wer katholisch ist, der ist gegen Hitler.

Leichter macht man sich das Leben dadurch nicht. Johannes Baptista Sproll, seit 1927 Bischof von Rottenburg, zieht wegen seiner mutigen Predigten, die er auf Bekenntnistagen überall in der Diözese hält, schon bald den Unwillen der Nationalsozialisten auf sich. Am 24. August 1938 wird er unter dem Vorwand der Nichtteilnahme an der Abstimmung über den Anschluss Österreichs nach organisierten Krawallen vor dem Bischöflichen Palais aus seiner Diözese vertrieben. Bis zu den Euthanasie-Predigten des Münsteraner Bischofs von Galen werden noch Jahre vergehen, doch Sproll gilt in der Diözese schon damals als Bekennerbischof.

Bekennen kann man aber nicht nur als Bischof, sondern auch als Lehrersfrau. Auch in Wäschenbeuren gibt es die Hitlerjugend. Dass Walter Kasper jemals eine braune Uniform anziehen könnte, das kommt der Mutter überhaupt nicht in den Sinn. Sie hat es verboten und sich damit durchgesetzt.

Die Führer der HJ hatten bei meiner Mutter nichts zu sagen. Die waren für sie ungezogene junge Buben. Sie haben es auch nicht gewagt, Einspruch zu erheben. Sie war eine starke Frau.

Leichter wird das Leben für die Familie Kasper dadurch nicht.

Ich wusste, dass ich das, was meine Mutter mir über Hitler sagt, meinen Schulkameraden nicht sagen darf. Das ist für ein Kind nicht leicht. Ich wusste, die Mutter würde sonst ins KZ kommen. Natürlich hatte ich kaum Vorstellungen, was das war. Aber der Begriff war da. Dass die Mutter weggenommen werden könnte, das allein schon ist für ein Kind eine bedrohliche Vorstellung.

Unter deinem Schutz und Schirm

Die Schrecken des Krieges kommen näher, längst werden am Abend alle Fenster verdunkelt; neben dem Bett steht nachts immer ein kleiner Koffer mit den wichtigsten Sachen, die mitgenommen werden, wenn die Sirenen heulen und man in den Keller flüchten muss. Der Hohenstaufen dient den alliierten Bombergeschwadern als Orientierung, wenn sie von Westen kommend sich über den Süden Deutschlands verteilen, um ihre todbringende Fracht über Städten und Dörfern abzuladen.

Das alte Mariengebet „Unter deinem Schutz und Schirm" bekam da eine sehr realistische Bedeutung. Wir haben es jeden Abend vor dem Schlafengehen gebetet.

Längst dementieren die „Feindsender", die die Mutter mit einem Tuch über dem Kopf im Radio hört, die Propaganda, die aus dem Volksempfänger kommt.

Geographie lernt man da auf eine geradezu perverse Weise durch die Orte, Flüsse und Landschaften, durch die sich die Kriegsfronten ziehen und wo von den Schlachten berichtet wird, oder von Verwandten und Bekannten, die in Russland oder auf der Krim kämpfen. Ein Onkel und ein nur wenige Jahre älterer Vetter sind von dort nicht mehr nach Hause zurückgekehrt; der Verlobte einer älteren Base ebenso; sie hat später nicht mehr geheiratet, sondern blieb ihm bis zum Ende ihres Lebens verbunden.

Beim Radiohören an dem nach heutigen Maßstäben primitiven Volksempfänger brennt sich vor allem aber eine Stimme in das Gedächtnis ein:

Ich kann Hitlers Stimme heute noch hören – eine schreckliche, hasserfüllte Stimme. Besonders schlimm war es nach dem gescheiterten Attentat am 20. Juli 1944, als Hitler immer wieder von der „Vorrrsehung" gesprochen hat. Und dann immer langer, langer frenetischer Beifall.

Als alliierte Bomber die Innenstadt Stuttgarts in Schutt und Asche legen, ist der Feuerschein bis nach Wäschenbeuren zu sehen; schließlich wird am helllichten Tag auch die Nordstadt Göppingens bombardiert. Auch der Zug, der den Oberschüler Kasper nach Göppingen bringt, wird von Jagdbombern angegriffen. Panik treibt die Reisenden in den Wald.

In Trümmern

Eineinhalb Jahre lang geht Kasper zu Fuß den Weg von Wäschenbeuren in die Stadt. Latein wird in Göppingen nicht gelehrt, ein wenig Englisch, wenn überhaupt noch unterrichtet wird. Klassenarbeiten, die nach zehn Uhr angesetzt sind, werden gar nicht mehr vorbereitet. Sobald die Schüler hören, dass im Rektorat das Telefon läutet, packen sie die Ranzen. Dann heulen die Sirenen. Bis zur Entwarnung harrt der Junge im Keller eines Schulfreundes aus. Der Zug ist dann meist weg. Bei Wind und Wetter heißt es dann, zu Fuß nach Hause zu gehen, zwölf Kilometer.

Als nichts mehr ging, musste ich aufs Fahrrad umsteigen, nach heutigen Maßstäben ein ziemlich alter „Göbbel", damals ohne bequeme Gangschaltung und immer wieder mit Plattfuß, den ich selbst reparierte. Tauchten feindliche Jagdflugzeuge auf, musste man in den am Straßenrand ausgehobenen Gräben Zuflucht nehmen.

Mehrmals fährt der Junge zusammen mit der Mutter zu Verwandten nach Stuttgart. Die Innenstadt liegt in Trümmern, man kann über den Schutt endlos weit sehen. Doch wie durch ein Wunder sind fast alle Verwandten und Freunde noch einmal davongekommen.

Nachdem sie ausgebombt waren, zogen sie teilweise nach Wäschenbeuren. Alle mussten zusammenrücken.

Als die alliierten Truppen am 19. April 1945 auf Wäschenbeuren vorrücken, brennt das Dorf nach einen Luftangriff zu zwei Dritteln nieder; auch der Kirchturm steht in Flammen. Es ist Nachmittag, im Keller des Schulhauses suchen die Kaspers und die Kinder der ersten und zweiten Klasse, die noch Unterricht haben, Zuflucht.

Ich hör' die Kinder heute noch schreien, während des ohrenbetäubenden Maschinengewehrfeuers der Jagdbomber; auch an unserem Haus war eine Seite von den Einschlägen wie durchsiebt. Dann kamen die Eltern, die haben ihre Kinder gesucht. Als die Franzosen schließlich einrückten, waren bei uns im Keller auch deutsche Soldaten; während die Franzosen über die eine Treppe herabkamen, flohen die Deutschen über die andere Treppe ins Freie, wir Zivilisten waren dazwischen. Vor jeden Einzelnen von uns hielten die Franzosen das MG. Das war schon schlimm.

Der Spuk ist vorbei

Walter Kasper sitzt unter einem Apfelbaum, als er eine von den Amerikanern herausgegebene Zeitung liest. Dem Zwölfjährigen fällt es wie Schuppen von den Augen: Der Spuk ist vorbei. Die einstigen Nazigrößen, über die man zuvor kein kritisches Wort verlieren durfte, werden als Verbrecher dargestellt.

Die Erfahrungen der Kindheit im Krieg prägen Walter Kasper bis heute – wie viele seiner Generation.

Dass die Familie die Keimzelle der Gesellschaft ist, ist für mich nicht nur eine abstrakte Behauptung. 1945 war die Familie die einzige Institution, die hielt, und an die man sich halten konnte. Es waren vor allem die Frauen, welche während und unmittelbar nach dem Krieg das Leben aufrechterhielten, während die Männer im Krieg oder in Gefangenschaft waren.

Bald stellen sich die ersten Flüchtlinge aus dem Osten ein.

Auch mit denen musste man nun das Wenige, das man hatte, teilen. Nach dem Krieg hatten wir nicht selten Hunger. Alles war ja rationiert. Man musste bei Bauern „hamstern" gehen. Während der Schulferien habe ich einige Mal bei Verwandten auf einem Bauernhof gearbeitet; außer Melken, das ich nie konnte, habe ich fast alles gemacht. Die Situation war hart, ich möchte diese Erfahrung auch niemandem wünschen, aber ich möchte sie bis heute nicht missen. Man nimmt nicht für selbstverständlich, dass man alles hat. Man weiß, es kann alles anders und weniger sein.

Die Schule beginnt, der Zug fährt wieder. Improvisieren ist alles. In der Schule gibt es keine Lehrbücher, die alten sind voller Nazi-Ideologie. Es gibt auch kein Heizmaterial. Die Schüler bringen Holzscheite und Briketts mit, damit werden Kanonenöfen angefeuert.

Wenn um acht der Lehrer kam, war der Klassenraum voll beißenden Qualms.

Das Jahr 1945 geht zu Ende, das Weihnachtsfest rückt näher. Noch immer weiß die Familie nicht, ob der Vater den Krieg überlebt hat. Später stellt sich heraus: Die Flak-Einheit, in der der Vater gedient hatte, war in den letzten Kriegstagen von der deutsch-österreichischen Grenze zwischen den Fronten hindurch nach Dänemark verlegt worden. Der Vater war in Gefangenschaft geraten und in einem Lager bei Hamburg interniert worden. Auch er weiß nicht, ob seine Familie noch lebt. Am Weihnachtsabend liest er in einer Zeitung, dass Wäschenbeuren weitgehend zerstört ist. In den ersten Tagen des neuen Jahres ist der halb verhungerte Mann nach mehr als sechs, nur von wenigen Wochen Heimaturlaub unterbrochenen Jahren wieder bei seiner Familie.

Die Alpen im Blick

Nochmals heißt es aufbrechen. Den Vater zieht es zurück in seine Heimat, das Allgäu. Dort besucht Walter Kasper ein humanistisches Gymnasium. Latein wird neben Religion und Deutsch eines seiner Lieblingsfächer. Noch heute hält er den Rückgang des Lateinischen und der humanistischen Bildung für einen enormen Kulturverlust.

Die Schwaben sind als „Häuslebauer" bekannt. So wird in Wangen schon bald nach der Währungsreform unter erheblichen Opfern ein Haus gebaut, in dem großen Garten ringsum stehen Apfelbäume, vom Fenster des oberen Stockwerks kann man die Alpen sehen. Die Berge und der Bodensee, Vorderösterreich und die Schweiz sind mit dem Auto, das freilich erst Jahre später dazukommt, in einer knappen Stunde zu erreichen. So wird das katholische Oberschwaben mit seiner herrlichen Barocklandschaft nun der ganzen Familie endgültig zur Heimat.

Meine Heimatstadt Wangen grenzt direkt an Bayern, was für Joseph Ratzinger ganz wichtig ist: So bin ich doch noch ein Halbbayer.

Doch was heißt Heimat?

Eine vertraute Landschaft, mehr noch vertraute Menschen, vor allem aber ein geistiges Zuhause, ein Ort und Raum innerer Beheimatung, ein Bezugspunkt, der einem erhalten bleibt, auch wenn man später viel in der Welt herumkommt, und wohin man gern immer wieder zurückkommt. Heimat ist aber auch, wohin man immerzu erst unterwegs ist. Denn eine heile Welt war es auch damals nicht und konnte es auch gar nicht sein. In dieser Welt bleiben wir als Pilger unterwegs.

Wangen und das elterliche Haus auf dem Engelberg bieten Walter Kasper jahrzehntelang diese Heimat. Die treusorgende Mutter, der Mittelpunkt der Familie, stirbt nach langem Leiden im Jahr 1981, sechs Jahre später der Vater. Ein persönlicher, Heimat gebender Bezugspunkt ist nicht mehr da. Doch in das innerlich zunächst leer wirkende Haus zieht Kaspers Schwester Inge mit ihrem Mann Roman ein. Haus und Garten werden umgestaltet;

unter dem Dach, in der Mansarde, richtet sich Walter Kasper ein Feriendomizil ein, in das er sich zum Sommerurlaub und in den Kurzurlauben nach den Feiertagen Weihnachten und Ostern gerne zur Erholung zurückzieht.

> Familie gehört zum Menschen; man würde sie jedenfalls jedem Menschen von Herzen wünschen. Wenn man als Priester keine eigene Familie gründet, so wird die Verwurzelung und Beheimatung in der Herkunftsfamilie um so wichtiger.

Im Gleichklang

Die religiöse Welt gehört von frühester Kindheit an fast selbstverständlich zum Leben. Sie ist Heimat. Das Leben in der Familie verläuft im Gleichklang mit dem Leben der Kirche im Rhythmus des Kirchenjahrs.

> Besonders schön war's im Winter. Abends wurden in der Familie die vertrauten Advents- und Weihnachtslieder gesungen, später, als wir älter waren, mit Violin- und Klavierbegleitung. Die Einführung in den Glauben und in die Glaubenspraxis ging so wie von selbst.

Wichtig sind die Prozessionen, vor allem im Frühjahr. Drei Tage vor Christi Himmelfahrt zieht die Ösch-(Bitt-)Prozession durch die Felder und Wiesen. Man betet um gute Witterung. Am Fest Christi Himmelfahrt wieder eine Prozession im Freien mit dem Wettersegen. Die nächste Prozession folgt zehn Tage nach Pfingsten, am Fronleichnamstag. Die Nazis haben sie in Wäschenbeuren nicht verhindern können.

> Maiandachten waren etwas ganz Wichtiges und vor allem Schönes, zu dem man gerne hingegangen ist. Ebenso die Roratemessen mit Kerzenlicht in der Adventszeit. Über die

allsonntägliche Andacht nachmittags um zwei Uhr brauchte man gar nicht zu diskutieren. Immer wieder Wallfahrten auf den Rechberg und einige Mal auch zu dem Marienwallfahrtsort Schönenberg bei Ellwangen und an das Grab des leider noch immer nicht selig gesprochenen, aber vom Volk längst als Seliger verehrten guten Pater Philipp Jeningen, eines heiligmäßigen Volksmissionars aus dem 17. Jahrhundert, dem viele Gebetserhörungen zugesprochen werden.

Priester werden

Früh regt sich in dem Jungen der Wunsch, Priester zu werden.

Ich kann mich nicht an ein bestimmtes Ereignis erinnern, an dem sich dieser Gedanke erstmals meldete; er wurde mir auch nicht durch andere, etwa die Eltern, nahegelegt oder gar aufgedrängt. Er kam aus mir selbst in einem Alter, wo man in kindlicher Phantasie so manches werden möchte. Er war mir sozusagen in die Seele gelegt.

Die Eltern wussten, dass die Entscheidung zum Priestertum eine freie eigene Entscheidung in einem reiferen Alter sein muss, und waren darum bewusst zurückhaltend. Doch eine Tante im Kloster, eine Schwester meiner Mutter, begleitete den Wunsch mit viel Gebet und am Ende ihres Lebens mit großen Opfern. Ich bin überzeugt, dass ich ihr neben meinen Eltern am meisten zu verdanken habe.

Die Erstkommunion während des Krieges ist ein denkwürdiger Einschnitt.

Große Geschenke waren damals nicht möglich. Aber ich habe einen „Schott“ zum Geschenk erhalten, in dem die lateinischen Gebete der Messe ins Deutsche übersetzt waren. Es machte mich richtig stolz, dass ich nun verfolgen konnte, was am Altar geschah. Meine Altersgenossen bewunderten das und erzählen noch heute davon. Früh hab' ich dann auch angefangen, wie man es bei uns nennt, sonntags „Pfarrerles" zu spielen.

Drinnen und Draußen

Freilich hat jede Heimat Grenzen, sie lebt von der Unterscheidung von Drinnen und Draußen. Auch in Wäschenbeuren mit seinen zu 80 Prozent katholischen Dorfbewohnern.

Ich wäre als Bub niemals auf den Gedanken verfallen, in eine evangelische Kirche hineinzugehen. Ich hätte gemeint, das beichten zu müssen, und hätte ich später je ein evangelisches Mädchen nach Hause gebracht, dann wäre das eine familiäre Katastrophe gewesen. Umgekehrt genauso.

Doch es gibt auch die andere Erfahrung und schon frühe konfessionelle Grenzüberschreitungen. In der Nähe von Wäschenbeuren liegt ein kleiner evangelischer Weiler, Lindenbronn. Eine Bäuerin, eine fromme, herzensgute evangelische Pietistin, lässt es sich nicht nehmen, den Kaspers während des Krieges immer wieder Eier, Mehl, Milch und Butter zu schenken.

Überhaupt haben die gemeinsamen Kriegserfahrungen die Konfessionen einander nahegebracht und Grundlagen für die Annäherung nach dem Krieg gelegt. Als viele Kirchen zerstört waren, und zudem oft evangelische Flüchtlinge in katholische Gebiete und umgekehrt kamen, wurde es selbstverständlich, die Kirchen füreinander zu öffnen und auch sonst einander zu helfen. Ein neues Miteinander der Christen begann.

Mochte die evangelische Welt dem katholischen Buben zunächst weitgehend verschlossen sein, die jüdische Welt und alles was sich damals andernorts an schlimmen unsäglichen antijüdischen Greueltaten zutrug, kannte er nicht einmal vom Hörensagen.

Juden kannte ich nur aus den biblischen Geschichten. Im Dorf selbst gab es keine Spuren jüdischen Lebens, erst recht keine Synagoge. Ich erinnere mich nur daran, dass im Religionsunterricht, den mir meine Mutter gab, die Sprache auf die Irrlehren kam. Ich habe meine Mutter gefragt: Wo gehören die Nazis hin? Sie gab mir sinngemäß zur Antwort, die Nazis hätten etwas mit der Rasse. Was sie damit gemeint hat, habe ich damals nicht verstanden. Allerdings habe ich antisemitische Äußerungen wie „Gottesmörder“ im Religionsunterricht wie in der „Familienkatechese“ zu Hause nie gehört.

Dem Alltag entrückt und jeder unmittelbaren Erfahrung entzogen war damals nicht nur die Welt der anderen Konfessionen und Religionen. Auch der Horizont des Katholischen war durch die Zeitumstände begrenzt.

Rom und der Papst waren für mich weit weg. Während des Krieges wusste ich selbstverständlich, dass es den Papst gibt und wie er aussieht. Fernsehen gab es nicht, das Radio und Zeitungen unterlagen scharfer Zensur.
Nach 1945 gewann Pius XII. in Deutschland schnell hohes, ja höchstes Ansehen. Das Land lag moralisch am Boden, aber der Papst wollte den Deutschen wieder den Weg zurück in die Völkergemeinschaft ebnen. Pius, der als Nuntius von 1917 bis 1929 in Deutschland gelebt hatte, schätzte die deutsche Kultur und wusste genau, dass deutsche Kultur und Nationalsozialismus nicht das Gleiche sind und dass nicht alle Deutschen Nationalsozialisten waren.

1945 ernennt Papst Pius XII. einen deutschstämmigen Amerikaner, Erzbischof Aloysius Muench, zu seinem Botschafter in Deutschland. Im Februar 1946 werden gleich drei deutsche Bischöfe in den Kardinalsstand erhoben: Frings (Köln), Preysing (Berlin) und Galen (Münster). Was der Papst in vielen Ansprachen zur geistig-religiösen Neuordnung Europas und der Welt zu sagen hat, findet große Beachtung.

Schwabenjugend

Bischof Joannes Baptista Sproll, der vierschrötige Schwabe, ist nicht unter den neuen Kardinälen aus Deutschland. Sieben Jahre nach seiner Verbannung war er im Juni 1945 in seine Diözese zurückgekehrt. Das eher auf Konfliktvermeidung bedachte Domkapitel hatte er, als er auf Bischofstagen seine „Brandpredigten" gegen die Nazis hielt, nicht vollständig hinter sich. Die Reisen durch das Bistum sind für den mittlerweile schwerkranken Mann äußerst beschwerlich. Das Volk bereitet ihm überall einen begeisterten Empfang.

> Ich bin Bischof Sproll zum ersten und zum letzten Mal in Wangen begegnet. Der schwerkranke Bischof konnte nicht mehr gehen und musste in die Kirche getragen werden. Damals war ich Mitglied der „Schwabenjugend" und durfte den Wimpel unserer Gruppe halten. So stand ich ganz vorne im Chor der Kirche. Für alle war sein Besuch sehr anrührend, zumal er sich überall für Versöhnung einsetzte, auch mit seinen persönlichen Gegnern von damals.

Jahrzehnte später wird Bischof Walter Kasper in Rottenburg auf einem Speicher einen Karteikasten finden: Notizen seines früheren Vorgängers Sproll. Aus den Eintragungen geht hervor, dass der hellsichtige Mann im Unterschied zu vielen anderen von Anfang an keine Illusionen über die wahren Absichten der

Nationalsozialisten gehegt hatte. Die Lektüre von Alfred Rosenbergs „Mythus des 20. Jahrhunderts" hatte dem Schwaben früh die Augen geöffnet.

Nach dem Krieg hatte Bischof Sproll sofort die zuvor verbotene katholische Jugendarbeit wiederbelebt: Die „Schwabenjugend" wird auch für den Gymnasiasten Walter Kasper in wöchentlichen Gruppenstunden zu einer Art Heimat. Am Samstagabend trifft man sich nicht in der Diskothek, die es damals nicht einmal in den Köpfen der Heranwachsenden gibt, sondern bei der Jugend-Komplet.

> Wir waren nicht unbedingt frömmer als die Jugendlichen heute – ein bisschen vielleicht schon. Aber wichtig war auch, dass wir dort vorher und nachher unsere Spezi getroffen haben. Die Komplet war ein „date", bei dem selbstverständlich auch der Vikar, der gut Fußball spielen konnte, nicht fehlte. Die Gemeinschaft im Bereich der Kirche war so der kameradschaftlich freundschaftliche Lebensraum von Gleichgesinnten.

Im Bund Neudeutschland

Nach dem Tod von Bischof Sproll am 4. März 1949 wird Carl Joseph Leiprecht noch im selben Jahr Bischof von Rottenburg. Kasper ist zu dieser Zeit Schüler im Konvikt in Ehingen an der Donau und wird dort von der Nachblüte der katholischen Jugendbewegung ergriffen: Er schließt sich dem „Bund Neudeutschland" (ND) an, einem katholischen Schülerverband, der 1923 gegründet worden war und ähnlich wie „Quickborn" und „Heliand" zu der bündischen katholischen Jugendbewegung gehörte, die nach dem Zweiten Weltkrieg wiederauflebte. Kasper verschlingt Romano Guardinis „Der Herr", vertieft sich in dessen „Geist der Liturgie" und die „Briefe vom Comer See".

Das Wort im ND-Hirschbergprogramm von der „neuen Lebensgestaltung in Christus“ hat mich geprägt.

Der Rektor des Konvikts, Franz Lenk, selbst begeisterter NDer, entdeckt und fördert Walter Kasper. So übernimmt er schon bald Führungsaufgaben im ND. Mit 17 Jahren hat er Knappenweihe und Ritterweihe hinter sich und wird „Gaugraf“ des „Welfengaus“ Südwürttemberg.

Im Sommer 1950 organisiert der junge Gaugraf auf der Wilhelmshöhe bei Leutkirch im Allgäu, der Heimat des Bischofs Carl Joseph Leiprecht, sein erstes Zeltlager. Der Bischof, der selbst aus dem ND kam, ist gerade im Urlaub, besucht die Jungen im Lager und feiert mit ihnen in einer einfachen Kapelle im Wald die Messe.

Es ist mir unvergesslich, wie ich damals meine erste Rede an einen Bischof hielt. Wir waren damals in der öffentlichen Rede längst nicht so geübt wie Jugendliche heute. In der Folge habe ich den Bischof in Briefen immer wieder um etwas Geld für unsere Zeltlager und Fahrten angebettelt. Wenn wir dann 100 Mark für unsere Gaukasse bekamen, war das damals eine große Summe. Damals wurden die Grundlagen gelegt für das spätere Vertrauensverhältnis mit dem Bischof, der mich zum Priester weihen sollte und den ich später als Professor einige Mal beraten durfte.

Im Zeichen des ND unternimmt Kasper im Alter von 17 Jahren die erste Reise, die ihn aus Württemberg hinausführt. Mit dem Zug geht es nach Norden, zum Bundestag des ND in Hadamar, unweit von Limburg an der Lahn. Dort sieht Kasper zum ersten Mal den Limburger Bischof Wilhelm Kempff und wird in die Diskussionen über die Neugestaltung der katholischen bündischen Jugendarbeit nach dem Krieg einbezogen.

Die erste Audienz

Die zweite große Reise steht ebenfalls im Zeichen des ND. Nach vorzüglich bestandener Abiturprüfung geht es im Frühjahr 1952 mit etwa 20 Mann nach Rom. Erste Station ist Innsbruck. Der bekannte Kirchenhistoriker Hugo Rahner SJ, der Bruder von Karl Rahner, gibt den jungen Männern eine Einführung, dann geht es mit dem Zug in der „Holzklasse“ weiter nach Rom. Untergebracht werden die jungen Männer bei der dem Collegium Germanicum zugehörigen, aus dem 5. Jahrhundert stammenden Rundkirche San Stefano Rotondo mit ihren drastischen barocken Märtyrerdarstellungen.

> Die Erfahrung des antiken, frühchristlichen, von Renaissance und Barock bestimmten Rom, der großen Basiliken und der Katakomben war ein überwältigendes Erlebnis.

Höhepunkt der Reise ist eine Privataudienz bei Papst Pius XII. Die Spannung wächst, je länger die Gruppe wartet. Man steht in einem Raum, den der Bischof und der Kardinal später des öfteren durchquert, will er mit dem Papst sprechen oder der Papst mit ihm. Die Türen öffnen sich und geben den Blick frei auf eine asketische und höchst eindrucksvolle Gestalt: Papst Pius XII.

> Vor dem Krieg war er viele Jahre päpstlicher Botschafter in Deutschland und hat die Sprache dieses Landes nicht vergessen; nach dem Krieg hat er vieles getan, um uns Deutschen moralisch zu helfen und uns wieder Würde und Ansehen in der Welt zu geben.

Nach den kurzen Worten, die er an die jungen Männer richtet, gibt er jedem eine Medaille in die Hand und spricht den Segen.

Diese erste Papstaudienz in meinem Leben ist mir selbstverständlich sehr lebendig im Gedächtnis geblieben. Pius XII. war für uns eine unantastbare Autorität, die man verehrte. Den Papst zu kritisieren wäre uns nie in den Sinn gekommen. Besonders bei uns in Deutschland genoss er hohes Ansehen.

Als Pius XII. am 9. Oktober 1958 in Castel Gandolfo stirbt, gilt er als der größte Papst des 20. Jahrhunderts. Auch jüdische Autoritäten wie die israelische Ministerpräsidentin Golda Meir und der Großrabbiner in Jerusalem bekunden öffentlich ihre Trauer über den Tod des Papstes und erinnern daran, dass Pius XII. während der deutschen Besatzung in Rom mitgeholfen hat, Tausenden römischer Juden das Leben zu retten und sich darüber hinaus auf vielerlei Weise für verfolgte Juden eingesetzt hatte.

Kritik an seiner Haltung während der Zeit der millionenfachen nationalsozialistischen Judenmorde kam nicht von diesen bestens unterrichteten Zeitzeugen, sondern erst später, vor allem als der Schriftsteller Rolf Hochhuth 1963 sein historisch problematisches Stück „Der Stellvertreter“ veröffentlichte und damit die öffentliche Meinung beeinflusste.

Kasper ist, als Pius XII. stirbt, schon Priester. Zum Sommersemester 1952 hatte er ein Zimmer im Tübinger Wilhelmstift bezogen, dem Bischöflichen Theologenkonvikt und Gegenstück des berühmten Evangelischen Stifts.

Kein Einzelzimmer, man war anfangs zu acht in einer „Bude“!

II. Tübinger Schule – Theologie im offenen Strom der Zeit

Tübingen hat unter katholischen Theologen einen guten Namen. Es steht für wissenschaftlich anspruchsvolle Theologie. In der ersten Hälfte des 19. Jahrhunderts ging von der damals jungen, 1817 von Ellwangen nach Tübingen verlegten Fakultät eine kirchliche und theologische Erneuerung aus, die bald in Frankreich, in Rom, in England bei John Henry Newman und auch in Russland ein lebhaftes Echo fand.

Im Geiste Johann Adam Möhlers

Anfangs hatte man an die katholische Aufklärung angeknüpft und manche ihrer Impulse aufgegriffen, die gesamtkirchlich erst durch das II. Vatikanische Konzil zum Tragen kamen. Dann setzte sich aber bald eine aus dem Geist der Romantik gespeiste, an den Kirchenvätern orientierte ebenso kirchliche wie streng wissenschaftliche Theologie durch. Man wollte Theologie „im offenen Strom der Zeit“ treiben.

Johann Sebastian Drey hat diese theologische Schulrichtung begründet, als deren Markenzeichen gleichermaßen Wissenschaftlichkeit, Kirchlichkeit, und Praxisorientierung gelten können. Der berühmteste Kopf, der den Ruhm der Tübinger Fakultät in die damalige wissenschaftliche Welt trug und entscheidend zur Erneuerung des kirchlichen Bewusstseins beitrug, war Johann Adam Möhler. In seinen Geist wird Walter Kasper als junger Scholar eingeführt; seiner Geistesrichtung fühlt er sich fortan verbunden.

Vor allem sein Lehrer in dogmatischer Theologie, Josef Rupert Geiselmann, macht Kasper mit dem Denken Johann Adam Möhlers vertraut. Früh studiert er Möhlers „Einheit in der Kirche“ (1825) und seine „Symbolik“ (1832), die im 20. Jahrhundert grundlegend werden sollte für die neue ökumenische Theologie. Die diesem Hintergrund entstammenden Bücher Karl Adams, „Wesen des Christentums“, „Christus, unser Bruder“ und „Jesus Christus“, haben zwischen den beiden Weltkriegen eine ganze Generation begeistert und geprägt. Diese Bücher sind nun für den Studenten Kasper eine spannende und anregende Ferienlektüre.

Lebendige Tradition

Möhler ist nicht nur ein Name, Möhler ist ein Programm. Durch seine Auseinandersetzung mit der aufgeklärten Theologie seiner Zeit sowie mit dem Vater des modernen Protestantismus, Friedrich Schleiermacher, hat Johann Adam Möhler zur Überwindung sowohl der kontroverstheologischen Polemik wie des dogmatischen Irenismus beigetragen. Er gilt darum zu Recht als Vorläufer und Wegbereiter heutiger ökumenischer Theologie. Sie geht nicht mehr vom Unterscheidenden und Trennenden aus, sondern vom weit größeren Gemeinsamen, um so die Unterschiede richtig einzuordnen und besser zu verstehen und sie dann vom gemeinsamen Erbe her nach Möglichkeit zu überwinden.

Mehr als fünfzig Jahre nach dem Beginn seines Studiums in Tübingen wird Kasper Bilanz ziehen:

> Gelegentlich wird die Tübinger Theologie als „liberal“ bezeichnet. Auch mir hat man dieses Etikett immer wieder anhängen wollen. Daran ist nur soviel richtig, dass die Tübinger immer versucht haben, mit dem eigenen Kopf zu denken, als Schwaben gelegentlich auch mit dem eigenen Dickkopf. Die alten Tübinger haben das etwas vornehmer ausgedrückt und sich entsprechend dem Sprachgebrauch des 19. Jahrhunderts

als „Selbstdenker“ bezeichnet. Kirchlichkeit, Wissenschaftlichkeit und Offenheit für die Probleme der Zeit waren für sie die drei zusammengehörigen Merkmale ihres theologischen Denkens.

So waren die Tübinger fest in der Tradition verwurzelt und zugleich offen für neue Fragen und Herausforderungen der Zeit. Sie verstanden Tradition als lebendige Tradition, das heißt als Überlieferung, die man nur hat, indem man sie lebendig weitergibt. Darum waren konservativ und progressiv für sie keine sich ausschließenden Gegensätze; sie verhalten sich nicht kontradiktorisch, sondern komplementär. Radikale Thesen haben es demgegenüber immer einfacher; die Extreme zusammenzuhalten und nach Möglichkeit zusammenzudenken, ist dagegen anstrengend. Man nennt dies „vermitteln“, was nichts anderes heißt als: Theologie muss denken!

Durch Heinrich Fries und – im Münchner Freisemester – durch Gottlieb Söhngen lernt Kasper einen zweiten Wegbereiter der Theologie des 20. Jahrhunderts kennen: den späteren englischen Kardinal John Henry Newman, der seinerseits von Möhler beeinflusst war. Die Autobiographie „Apologia pro vita sua“ Newmans, der nun wohl bald selig gesprochen werden wird, fasziniert Kasper ebenso wie dessen Glaubens- und Entwicklungslehre. Von ihm lernt er die Bedeutung des persönlichen Gewissens.

Moderne Exegese und biblische Theologie lernt Kasper bei Karl Hermann Schelkle, in München bei Josef Schmid. Der Pastoraltheologe Franz Xaver Arnold hilft ihm aus dem Geist der Tübinger Schule, Seelsorge als Dienst zu verstehen, „Kirche in die Zukunft hinein aufzubauen“ – eine Idee, die ihm später als Bischof wichtig wird. In der Liturgik knüpft Arnold an Josef Andreas Jungmanns Standardwerk über Geschichte und Gestalt der römischen Liturgie „Missarum Sollemnia“ an. Dieses zweibändige Werk erschloss den Reichtum der römischen Liturgie, aber auch den Sinn für liturgische Reformen, welche das historisch Gewachsene wieder transparenter gestalten sollten.

Eine Preisarbeit im 3. und 4. Semester über die „Quaestiones disputatae de veritate“ des Thomas von Aquin macht den wissbegierigen Studenten zeitig mit dem wohl größten Meister mittelalterlicher Theologie vertraut. Später kommt er immer häufiger auf ihn zurück.

Zwei Fakultäten

Indes gibt es an der Universität Tübingen nicht nur eine, sondern gleich zwei theologische Fakultäten: neben der selbstbewussten katholisch-theologischen die zumindest ebenso selbstbewusste evangelisch-theologische Fakultät, die auf eine noch längere große Tradition zurückblicken kann.

Das Evangelische Stift wurde 1536 nach der Durchführung der Reformation in Württemberg im ehemaligen Augustinerkloster gegründet; als Bildungsanstalt hat es Jahrhunderte lang das schwäbische Geistesleben bestimmt. Es war Träger des württembergischen Pietismus (Bengel, Oetinger, Hahn), später lebten dort Hegel, Hölderlin und Schelling. Ihnen folgten kritische Geister wie Friedrich Ferdinand Baur und David Friedrich Strauß, mit denen sich Johann Adam Möhler und der berühmteste der Tübinger Dogmatiker, Johann Evangelist Kuhn, kritisch auseinandersetzten. Eine solche Geschichte wirkt lange nach.

Tübingen war eine protestantisch bestimmte Stadt. Das Katholische wurde eher marginal wahrgenommen. Die Fronleichnamsprozession musste im Hof zwischen der Johanneskirche und dem Wilhelmstift stattfinden. Dass die Katholiken in der Stadt eine Prozession abhalten könnten, war damals undenkbar. Beziehungen zwischen den beiden theologischen

Fakultäten bestanden höchstens auf persönlicher Ebene, aber nicht institutionell.

Den angehenden Rottenburger Priestern ist es untersagt, an der evangelisch-theologischen Fakultät Vorlesungen zu hören oder Seminare zu besuchen. Doch solches Verbot macht den Versuch, in die Vorlesungen der anderen Fakultät hineinzuhören, eher interessanter.

Ich erinnere mich noch an die Systematiker Helmut Thielecke und Gerhard Ebeling, den Historiker und Lutherkenner Hans Rückert, der die mittelalterliche Vorgeschichte der Reformation herausstellte und wieder zur Geltung brachte, den Neutestamentler Otto Michel, ein Schüler Adolf Schlatters und Mitbegründer des vom württembergischen Pietismus geprägten Albrecht-Bengel-Hauses, den diametral entgegengesetzten Ernst Fuchs, einen Schüler von Rudolf Bultmann, mit dessen Thesen zur Entmythologisierung des Neuen Testaments sich die Evangelisch-Theologische Fakultät damals im Für und Wider auseinandersetzte.
In den Dogmatikvorlesungen von Josef Rupert Geiselmann wurden wir ausführlich in diese damals hoch aktuelle Diskussion eingeführt; es ging um nicht weniger als um das geschichtliche Fundament des christlichen Glaubens. An brisanter geistiger Auseinandersetzung mangelte es in Tübingen nie.

Im Wilhelmstift

Das katholische Theologiestudium ist damals eine Domäne der Priesteramtskandidaten. Es gibt in Tübingen nur drei Frauen, die katholische Theologie studieren; sie allerdings machen sich später einen Namen. An Priesteramtskandidaten ist kein Mangel. Dem Kurs von Walter Kasper gehören anfangs 70 Studenten an, bei der Priesterweihe fünf Jahre später sind immerhin noch 40 dabei.

Die heute völlig unvorstellbaren Zahlen spiegeln eine Kirchensituation wider, die sich von der gegenwärtigen sehr unterscheidet. Nach dem Zusammenbruch des Dritten Reiches und den Schrecken des Krieges gab es während der fünfziger Jahre nicht nur einen religiösen Hunger, sondern auch die Stimmung, eine christliche Ordnung und ein vom Christentum bestimmtes Europa wiederherstellen zu können.

Die Priesteramtskandidaten leben im Wilhelmstift, das zwar kein Priesterseminar im klassischen Sinn war und ist, aber doch eine feste geistliche Tagesordnung kennt.

Jeden Morgen gemeinsames kirchliches Morgengebet, Betrachtung und Feier der Messe, abends Komplet, an Sonn- und Feiertagen feierliches Choralamt in der Johanneskirche und gegen Abend Vesper. Der Rektor und der Spiritual hielten regelmäßig geistliche Vorträge, dazu kamen regelmäßige Einkehrtage und jährliche Exerzitien, von denen mir besonders die von Karl Rahner gehaltenen in Erinnerung geblieben sind.
Dass uns eine solche strikte Ordnung immer behagt hätte, wird man – eigentlich selbstverständlich – nicht behaupten können; aber im Nachhinein betrachtet hat sie uns doch eine tragfähige geistliche Prägung für den späteren Dienst mitgegeben, für die ich dankbar bin.

Das Wilhelmstift steht, der Tradition und der Bildungsgeschichte des Evangelischen Stifts ähnlich, für einen offenen Geist. So ist ein Studium der Theologie in der Stadt am Neckar mit einer Aura umgeben, die in der Welt der katholischen Theologie mit der eines Studiums in Rom zu vergleichen ist. Allerdings trennen in der Vorstellung der Lehrenden wie der Lernenden beide Orte geistige Welten.

Man fühlt sich – zu Recht oder Unrecht – als etwas Besonderes und ist stolz, ein Tübinger zu sein.

Auf dem Olymp deutschen Geistes

Tübingen konnte sich mit seinen alten Fachwerkhäusern, den engen Gassen, der Neckarallee der spätmittelalterlichen Stiftskirche, dem Renaissanceschloss Hochtübingen und dem nahegelegenen ehemaligen Zisterzienserkloster Bebenhausen die Atmosphäre einer alten württembergischen Stadt bewahren, in der sich der Rhythmus der Vorlesungen auch im Stadtbild widerspiegelt.

Da Tübingen eine der wenigen intakten Universitätsstädte ist, die keine Kriegsschäden davongetragen hat, lehren dort nach dem Krieg eine Reihe von Größen des damaligen geistigen und wissenschaftlichen Lebens: der Religionsphilosoph und Theologe Romano Guardini, der Dilthey-Schüler und Kulturpädagoge Eduard Spranger, der Völkerrechtler und Politiker Carlo Schmid, der Biochemiker und spätere Präsident der Max-Planck-Gesellschaft Adolf F. J. Butenandt.

Dieses anziehende geistige Klima nährte den Stolz, nicht in württembergischer Provinz zu leben, sondern auf dem Olymp deutschen Geistes.

Der etwas dick aufgetragene Lack fällt mit der Zeit von selber ab.

Schon im Münchner Freisemester und vollends später entdeckte ich, dass es auch anderswo respektable Theologie gibt. Vor allem lernte ich bei der Dissertation über „Die

Tradition in der Römischen Schule", dass es schon im 19. Jahrhundert nicht nur Konflikte mit Rom gab, sondern auch fruchtbaren Austausch. Tübingen blieb mir ein fester theologischer Bezugspunkt, aber steckte den Horizont nicht definitiv ab.

Priester – Geschenk und Auftrag

Nach dem theologischen Abschlussexamen lebt Kasper für ein Jahr im Priesterseminar in der nur zehn Kilometer von Tübingen entfernten Bischofsstadt Rottenburg. Die kirchliche Atmosphäre dieser vorderösterreichisch-katholisch geprägten Stadt ist sehr verschieden von der altwürttembergisch-protestantischen, aber geistig offenen Atmosphäre Tübingens.

Die Ordnung im Priesterseminar ist – mit der heutigen Praxis verglichen – strikt und streng. So etwas prägt. Die Einführung in die pastorale Praxis lässt Zeit für Beschäftigung mit der mystischen Tradition, besonders mit Johannes vom Kreuz und mit dem „kleinen Weg" der Thérèse von Lisieux. Beider Karmelspiritualität passt gut zu dem Geist des ehemaligen Karmeliterklosters, in dem sich das heutige Priesterseminar befindet.

Für die heute unvorstellbare Zahl von 40 Kandidaten des Weihejahrgangs 1957 reicht die kleine Domkirche nicht aus. Die Priesterweihe findet deshalb an zwei aufeinanderfolgenden Tagen in Rottenburg und in Mergentheim statt. Walter Kasper ist unter denen, die am 6. April 1957 im Rottenburger Dom zum Priester geweiht werden.

Es war für mich, meine Eltern und Geschwister ein überglücklicher Tag. Nicht nur hatte sich ein früher Wunsch erfüllt; die Priesterweihe ist Geschenk und Auftrag. Ich hatte ihn unter ein Motto aus dem 2. Korintherbrief gestellt: „Wir sind nicht Herren eures Glaubens, sondern Diener eurer Freude.“

Die Primiz am darauffolgenden Ostermontag wird bei strahlend blauem Himmel für Kaspers Heimatgemeinde Wangen im Allgäu zu einem großen Fest…

…ganz so, wie man in Oberschwaben zu feiern versteht. Die ganze Stadt freute sich, war dankbar und stolz darauf, einen Primizianten und „Neupriester“ zu haben.

50 Jahre später, bei der Feier des goldenen Priesterjubiläums, sollte sich dieses Fest in ähnlicher Weise wiederholen.

Katholischsein gehört noch immer zum Lebensgefühl der Oberschwaben.

Intermezzo

Nach der Priesterweihe wird Kasper für ein Jahr als Vikar nach Stuttgart geschickt. In der Pfarrei Herz-Jesu im Osten der Landeshauptstadt macht er 1957/58 unter Anleitung des damals unter den Vikaren als streng bekannten, aber in der Seelsorge erfahrenen Pfarrers Ernst Hofmann die ersten Erfahrungen in der Schule, der Jugend- und auch der Krankenpastoral.

Am Samstag und vor allem vor den großen Feiertagen gilt es, viele Stunden Beichte zu hören, wenn man zur Sonntagspredigt dran ist, gleich vier Mal zu predigen. An den Werktagsabenden werden Hausbesuche bei den Neuzugezogenen gemacht. Wenn man will, kann man dies als Schnell- und Aufbaukurs in Lebenserfahrung eines erst 24 Jahre alten Jungpriesters bezeichnen.

Auf Händen getragen wird der junge Vikar nicht.

> Mir wurde da schnell deutlich, dass sich die Zeiten geändert hatten. Der Kirchenbesuch ging zurück, die Zahl der Kinder und Jugendlichen in der Pfarrei wurde kleiner, in der Schule gab es erste Schwierigkeiten. Die Krise kam nicht erst nach dem Konzil; sie hatte sich lange vorher abgezeichnet.

Die Vikarszeit ist nicht mehr als ein Intermezzo – wenngleich eines, an das sich Kasper gut und auch gern erinnert. Für die Pfarrseelsorge ist Walter Kasper von seinen Vorgesetzten nicht bestimmt. Sein Bischof Carl Joseph Leiprecht holt ihn bereits nach einem Jahr nach Tübingen zurück. Der Vikar, der schon während des Studiums auf sich aufmerksam gemacht hatte und alle Voraussetzungen für eine glänzende Laufbahn als Wissenschaftler mitbrachte, soll an der katholisch-theologischen Fakultät promovieren und, wie es üblich ist, im Wilhelmstift als Repetent bei der Ausbildung der angehenden Priester helfen.

Die Repetentenzeit unter dem Direktor Anton Herre, Kasper aus alten ND-Zeiten zugetan, später Weihbischof und sein Mentor, gehört zu den glücklichsten seines Lebens. Unter den damals sechs Repetenten herrscht ein freundschaftliches Verhältnis. Das Verhältnis zwischen den beiden theologischen Fakultäten beginnt sich zu entspannen. Kasper hört regelmäßig die Vorlesungen des evangelischen Dogmatikers Hermann Diem, und die Repetenten des Evangelischen und des Wilhelmstifts treffen sich nun regelmäßig.

Zwischen Hoffnung und Enttäuschung

Am 3. Oktober 1958, kurz vor Beginn des Wintersemesters, stirbt Papst Pius XII.

Die letzten Jahre seines Pontifikats waren von einer gewissen Starrheit geprägt. Urplötzlich brechen nun die angestauten, bisher nur in engsten Zirkeln diskutierten Fragen auch im Kollegium der Tübinger Repetenten auf.

Die Wahl des Venezianer Patriarchen Angelo Giuseppe Roncalli zum Papst ist eine Überraschung.

Johannes XXIII. war schon von der Physiognomie her ganz anders, scheinbar eher einfältig als weltmännisch gebildet. Doch der erste Eindruck trog. Der zunächst als bloßer Übergangspapst betrachtete Papa Giovanni, wie man liebevoll sagte, sollte der Kirche einen Übergang in eine neue Epoche und einen Aufbruch in eine neue Zeit bringen.
Der neue Papst kannte das Leben, die Pastoral und die Geschichte; an Hand der Akten der Pastoralvisitationen des hl. Karl Borromäus hat er die nachtridentinische Reformgeschichte studiert, wohl auch etwas aus dem Umfeld des als Modernisten verdächtigten Ernesto Buonaiuti mitbekommen: Als Apostolischer Visitator, Delegat und Nuntius in Bulgarien und in der Türkei hat er die Orthodoxie schätzen gelernt und während des Krieges geholfen, vielen Juden das Leben zu retten. Vor allem lebte er aus einer tiefen Frömmigkeit, die ihn intuitiv das Richtige und das dem Evangelium Gemäße erfassen und es in großem Gottvertrauen dann auch mutig tun ließ. Durch seine spontane Menschlichkeit und seinen Humor gewann er rasch Sympathien.

Am 27. Januar 1959 verbreiten die Nachrichtenagenturen eine Meldung aus Rom, die niemand erwartet hatte und die innerhalb und außerhalb der Kirche aufhorchen ließ.

Ich weiß noch, wie ich damals als Repetent im Wilhelmstift mit Kollegen zusammen Nachrichten hörte. Da kam plötzlich die Nachricht, der Papst habe eine römische Diözesansynode einberufen, eine Reform des Kirchenrechts und ein ökumenisches Konzil angekündigt. Niemand hatte das erwartet, und was aus dem Konzil werden würde, konnte niemand ahnen. Diskussionen und Spekulationen brachen los, Erwartungen und Hoffnungen schossen ins Kraut. Doch dann wirkte die römische Diözesansynode wie eine kalte Dusche; sie ließ nichts von der kommenden Dynamik erahnen. Wir waren zwischen Hoffnung und Enttäuschung hin- und hergerissen.

Doch bald zeigt sich, dass allein die Aussicht auf das Konzil Bewegung in die Kirche brachte, zumal in Deutschland und in Frankreich, wo die Erneuerung des kirchlichen Lebens in der Liturgischen Bewegung, der Bibelbewegung, der Erneuerung der Theologie der Kirchenväter längst Gestalt angenommen hatte. In Frankreich, wo die Entkirchlichung viel weiter vorangeschritten ist, gibt es bereits Erneuerungsbewegungen, etwa die Arbeiterpriester.

Anzeichen des Neuen

Was durch das Konzil kam, war in uns unbewusst längst vorbereitet, wenn auch noch nicht ausformuliert. In Tübingen hatten wir gelernt, das Leben und die Lehren der Kirche aus ihrer Geschichte zu verstehen. Ich erinnere mich, wie ich den ersten Band von Karl Rahners „Schriften" kaufte. Ich war so fasziniert, dass ich noch auf der Straße den Artikel über Dogmenentwicklung zu lesen begann. Vieles, was ich ahnte und suchte, aber noch nicht genau formulieren konnte, war da klar ausgesprochen.

Ein ähnlicher Durchbruch war die „Theologie des Laien" von Yves Congar OP. Ich habe ihn schon früh in Tübingen erlebt,

als er an einem Sonntagvormittag eine Vorlesung im AudiMax hielt. Ich wurde auf die neuere französische Theologie aufmerksam, neben Congar besonders auf Henri de Lubac. Lange Zeit standen die beiden unter Verdacht und unter Zensur; jetzt wurden sie, zunächst de facto und später offiziell, rehabilitiert und binnen weniger Monate zu Autoritäten.
Auch Kardinal Augustin Bea, der von Papst Johannes XXIII. mit der Leitung des neugegründeten Einheitssekretariats, dem heutigen Einheitsrat, beauftragt worden war, kam während der Vorbereitungszeit des Konzils nach Tübingen, um im Festsaal der Universität einen Vortrag über die Einheit der Kirche zu halten. Dass ich einmal sein Nachfolger werden sollte, konnte ich nicht im Entferntesten erahnen.

Zur Vorbereitung seiner Dissertation über „Die Tradition in der Römischen Schule" reist Kasper in den Semesterferien zwei Mal zu mehrwöchigem Archivstudium nach Rom. Rom fasziniert ihn, aber die noch ganz vorkonziliare Atmosphäre bleibt ihm letztlich fremd. Die letztere begegnet ihm, als er Kontakt aufnimmt mit den Jesuiten S. Tromp, der mit der Konzilsvorbereitung befasst war, und H. Lennerz SJ, der eine scharfe und gar nicht ungefährliche Kontroverse mit seinen Lehrer Geiselmann über das Verhältnis von Schrift und Tradition begonnen hatte. Sie wird während des Konzils hohe Wellen schlagen.

Auch das Kommende und Neue zeigte sich damals. Durch die unkomplizierte Art, wie Johannes XXIII. das Papstamt ausübte, öffneten sich buchstäblich die Fenster und Türen der Kirche. Dass etwas Neues heraufzog, war zu spüren, wenngleich es noch nirgends konkret ausformuliert war.
Ich erinnere mich an eine Audienz im kleineren Kreis, die sich in ihrer spontanen Herzlichkeit doch sehr von der unterschied, die ich als Abiturient erlebt hatte. Scherzend und

herzlich begrüßte der Papst jeden einzelnen der anwesenden Bischöfe. Ähnlich war es beim Palmsonntagsgottesdienst mit Johannes XXIII. in Sankt Paul vor den Mauern. Die Leute klatschten wenn bei der Prozession der Papst, damals auf der Sedia gestatoria, einem besonderen Tragsessel, vorbeikam. Johannes XXIII. unterbrach das Segnen immer wieder und gab mit dem Finger auf dem Mund zu verstehen, dass er das nicht mochte. Es wirkte irgendwie lustig, aber sehr menschlich und väterlich. Die Römer mögen den „Papa buono“ bis heute.

Neuzeitliche Subjektivität – nicht Subjektivismus

Als die Konzilsberatungen im Herbst 1962 beginnen, hat Walter Kasper längst seine Promotion im Fach Dogmatik abgeschlossen. Sein Doktorvater Josef Rupert Geiselmann ist inzwischen emeritiert. Der Nachfolger ist der aus Beuthen in Schlesien stammende Leo Scheffczyk.

Ein durch und durch kirchlich gesonnener Theologe und ein ganz und gar lauterer Mensch von großer Freundlichkeit und Hilfsbereitschaft, allerdings auch von großer Klarheit und Entschiedenheit. Was er dachte, das sagte er auch laut, und was er sagte, das lebte er. Viele Jahre später, am 21. Februar 2001, dem Fest der Cathedra Petri, sollten wir beim Konsistorium auf dem Petersplatz nebeneinander sitzen und von Johannes Paul II. zu Kardinälen erhoben werden.

Das Zweitgutachten hat der damals junge Schweizer Professor Hans Küng verfasst, der 1958 mit einer spektakulären Arbeit über „Rechtfertigung. Die Lehre Karl Barths und eine katholische Besinnung“ in Paris promoviert worden war und seit 1960 in Tübingen Fundamentaltheologie lehrt. Man kann nur staunen: Gegen die Berufung des gleichfalls aus der Schweiz stammenden Hans Urs von Balthasar auf diesen Lehrstuhl hatte zuvor die vatikanische Studienkongregation ihr Veto eingelegt. Joseph Ratzinger hatte über Küngs Rechtfertigungs-Buch geschrieben: „...für eine solche Gabe verdient Küng den aufrichtigen Dank aller, deren Beten und Arbeiten der Einheit der getrennten Christenheit gilt."

> An Hans Küng hat uns zunächst manches fasziniert, eine jugendlich frische Art und seine frische unkonventionelle Sicht der Kirche, auch viele seiner Reformideen. Sein rasch zum Bestseller gewordenes „Konzil und Wiedervereinigung" artikulierte Erwartungen, die viele für das Konzil hegten; es wurde gleichsam zum Katalysator, an dem sich allerdings schon damals manche Geister schieden. Auch mein Lehrer Geiselmann runzelte die Stirn.

Kasper soll sich nun umgehend habilitieren. Er wird Wissenschaftlicher Assistent bei Leo Scheffczyk und bei Hans Küng. Noch ist von den kommenden Konflikten, Polarisierungen und Kontroversen nichts zu spüren.

Innerhalb von drei Jahren verfasst Kasper seine Habilitationsschrift, obwohl er in dieser Zeit zwei Mal den als Konzilsberater abwesenden Hans Küng in Vorlesungen vertreten muss. Von dem ursprünglich für die Habilitationsarbeit vorgesehenen Thema, den Anfängen der Lehre von der Kirche (Ekklesiologie) als eigenem Traktat, nimmt er nach einem ausführlichen Gespräch mit Yves Congar in Straßburg Abstand. Spätmittelalterliche Theologen wie Aegidius Romanus, Jakob von Viterbo, Johannes von Ragusa und Johannes von Torquemada scheinen ihm zu weit von seinen eigenen Kirchenvorstellungen entfernt zu sein. Er entscheidet sich wieder für ein „Tübinger" Thema, diesmal die Geschichtsphilosophie Schellings.

Einer der großen Denker der Neuzeit, der nochmals versucht, Philosophie der Freiheit, spätantiken Neuplatonismus, romantische Philosophie der Natur, Philosophie der Kunst, der Mythologie und der Religion zusammenzudenken. Schelling steht zwischen dem Idealismus Hegels und der nachidealistischen Philosophie eines Kierkegaard, eines Marx und eines Nietzsche, die das Denken des 20. Jahrhunderts nachhaltig bestimmt haben. Sowohl Martin Heidegger wie Jürgen Habermas haben sich ausführlich mit der Spätphilosophie Schellings auseinandergesetzt. In Tübingen lernte ich vor allem von dem Philosophen Walter Schulz, tiefer in Schelling einzudringen.

Ein akademisches Glasperlenspiel ist die Auseinandersetzung mit der Spätphilosophie Schellings nicht. Sie wird für Walter Kasper zu einem prägenden theologischen Erlebnis.

Durch die Beschäftigung mit Schelling, einem der schwierigsten Philosophen der Neuzeit, gewann ich einen zwar nicht unkritischen, aber doch einen konstruktiven Zugang zur neuzeitlichen Philosophie. Diese Sichtweise unterscheidet mich von vielen anderen Theologen. Ich habe die Neuzeit nie nur als prometheischen Aufstand des Subjekts gegen die von Gott gesetzte objektive Ordnung sehen können. Die neuzeitliche Subjektivität ist nämlich etwas anders als ein Subjektivismus der Beliebigkeit. Sie ist eher das Gegenteil. Das neuzeitliche Subjekt versteht sich sozusagen als Fenster und Tür zur Wirklichkeit, auch und besonders zum Absoluten. Der Titel meiner Habilitationsschrift lautete nicht umsonst: „Das Absolute in der Geschichte“.

Als Theologe stand ich damals mit der Arbeit über Schelling zusammen mit Klaus Hemmerle, der über dasselbe Thema habilitierte, ziemlich allein da. In Frankreich kam noch Xavier Tilliette hinzu, den ich in Tübingen zufällig in der Sakristei des Klinikpfarramtes traf, wo wir überrascht feststellten, dass wir das gleiche Interesse an Schelling hatten. Es freut mich, dass sich mittlerweile begabte katholische und evangelische junge Theologen wieder an Schelling heranwagen und meine bescheidenen Ansätze von damals eigenständig weiterführen.

1964 erhält Kasper einen Ruf auf den Lehrstuhl für Dogmatik an der Universität Münster. Er wird Nachfolger von Hermann Volk, der Bischof von Mainz geworden war und später zum Kardinal ernannt wird. Mit ihm verbindet Walter Kasper bald ein vertrauensvolles Verhältnis. Joseph Ratzinger, der 1963 einem Ruf von Bonn nach Münster gefolgt war, hatte sich für die Berufung des damals noch kaum bekannten Tübingers eingesetzt. Kasper ist 31 Jahre alt.

Jüngster im Bunde

Als der junge Professor 1964 von Tübingen nach Münster zieht, findet er sich so weit nördlich wie nie zuvor. Westfalen ist landschaftlich und kulturell eine andere Welt als das barocke Süddeutschland. Vor allem die heimatlichen Berge fehlen. Der Teutoburger Wald ist da nur ein schwacher Ersatz. Aber die Menschen sind sich in vielem ähnlich.

Zunächst ganz fremd, habe ich in Münster schnell Freunde gefunden und mich auch in der Stadt sehr wohl gefühlt. Es war eine geistig ungemein lebendige und anregende Zeit.

Neben Joseph Ratzinger lehrten in Münster der Fundamentaltheologe Johann Baptist Metz, der Pastoraltheologe Adolf Exeler und sein Assistent Franz Kamphaus (der spätere Bischof von Limburg), der Kirchenhistoriker Erwin Iserloh, die Neutestamentler Joachim Gnilka und Wilhelm Thüsing und als „Senior Professor" der zweimalige Rektor der Universität Bernhard Kötting.

Franz Kamphaus lernte ich als Assistent von Adolf Exeler kennen. Er kam wie viele andere vielversprechende Münsteraner aus dem Michaelskreis um den 1961 verstorbenen Münsteraner Bischof Michael Keller. Damals sagte man, der Keller unterkellere mit aus Münster stammenden Bischöfen den ganzen deutschen Katholizismus.
Eine meiner ersten Taten in Münster war, die Dissertation von Franz Kamphaus in der Fakultät durchzuboxen. Kamphaus hatte sich für seine Homiletik (Predigtlehre) die moderne Exegese zunutze gemacht, was einen anderen Kollegen zu heftigem Widerspruch reizte. Ich musste Kamphaus verteidigen und habe es gerne getan. Wir schätzen uns bis heute.

Die Universität ist vor 1968 noch ganz Ordinarienuniversität. Zur Fakultätssitzung treffen sich nur die Ordinarien, im Kollegenkreis pflegt man ein freundliches, kollegiales, aber eher vornehm-distanziertes Verhältnis. Joseph Ratzinger erregt als Konzilsberater an der Seite des Kölner Kardinals Frings längst Aufsehen und wird zu einer allseits angesehenen theologischen Autorität. Während der Pausen zwischen Sitzungsperioden des Konzils berichtet er in überfüllten Hörsälen über die jüngsten Entwicklungen der Konzilsberatungen.

Kasper ist mit dem weltbewegenden Geschehen in Rom nicht unmittelbar befasst. Er hält im Wintersemester 1964/65 seine erste Vorlesung zum Thema Christologie – es sollte eines seiner Lebensthemen werden. Zwei Jahre lehren Kasper und Ratzinger an derselben Fakultät. 1966 nimmt Ratzinger einen Ruf an Kaspers Heimatuniversität Tübingen an. Betrieben hat die Berufung vor allem Hans Küng. Er schreibt in seiner Autobiographie, er habe Tübingen zum Zentrum einer erneuerten nachkonziliaren Theologie machen wollen: „Auf einen gleichaltrigen, gleichgesinnten und gleichfähigen Kollegen setze ich da besondere Hoffnungen: auf Joseph Ratzinger." Mehr noch: „Ja, das ist mein Traum: Rahner, Ratzinger und ich, unterstützt von den nachrückenden Hermann Häring, Walter Kasper, Karl Lehmann, Johann Baptist Metz, Otto Hermann Pesch und möglichst vielen anderen – die Avantgarde einer erneuerten katholischen Theologie in Deutschland."

Die Avantgarde

Ratzinger lädt in Münster die Fakultätskollegen zu einem Abschiedsessen in ein Restaurant ein und hält dort eine Tischrede. Sinngemäß sagt er, bei allem berechtigten Aggiornamento sei ihm in der Zwischenzeit deutlich geworden, dass auch Bewahren und Bleiben sowie Treue grundlegende biblische Begriffe seien.

> Da konnte man nur zustimmen. Es zeigten sich aber in solchen Äußerungen Tendenzen, die später noch deutlicher hervortreten sollten. Jedenfalls änderte bzw. präzisierte sich seine Haltung nicht erst in Tübingen unter dem Eindruck der dortigen Studentenunruhen, wie es oft dargestellt wird. Eine gewisse Umorientierung, oder besser: endgültige Klärung fand schon gegen Ende des Konzils statt. Dennoch funktionierte die Zusammenarbeit mit Hans Küng in der Tübinger Zeit gut. Man gab gemeinsam eine theologische Reihe heraus und unterzeichnete gemeinsam Erklärungen, die es kirchenpolitisch in sich hatten.

Münster bleibt nach Ratzingers Weggang ein Mekka der katholischen Theologie. Sein Nachfolger heißt Karl Rahner, der aus München nach Münster kommt.

Karl Rahner habe ich wie wohl alle Theologen meiner Generation unendlich viel zu verdanken. Mit großer denkerischer Kraft hat er verhärtete Probleme aufgebrochen und der Theologie neue Wege erschlossen. Jetzt lernte ich ihn als persönlich bescheidenen humorvollen, väterlichen, wenngleich gelegentlich ungeduldigen Menschen kennen. Sympathisch an ihm war, dass ihm Starallüren fremd waren. Seine spekulative transzendentale Methode konnte ich bewundern; sie blieb aber meinem mehr geschichtlich orientierten Tübinger Ansatz zu abstrakt und spekulativ. Neben seinen abstrakten, spekulativen Texten gibt es bei ihm freilich auch dichte, existenziell in die Tiefe führende spirituelle Texte, die sprachlich ansprechend sind und die mir und vielen anderen damals geistlich viel gegeben haben.

Rahner kommt nicht alleine. Aus München bringt er seinen jungen Assistenten Karl Lehmann mit nach Münster.

Karl Lehmann habe ich kurz vor der Berufung Rahners nach Münster kennengelernt. Ich war in die Katholische Akademie in München eingeladen, Lehmann holte mich am Bahnhof ab. Er war damals gerade 30 Jahre alt, ich war 33. Meist sind wir zunächst als Theologen und später als Bischöfe, ohne jeweils vorher miteinander gesprochen zu haben, unabhängig von einander zu ähnlichen Positionen gelangt. So waren wir uns bald freundschaftlich verbunden.

In Münster lehrte bereits ein Schüler und Freund Rahners: Johann Baptist Metz.

Metz war und ist ein geistreicher, ungemein anregender und auf seine oberpfälzer Art ein äußerst liebenswürdiger, ja charmanter Kollege, mit dem man gut und lebhaft diskutieren kann. Ich lernte ihn früh bei einem seiner Vorträge kennen. Da war sein Thema noch die anthropologische Wende. Später entwickelte er die Politische Theologie, einen Schritt, den ich nicht mitvollzogen habe. Selbstverständlich müssen Glaube und Kirche öffentlich präsent sein und dürfen nicht personalistisch oder gar privatistisch enggeführt werden. Dieses Anliegen ist vollkommen berechtigt. Doch die personale Dimension des je einzelnen darf dabei nicht unterschlagen werden. Metz hat seine Gedanken mehr essayhaft vorgetragen. So ist mir die politische Theologie in den Grundlagen undeutlich geblieben und in den Konsequenzen ambivalent erschienen. Zwar wollte Metz selbst keine politisierende Theologie, aber nicht alle seiner Schüler, Hörer und Leser hielten diesen Vorbehalt aufrecht.

Die sechs Jahre in Münster sind für Walter Kasper

wie eine erste Liebe. Es sind Jahre, in denen manche lang dauernde Freundschaft und Bekanntschaft entstand, Jahre des Neuanfangs als theologischer Lehrer und zugleich des Aufbruchs in der Kirche durch das II. Vatikanische Konzil.

Wie auf jedem Anfang liegt ein gewisser Zauber auf diesen Jahren. Die Auseinandersetzungen und Konflikte, die bald folgen sollten, deuteten sich erst an und traten gegen Ende der Münsteraner Zeit mit dem Jahr 1968 mit Wucht zu Tage.

III. Krise und Erneuerung – Die Generation Konzil

Während Walter Kasper in Tübingen seine Habilitation verfasst und in Münster Schritt für Schritt seinen Vorlesungszyklus ausarbeitet, findet in Rom das wichtigste kirchliche Ereignis des Jahrhunderts und der gesamten neueren Kirchengeschichte statt: das II. Vatikanische Konzil. Walter Kasper, der damals noch ganz am Anfang seiner Laufbahn steht, ist daran nicht unmittelbar beteiligt, innerlich nimmt er vollen Anteil daran. Die Konzilsjahre zählt er zu den prägenden Jahren seines Lebens.

Die Richtung

Das Konzil war für mich einerseits die Erfüllung vieler Wünsche, die längst in mir waren. Später haben die Konzilsdokumente meinem ganzen weiteren Werdegang als Theologe die Richtung vorgegeben. Ich war jedoch während des Konzils nur einmal in Rom und wurde vom Sekretär von Bischof Leiprecht, Eberhard Mühlbacher, der in der Aula als „Platzanweiser" tätig war, in die Konzilsaula hineingeschleust. So konnte ich wenigstens einmal einen Vormittag lang auch physisch in das große Geschehen hineinschnuppern.

Man kann sich heute gar nicht mehr vorstellen, welches Interesse und welche Begeisterung das Konzil hervorgerufen hat – die Zeitungen waren jeden Tag voll von den Auseinandersetzungen zwischen den damals Progressiven und den damals Konservativen. Das war spannend und weckte in- und außerhalb der Kirche Interesse. Es hat der Kirche nicht geschadet, dass man auf dem Konzil die Meinungsverschiedenheiten in der Öffentlichkeit ausgetragen hat. Das hat die Kirche glaubwürdiger gemacht.

Es gibt auch schwierige Phasen und Enttäuschungen, etwa als Papst Paul VI. im November 1964 in das Beratungsgeschehen eingreift.

Der Kirchen-Konstitution „Lumen gentium" wurde eine „Erläuternde Vorbemerkung" (Nota praevia) vorangestellt, die Diskussion über die Erklärung zur Religionsfreiheit vertagt. Am „schwarzen Donnerstag", dem 19. November 1964, wurden Änderungswünsche einer „höheren Autorität" zum Ökumenismusdekret vorgelegt, die dieses zwar nicht in der Substanz veränderten, ihm aber – wie Congar in seinem Konzilstagebuch schreibt – doch seine Jungfräulichkeit nahmen. Dort beschreibt Congar auch, wie auf der Heimfahrt vor Weihnachten mein Heimatbischof Carl Joseph Leiprecht tief enttäuscht war.

Was den Papst zu diesen drastischen Eingriffen veranlasst, erschließt sich vielen erst später.

Im Rückblick wird deutlich, dass es dem Papst darum ging, möglichst vielen Konzilsvätern die Zustimmung zu ermöglichen, um eine Spaltung des Konzils in eine Mehrheit und eine qualifizierte Minderheit zu verhindern und so eine breite Übereinstimmung zu erreichen. Die Geschichte des I. Vatikanischen Konzils sollte sich nicht wiederholen, wo viele enttäuschte Konzilsväter der Minderheit vor der Endabstimmung abreisten.
Man hat Papst Paul VI. während und nach dem Konzil oft Unrecht getan; man hat ihn einen ängstlichen Zauderer genannt. Doch wahrscheinlich war nur ein so differenzierter Mensch wie er in der Lage, das Konzil durch alle Klippen hindurch zu Ende zu führen, ohne dass es zu Brüchen gekommen ist; auf der anderen Seite musste ein so feinfühliger

Mensch wie er unter den nachkonziliaren Krisen unsäglich leiden.

Trotz oder gerade wegen seines Bemühens, möglichst vielen gerecht zu werden, ist er nach dem Konzil zu einem der größten Reformpäpste der Kirchengeschichte geworden, der nicht zuletzt auf dem Feld der Ökumene mutige Schritte nach vorne getan hat. Seine historische Begegnung mit dem Ökumenischen Patriarchen Athenagoras in Jerusalem am 5. und 6. Januar 1964 ist nur die erste von vielen anderen späteren Begegnungen mit Kirchenoberhäuptern, Begegnungen, die bis dahin unvorstellbar erschienen.

Krise und Erneuerung

Dass das Konzil nicht die Reaktion auf eine immer klarer zutage tretenden Krise der Kirche gewesen sein soll, sondern Ursache der nachfolgenden Schwierigkeiten und krisenhaften Entwicklungen, hält Kasper für eine absurde These.

Nicht alles, was nach dem Konzil kam, kam auch wegen des Konzils. Die Krise deutete sich schon vorher an. Sie wäre so oder so gekommen, aus meiner Sicht wäre sie ohne das Konzil sogar schlimmer geworden. Das Konzil hat rechtzeitig gewissermaßen ein Auffangnetz gespannt und uns Instrumente in die Hand gegeben, um die Probleme in und mit der modernen Gesellschaft, die sich bald mit großer Wucht stellten, in theologisch verantwortlicher und weiterführender Weise anzugehen. Ohne das Konzil wären wir 1968 schlecht dagestanden.

Das Konzil als einen Bruch mit der bisherigen Tradition, besonders mit dem I. Vatikanischen Konzil anzusehen, wäre völlig verkehrt und würde der vom Konzil selbst deutlich ausgesprochenen Intention zutiefst widersprechen. Das Zweite Vatikanum war ein Konzil der Erneuerung der Tradition aus dem Geist der Kirchenväter und der ungeteilten Kirche des ersten Jahrtausends. Es warf die Tradition nicht über Bord, stellte sie aber in ein neues Licht und eröffnete so neue Perspektiven, deren Potentialitäten wir noch längst nicht voll ausgeschöpft haben. In diesem Sinn ist das Konzil Grundlage und Anfang einer neuen Epoche der Kirchengeschichte und die Magna Charta des Wegs der Kirche im neuen Jahrhundert.

Concilium und Communio

Der konziliare Aufbruch führt schon bald zu innerkirchlichen Auseinandersetzungen und Krisen. 1965 erscheint das erste Heft der Zeitschrift „Concilium". Sie will den Konzilsimpuls weitertragen und weiterentwickeln. Unter den deutschen Theologen zählen Küng, Rahner, Böckle, Metz und Kasper zu den Männern der ersten Stunde; Congar, Lubac, Schillebeeckx, Aubert, Mejia und viele andere sind dabei, auch Joseph Ratzinger ist anfangs mit wichtigen Beiträgen vertreten. Erst später trennen sich die Wege; Walter Kasper verabschiedet sich, als ihm die Richtung zu einseitig wird. 1972 kommt es zur Gründung der Internationalen katholischen Zeitschrift „Communio" durch Hans Urs von Balthasar und Joseph Ratzinger; sie will kein Gegenprojekt zu Concilium sein, wird aber weithin so verstanden.

Zunächst ist Concilium ein Forum, auf dem sich aufgeschlossene Theologen aus aller Welt, wenngleich unterschiedlicher Ausrichtung, begegnen.

Bei der Mitarbeit an der Zeitschrift „Concilium" habe ich sehr früh den peruanischen Theologen Gustavo Gutiérrez, den Vater der Befreiungstheologie, kennengelernt. Bis heute schätze ich ihn sehr. Gutiérrez ist in seinem Einsatz für die Armen persönlich unbedingt glaubwürdig; er ist ein zutiefst frommer und kirchlich gesonnener Mann. Ich erinnere mich, dass er vor einiger Zeit gefragt wurde, wie er sein erstes Buch „Theologie der Befreiung" heute beurteile. Er antwortete etwa so: Das sei so, wie wenn ein Mann nach 40 Jahren Ehe den ersten Liebesbrief an seine spätere Frau nochmals liest. Der sei nicht falsch, aber er würde ihn so nicht mehr schreiben.

Einige Zeit später wird Kasper bei „Concilium" einen brasilianischen Franziskaner namens Leonardo Boff kennenlernen. Er ist damals freilich noch nicht der Boff, als den man ihn später kennenlernen sollte.

Boff hatte bei Leo Scheffczyk in München promoviert. Er berichtete mir bei einem gemeinsamen abendlichen Spaziergang von den Greueln des damaligen Militärregimes und von der himmelschreienden Ungerechtigkeit in seinem Land. Boff stützte sich später auf die marxistische Gesellschaftsanalyse. Der biblische Begriff der Freiheit wurde so verkürzt und politisch umgedeutet, dass Klassenkampfideen in die innerkirchlichen Auseinandersetzungen eingebracht werden konnten. Diese ideologische Einfärbung hat den Gegnern der Befreiungstheologie in die Hände gespielt, so dass deren berechtigte Anliegen übersehen oder gar denunziert werden konnten.
Ich erinnere mich an ein Gespräch am Tisch von Papst Johannes Paul II. Damals wurde ich gemeinsam mit einigen anderen Professoren zu einer Art Sommerakademie nach Castel Gandolfo eingeladen. Als Johann Baptist Metz das Gespräch auf die Befreiungstheologie brachte, sagte der Papst energisch: „Wir brauchen eine Befreiungstheologie, aber ohne Marxismus. Was der Marxismus bedeutet, das weiß ich aus eigener Erfahrung, und das will ich den lateinamerikanischen Völkern ersparen."

Zeit der Experimente

Die lebhaften Diskussionen unter den Theologen sind nur eines von vielen Symptomen einer Kirche, die nach dem II. Vatikanischen Konzil in Bewegung geraten ist. Es wird viel experimentiert; manchmal ist in diesen unruhigen Jahren der Lehrstand der Kirche nicht mehr klar. In der Liturgie geht vieles durcheinander.

Die Jahre nach dem Konzil waren eine wilde Zeit, vor allem in der Liturgie. Die amtlichen Reformen kamen scheibchenweise. Vieles geschah spontan: Die Volkssprache und die weitgehende Abschaffung des Lateinischen, die Hinwendung des Priesters zum Volk, der Umbau der Kirchen, der manchmal Züge des Bilderstürmerischen annahm, neues Liedgut von teilweise recht zweifelhafter Qualität. Es gab kein richtiges Messbuch mehr, man hatte nur noch Ringbücher. Spöttisch hat man gesagt, es hieße nun nicht mehr: „Lasset uns beten", sondern: „Lasset uns blättern".

Kasper steht nicht abseits.

Es wäre unehrlich zu behaupten, dass alle diese Strömungen einfach an mir vorbeigegangen wären. Ich konnte und wollte mich diesem Aufbruch nicht entziehen, auch wenn zu den Extremen immer eine Distanz blieb. Doch durchringen musste ich mich in dieser Situation schon, um den rechten Weg – meinen Weg zu finden. Das war nicht immer leicht. Doch es hat immer wieder Menschen und Situationen gegeben, die mir geholfen haben.

Mir hat damals geholfen, dass ich jeden Tag im Münsteraner Landeskrankenhaus Marienthal für geistig Behinderte, in dessen Nähe ich wohnte, die Messe gefeiert habe, werktags in der kleinen, sonntags in der großen Kapelle. Die Ordensschwestern waren westfälisch katholisch. Bei ihnen und bei den Behinderten konnte man sich keine großen Experimente erlauben; in der Predigt musste man mit einfachen Worten sagen, was „Sache“ ist.

Andernorts geht es lebhafter zu. Fünf Priester tun sich in Münster zusammen, um in der Kirche St. Antonius mit neuen Gottesdienstformen zu experimentieren.

Die Priester waren an sich alle kirchlich gesonnen, aber die Messen wurden von vielen als Skandal empfunden. Bischof Joseph Höffner hat das Experiment nach einiger Zeit beendet. Das war ein Vorgang neben vielen ähnlichen anderen. Ich selbst hatte zu Bischof Höffner, dem späteren Kölner Kardinal, ein vertrauensvolles Verhältnis. Er lud mich ein, mit ihm durch die sehr weiträumige Diözese zu reisen und Vorträge vor dem Klerus zu halten. Ich bewunderte seinen Gleichmut, als er sich bei der anschließenden Diskussion mit Ruhr-Kaplänen einiges gefallen lassen musste. In der Art ganz anders als Kardinal Julius Döpfner in München und von vielen lange Zeit verkannt, war er eine der großen Bischofsgestalten nach dem Konzil.

Viele Ordensmänner und Ordensfrauen verlassen die Klöster, viele Priester geben ihr Amt auf. Andere finden sich in Priester-Solidaritätsgruppen zusammen – auch Walter Kasper.

Im Bistum Münster gründete sich der Freckenhorster Kreis, insgesamt und verglichen mit anderen Gruppierungen eher gemäßigt. Adolf Exeler und Franz Kamphaus sowie der allseits geachtete Studentenseelsorger Hans Werners gehörten dazu. Man diskutierte über kirchliche Reformen, sprach über

Bußgottesdienste, Gemeindeleitung, das Priesterbild. Es herrschte eine frische, freundschaftliche, vorwärtsgerichtete Atmosphäre. Bald nach meinem Wechsel nach Tübingen habe ich den Kreis verlassen. Die Reformstimmung hatte eine Eigendynamik entwickelt, die mir theologisch zu weit ging.

Achtundsechziger

Das Jahr 1968 mit der sogenannten Studentenrevolution ist ein Einschnitt an der Universität – und nicht nur dort.

Im Grunde leitete „1968" gerade sie eine Art Kulturrevolution in der Gesellschaft ein. Die sogenannte bürgerliche, in Wirklichkeit humane und christliche Moral wird als Unterdrückung diffamiert und im Namen der Emanzipation über Bord geworfen; menschliche Verhaltensweisen wie Anstand, Disziplin und Fleiß werden als faschistisch verschrieen und lächerlich gemacht. Jahrzehnte danach sind die Ereignisse von damals noch immer Gegenstand von Leit- und Feuilletonartikeln; die Debatte ist längst nicht abgeschlossen, weil auch Folgen noch immer gegenwärtig sind.

Im Sommer 1968 geht es nicht nur in Paris, Berlin und Frankfurt heiß her. Auch in Münster und in Tübingen werden manche Professoren buchstäblich terrorisiert.

1968 wurde es an der Universität schwierig und oft brutal. Antibürgerlicher Protest machte sich in wirren marxistischen, maoistischen basis-demokratischen Schlagworten Luft. Mit maximal einem Dutzend Schlagworten glaubte man die Welt verändern zu können. Die linken Studentengruppen forderten paritätische Mitbestimmung, „herrschaftsfreie" Seminare, verteilten Flugblätter, organisierten Demonstrationen, antworteten mit Sprechchören, besetzen Seminarräume und Hörsäle, die dann oft von der Polizei geräumt werden mussten.

In dieser Situation wird Walter Kasper 1969/70 in Münster zum Dekan der Katholisch-Theologischen Fakultät gewählt.

Da hieß es Farbe bekennen und Kurs halten. In den Lehrveranstaltungen der eigenen Fakultät blieb es im Allgemeinen ruhig. Aber den Diskussionen musste man sich stellen. Die Sitzungen zu leiten war nicht leicht. Senatssitzungen dauerten manchmal von morgens neun bis nachts um zwei; öfters wurden sie gestört. Einmal war der ganze Senat im Schloss, dem Hauptgebäude der Universität, eingesperrt, bis wir das Gebäude durch einen Polizeikorridor unter Beschimpfungen der Demonstranten verlassen konnten. Als über die neue Universitätsverfassung beraten und abgestimmt werden sollte, musste man den Ort des Geschehens geheim halten; erst kurz zuvor erhielt man per Eilbrief die Nachricht, wo die Sitzung stattfinden sollte. Um Blockaden zu verhindern, wurden die Studentenvertreter an einen anderen Ort beordert und dann im letzten Moment umdirigiert.

Auf die Idee, Münster zu verlassen und sich an einen ruhigeren Ort zurückzuziehen, kommt der Schwabe nicht.

Anstatt mich unterkriegen zu lassen, wollte ich die Aufbegehrenden unter den Studenten mit ihren eigenen Waffen schlagen. Ich habe gelernt, wie man mit der Geschäftsordnung arbeitet. Dann habe ich Marx gelesen. Von Schelling und Hegel her fand ich vor allem zu den Frühschriften schnell Zugang. Nach kurzer Zeit wusste ich mehr und besser Bescheid als die, welche oft nur ein paar Schlagworte kannten. Dass Marx und das Evangelium zusammenpassen könnten, das wäre mir nie in den Sinn gekommen. So haben mich die Ereignisse des Jahres 1968 und danach Nerven gekostet, sie haben mich aber nicht aus der Bahn geworfen.

Humanae vitae

Mitten in die ohnehin schon aufgewühlte Situation fällt Ende Juli 1968 die Veröffentlichung der Enzyklika „Humanae vitae" „Über die rechte Weitergabe des menschlichen Lebens" mit dem lehramtlichen Verbot der künstlichen Empfängnisregelung. Sie ruft – wie die deutschen Bischöfe Ende August in ihrer „Königsteiner Erklärung" sagen – bei vielen Priestern und Laien „große Ratlosigkeit" hervor. Aus diesem Grund veröffentlichen sie ein „Wort zur seelsorgerlichen Lage".

Die Enzyklika „Humanae vitae" fiel mitten in eine schon vorhandene Autoritätskrise und hat diese innerkirchlich wesentlich verstärkt. Das wirkt bis heute nach. In keinem anderen Bereich hat die Welle der Emanzipation von 1968 so nachhaltig gewirkt wie in der vitalen und zugleich intimen Sphäre menschlicher Sexualität

So handelt die „Pillenenzyklika", wie sie noch heute polemisch bezeichnet wird, auch nur in wenigen Abschnitten von der Empfängnisverhütung.

Es ging dem Papst um eine ganzheitliche Sicht des Menschen als Mann und Frau und um den verantwortlichen Umgang des Menschen mit seiner Sexualität. Nie zuvor hatte das Lehramt die Ehe aus einer solchen personalistischen Perspektive gesehen. Johannes Paul II. und Benedikt XVI. haben diese personalistische Sicht weitergeführt und vertieft.

Der Streit über das Thema Empfängnisverhütung hat der Rezeption dieses tieferen Anliegens der Enzyklika nachhaltig geschadet.

Die Warnungen des Papstes vor den fatalen Folgen der Trennung der traditionell sogenannten „Ehezwecke“, der personalen ehelichen Liebe und der ehelichen Fruchtbarkeit, haben sich als prophetisch erwiesen. Das ist für jeden deutlich, der Augen hat und die fatale demographische Entwicklung in den entwickelten Gesellschaften beobachtet und der die Tatsache zur Kenntnis nimmt, dass durch die Trennung von Liebe und Fruchtbarkeit die menschliche Sexualität eben nicht aufgewertet, sondern als Sex sehr oft zum Konsumartikel geworden ist. Aufmerksame Zeitgenossen wie der gar nicht aus katholischer Tradition kommende Max Horkheimer haben diese Entwicklung schon früh vorhergesehen und davor gewarnt.

An Aktualität hat „Humanae vitae“ nicht verloren …

Nach wie vor ist in Erziehung und Pastoral der verantwortliche Umgang mit der menschlichen Sexualität, ihre Integration in das Ganze des menschlichen Lebensentwurfs und ihre Ausrichtung an der dem Menschen von Gott gegebenen Ordnung nach wie vor ein schwieriges, aber dringendes Thema. Als Bischof musste ich mich mit dieser nicht einfachen Aufgabe in der Jugendpastoral persönlich auseinandersetzen – leider damals mit nur mäßigem Erfolg.

… zumal die katholische Kirche in der Frage der Empfängnisverhütung, die 1968 die Gemüter erregte, nach wie vor nicht zu einer einvernehmlichen Haltung gefunden hat.

Im Bereich von Ehe und Familie ist Familienplanung, das heißt die verantwortliche Entscheidung der Ehepaare, wie vielen Kindern und in welchen Abständen sie in ihrer konkreten Situation das Leben schenken können, als grundlegendes Elternrecht anerkannt. Dagegen ist die kirchliche Gemeinschaft in der Frage, ob dabei außer den kirchlich empfohlenen sogenannten natürlichen Methoden auch sogenannte künstliche Methoden angewandt werden können, noch immer weit von einem Konsens entfernt.
Es gibt Ehepaare und Gruppen von Ehepaaren, die sich ernsthaft um ein Leben nach der Ordnung der Kirche bemühen und die damit glücklich mit den ihnen von Gott geschenkten Kindern leben. Sie verdienen Anerkennung und Unterstützung. Man wird aber auch einräumen, dass dies unten den heutigen Lebensumständen, den Arbeits-, Lohn- und Wohnverhältnissen in den meisten Fällen schwierig zu verwirklichen ist. So gilt das Problem vielen als abgehakt, oder es wird totgeschwiegen. Im Unterschied zu meinen frühen Priesterjahren, in denen ich sehr viel im Beichtstuhl war, kommt dieses Problem heute im Bußsakrament praktisch nicht mehr vor.

Gewisse Gründe und Gewissensgründe

Das Problem totzuschweigen oder einfach dem Trend zu folgen und „gewisse Gründe“ als Gewissensgründe auszugeben, ist sicher keine Lösung. Ebenso wenig hilft eine rigoristisch vorgetragene Moralkasuistik weiter. Sie wirkt – biblisch gesprochen –, wenn sie nicht mit der Gnadenbotschaft des Evangeliums verbunden ist, als totes und tötendes Gesetz. Pastoral weiterführend ist deshalb nur die geduldige Vermittlung der Einsicht in den Sinn der von Gott dem Menschen gegebenen Ordnung. Wo Eheleute diese Ordnung innerlich bejahen und ein Leben aus dem Gebet und aus der Kraft der

Gnade führen, da werden Normen, welche außerhalb dieses Kontexts als unerträgliches, zum Widerspruch reizendes Gesetz erscheinen, im biblischen Sinn als Wegweisung verstanden, die sie aus einem informierten Gewissen heraus in ihrer konkreten Lebenssituation in der rechten Weise verantwortungsvoll umzusetzen vermögen. Da finden, wie es Benedikt XVI. ausgeführt hat, Eros und Liebe (Agape) in einer guten Weise zusammen.

Zu einer konstruktiven Antwort und zu einem befriedeten Konsens in den in diesen unruhigen Jahren aufgebrochenen Fragen ist vermutlich noch eine längere Wegstrecke zurückzulegen. Das Verhältnis von subjektiver Freiheit und vorgegebener objektiver Ordnung, von Norm und Gewissen, von kirchlicher Lehre und ihrer Rezeption im Leben der Kirche, wird uns noch lange beschäftigen.

IV. Theologie und Kirche – An vorderster Stelle

Unter dem Eindruck der turbulenten Ereignisse in Tübingen kehrt Joseph Ratzinger 1969 der württembergischen Universität den Rücken und nimmt einen Ruf an die neugegründete Universität Regensburg an. Wieder dreht sich das Theologenkarussell. Hatte in Münster Karl Rahner den Lehrstuhl eingenommen, den Joseph Ratzinger hinterließ, so wird in Tübingen Walter Kasper zum Wintersemester 1970/71 der Nachfolger Ratzingers.

Heimkehr nach Tübingen

> Tübingen, wo ich als Theologe groß geworden war, sollte nun für fast zwanzig Jahre der Ort meiner Wirksamkeit werden. Ich bezog zunächst das Haus meines Lehrers Geiselmann auf dem Österberg – mit malerischer Aussicht auf die Schwäbische Alb. Später baute ich dort zusammen mit meiner Schwester Hildegard, die damals im nahegelegenen Reutlingen an der Pädagogischen Hochschule lehrte und nebenher für Wohnlichkeit und Gastfreundschaft im Haus sorgte, ein eigenes Haus. Ich dachte, mich dort einrichten zu können. Aber wie oft im Leben sollte es ganz anders kommen.

Die Universität Tübingen ist für den Heimkehrer kaum noch wiederzuerkennen. Die Studentenschaft ist auch dort in Aufruhr. Inzwischen bekannte Szenen wiederholen sich, etwa bei der zunächst gesprengten Wahl des Rektors, die dann – wie geplant – an einem anderen Ort vollzogen wird. In einer Kampfabstimmung um das Amt des Dekans für 1971/72 setzt sich Kasper gegen den Pastoraltheologen Norbert Greinacher durch. Doch zuvor müssen sich beide Bewerber in einer Anhörung den Studenten stellen.

> Angenehm und gemütlich war das nicht, aber die Münsteraner Erfahrung als Dekan, stabile Nerven und etwas Humor halfen. Gelegentlich machte der Disput mit den Studenten auch Spaß. Manchen konnte man den Mund stopfen, andere zum Nachdenken bringen. Im Übrigen muss ich den Wilhelmstiftstudenten ein gutes Zeugnis ausstellen. Bei allem, was auch da gelegentlich aus dem Ruder lief, sie wagten Gegendemonstrationen und hielten ihrerseits mit Sprechchören dagegen.

Auch außerhalb der Hörsäle und Studentengemeinden geht es in der Theologie lebhaft zu. Wie in Frankreich und in den Niederlanden gibt es kaum etwas, das nicht im Fluss ist. In Tübingen werden mehrere Memoranden verfasst und veröffentlicht.

Den Zölibat abschaffen?

Mit Datum des 9. Februar 1970 wenden sich neun der zwölf Berater der Kommission für Fragen der Glaubens- und der Sittenlehre der Deutschen Bischofskonferenz mit einem „Memorandum zur Zölibatsdiskussion“ an die Mitglieder der Deutschen Bischofskonferenz. Karl Rahner und Karl Lehmann haben den Text verfasst, Joseph Ratzinger und Walter Kasper sind unter den Unterzeichnern. Die Theologen fordern nicht mehr und nicht weniger als eine „eindringliche Überprüfung“ und eine „differenzierte Betrachtung“ des Zölibatsgesetzes (die Betonung liegt auf „Gesetz“) der lateinischen Kirche für Deutschland und die Weltkirche im Ganzen.

Das ehelose Priestertum werde „eine wesentliche Form des Priestertums in der lateinischen Kirche“ bleiben, heißt es in dem Memorandum. Die Frage sei nur, „ob die bisherige Weise, in der die priesterliche Existenz realisiert wird, in der lateinischen Kirche die einzige Lebensform sein könne und bleiben müsse". Wenn aber ohne eine Veränderung der Zölibatsgesetzgebung ein genügend großer Priesternachwuchs nicht zu gewinnen sei, „dann hat die Kirche einfach die Pflicht, eine gewisse Modifizierung vorzunehmen". Fast vierzig Jahre später hat dieses Thema nicht an Aktualität verloren. Aber zusätzliche Aspekte und Argumente sind hinzugekommen.

Ausgangspunkt des Themas Priestermangel in Deutschland ist heute in der Regel die Schwierigkeit, sonntags in der Pfarrkirche noch regelmäßig Eucharistie zu feiern. Dieser Ansatz scheint mir nicht immer gut gewählt. Man kann nicht von der Pfarreistruktur ausgehen, wie sie sich im 19. und frühen 20. Jahrhundert entwickelt hat und nach dem Zweiten Weltkrieg bis in die siebziger Jahre hinein noch ausgebaut wurde.
Aber es ist unstrittig, dass es heute fast überall in Westeuropa – Deutschland nicht ausgenommen – so wenig Priester- und Ordensberufungen gibt, wie vielleicht noch nie seit dem frühen 19. Jahrhundert. Das priesterliche Amt und mit ihm die konkrete Gestalt der Kirche in Mittel– und Westeuropa sind gegenwärtig in einem dramatischen Umbruch.
Man darf diese Zahlen freilich nicht isoliert betrachten; nicht nur die Zahlen der Priesterweihen und der Ordenseintritte, sondern auch die Zahlen der Taufen, der Eheschließungen, der praktizierenden Gläubigen, vor allem der Kinder und Jugendlichen sind zurückgegangen. Es fehlt auch an einem „berufungsfreundlichen" Klima in der Kirche und in der Gesellschaft.

Man kann freilich auch fragen, ob es nicht doch viele Berufungen gibt, von denen aber viele womöglich nicht zum Tragen kommen, manche vielleicht wegen des Zölibats. Außerdem fällt in der Diskussion über den Priestermangel immer öfter das Wort von der „Stunde der Laien".

Dieses Wort ist ohne Zweifel berechtigt. Denn die Laien leben und wirken in den konkreten Situationen unserer rasch sich verändernden Welt, und allein sie können dort gleichsam als Sauerteig wirken und das Licht des Evangeliums verbreiten. Doch damit Laien diesen ihren Dienst tun können, brauchen sie Seelsorger, die ihnen geistliche Wegbegleitung und Orientierung geben. Sie brauchen Priester. Ihnen kommt entsprechend dem Selbstverständnis der katholischen Kirche eine Schlüsselstellung zu. Vor allem durch den Priester wird die Kirche vor Ort konkret wahrgenommen und präsent. Wo pastorale Wegweisung, seelsorgerliche Wegbegleitung und geistliche Orientierung gegeben wird, da braucht man sich um die „Nachfrage" keine Sorgen zu machen. Wirkliche Seelsorger sind nach wie vor und inzwischen sogar wieder mehr gefragt, viel mehr als manche meinen.

So habe ich alles in allem die Überzeugung gewonnen, dass die Abschaffung des Zölibats oder die Weihe von verheirateten Männern allein keine hinreichenden Antworten auf die Situation sind. Die Krise des Amtes ist Ausdruck einer tieferen Krise in der Kirche und des Glaubens der Kirche. Ohne eine Neubelebung des Glaubens, ohne eine Neuevangelisierung wird sich an der misslichen Lage wenig ändern.

Das deutsche Konzil

Die „Stunde der Laien" in der katholischen Kirche in Deutschland schlug indes schon vor mehr als einer Generation. 1972, zehn Jahre nach der Eröffnung des II. Vatikanischen Konzils, treten im Würzburger Kiliansdom die Mitglieder der Deutschen Bischofskonferenz, Delegierte des Zentralkomitees der Deutschen Katholiken, der Bistümer und Ordens-gemeinschaften zu dem „deutschen Konzil“ zusammen, der Gemeinsamen Synode der Bistümer in der Bundesrepublik Deutschland. Unter den Delegierten sind neben Persönlichkeiten des öffentlichen Lebens auf allen Seiten namhafte Theologen, darunter Rahner, Ratzinger, Lehmann, Kamphaus, Wetter – und seit der zweiten Sitzungsperiode Walter Kasper, für dessen Teilnahme sich Kardinal Julius Döpfner eingesetzt hatte.

Über die Synode und ihren „Geist“ wird heute oft abschätzig gesprochen. Ich halte das für ungeschichtlich und für ungerecht. Damals entwickelte sich auf Seiten der Bischöfe wie der Laien das ehrliche Bemühen, der Kirche in Deutschland inmitten der Umwälzungen nach dem Konzil und dem Essener Katholikentag des Jahres 1968 einen gemeinsamen Weg in die Zukunft zu weisen. Ihrem Namen „Synode“ – „Weggemeinschaft“ – wurden die Beratungen in Würzburg im Grundsatz voll und ganz gerecht, auch wenn manches nicht zu Ende gedacht wurde, auf dem halben Weg blieb und sich mit Blick auf die Weltkirche unmöglich realisieren ließ.
Immerhin bildete sich schnell eine Atmosphäre des gegenseitigen Respekts heraus. Es war und bleibt das historische Verdienst des konzilserfahrenen damaligen Vorsitzenden der Deutschen Bischofskonferenz, des Münchner Kardinals Julius Döpfner, dass er in dieser schwierigen konflikthträchtigen Situation nicht nur die Bischofskonferenz, sondern die katholische Kirche in Deutschland mit großem persönlichem Einsatz und mit viel Geschick zusammengehalten hat. Im Rückblick kann man sagen, dass das in der damaligen Situation Mögliche erreicht und so ein Auseinanderfallen der deutschen Kirche verhindert wurde.

Unsere Hoffnung

Mehr als dreißig Jahre nach ihrem Ende im November 1975 kennen viele die Synode nur noch vom Hörensagen.

> Einige Dokumente und Entscheidungen können sich bis heute sehen lassen, vor allem der Text „Unsere Hoffnung. Ein Bekenntnis zum Glauben in dieser Zeit", der stark von Johann Baptist Metz geprägt wurde. Auch andere Dokumente boten noch für viele Jahre eine Basis, die für alle Bistümer verbindlich war. Weniger fruchtbar, aber in der damaligen Situation unumgänglich waren die Diskussionen über die Laienpredigt, die Weihe von verheirateten Männern zu Priestern und von Frauen zu Diakonen, wie über die Zulassung von Nichtkatholiken zur Eucharistie. Viele dieser Debatten wurden sehr eng geführt, weil sich die Haltung breit machte: Wenn wir in diesem Punkte nicht weiterkommen, geht es mit der Kirche insgesamt nicht weiter. Solche Fixierungen münden in Blockaden und führen nicht weiter.

Kirche auf dem Weg

Die erste gemeinsame Synode in Deutschland war bislang auch die letzte. Dabei hätte es für Bischöfe, Repräsentanten der Verbände, Vereine und geistliche Gemeinschaften, für die Räte und die katholischen Persönlichkeiten des öffentlichen Lebens seither manche Gelegenheiten gegeben, sich in sicherem Abstand zu der Würzburger Synode nochmals zusammenzufinden, etwa nach der Wiedervereinigung oder zum Ende des neunziger Jahre zur Vorbereitung auf die Millenniumsfeier.

Immerhin wagt Bischof Georg Moser, der 1975 Bischof Carl Joseph Leiprecht als Bischof von Rottenburg nachgefolgt war und mit dem Kasper schon längere Zeit freundschaftlich verbunden ist, in den Jahren 1985–86 eine Diözesansynode.

Georg Moser war ein Volksbischof im besten Sinn des Wortes, den sein oberschwäbischer Humor selten verließ. So ging es bei der Synode frisch und lebendig zu; man suchte Glauben und Leben zusammenzubringen.

Auch wenn keine weltbewegenden Beschlüsse herauskamen, so traf das Thema der Synode doch ein, vielleicht *das* pastorale Grundproblem: „Weitergabe des Glaubens an die nächste Generation".

Das gemeinsame Gespräch und Gebet, die Notwendigkeit, bei unterschiedlichen Meinungen immer wieder zusammenzufinden, all das hat sich gelohnt und ausgezahlt. Die Synode repräsentierte das um den Bischof versammelte Volk Gottes, das auf dem Weg ist.

Im Kirchenrecht von 1917 war vorgesehen, dass der Bischof alle zehn Jahre eine Diözesansynode abhalten soll. Auch das nachkonziliare Kirchenrecht von 1983 sieht Partikular- und Diözesansynoden vor. Von diesen Möglichkeiten haben bisher die wenigsten Kirchenprovinzen und Diözesen Gebrauch gemacht – die deutschen nicht ausgenommen.

Sicher ließe sich unter den Maßgaben des geltenden Kirchenrechts „Würzburg" nicht wiederholen. Doch Bischofskonferenzen, so wichtig und unerlässlich sie heute sind, können nicht an die Stelle der bewährten Synodentradition treten; sie haben den Charakter von Arbeitsbesprechungen und dienen der gegenseitigen Information und Konsultation. Vollends können Diözesanforen, Katholikentage und dergleichen mit ihrem meist schnell wieder verpuffenden Event-Charakter Synoden, die einen liturgischen und verbindlichen Charakter haben, nicht ersetzen.

Das scheinen die kirchlichen Eliten in Deutschland nicht so zu sehen.

> Es wäre keine Neuerung, wenn in einer Ortskirche oder in einer Kirchenprovinz in regelmäßigem Abstand Synoden abgehalten würden. Man könnte sich dafür auf älteste Traditionen berufen. Synoden finden wir im Osten bereits in den ersten Jahrhunderten, dann sowohl in Rom wie in Afrika und im Frankenreich. Bei uns hat Bonifatius das Synodalwesen neu belebt. Im Mittelalter waren Provinzialsynoden wichtig für die Erneuerung der Kirche. Das gleiche gilt für die Diözesansynoden, die nach dem Konzil von Trient abgehalten wurden und die Wesentliches zur katholischen Erneuerung beitrugen. Man denke nur an die Synoden, die der heilige Bischof Karl Borromäus in Mailand abgehalten hat und die der spätere Papst Johannes XXIII. in seinen jungen Jahren eingehend studiert hatte.
> Schließlich sprechen für die Erneuerung der synodalen Struktur wichtige ökumenische Gesichtspunkte. Zwar kann das Synodalwesen, wie es sich in der evangelischen Kirche im 20. Jahrhundert herausgebildet hat, kein unmittelbares Vorbild für uns sein, da es ein unterschiedliches Verständnis des Bischofsamtes widerspiegelt; das ostkirchliche Verständnis der Synodalität der Kirche ist uns dagegen sehr nahe. Die Erneuerung unserer eigenen Synodaltradition wäre der Annäherung von Ost und West sicherlich förderlich.

Stunde der Laien

Ein wichtiges Thema in Würzburg ist die Stellung der Laientheologen (Pastoralassistenten und -referenten). In den siebziger Jahren wird der Dienst der Laientheologen von vielen als Vorstufe für die Weihe verheirateter Priester verstanden. Für die Frauen hoffen viele auf die Zulassung zum ständigen Diakonat.

Die Erwartungen an Veränderungen in der Kirche sind nicht gering – und im Rückblick zu hoch.

Viele Laientheologen leisteten damals und leisten auch heute einen guten Dienst, für den man dankbar sein soll. Doch das Berufsbild war und ist nicht geklärt. Ich habe viele Frauen und Männer als Gemeindereferenten und Pastoralreferenten kennengelernt, die einen vorzüglichen und hingebungsvollen pastoralen Dienst leisten. In vielen Gemeinden ist ihr Dienst zumindest im Augenblick nicht zu ersetzen. Viele haben auch gar nicht den Ehrgeiz, Miniaturpriester zu sein. Andere dagegen möchten persönlich möglichst viel vom Amt mitbekommen oder haben wenig Verständnis für das Spezifische des priesterlichen Dienstes im Unterschied zum Dienst der Laien. Das muss dann notwendig zu Konflikten oder zur Frustration führen.

Die deutschen Bistümer verfolgen bis heute mit dem Einsatz von hauptamtlichen Laien unterschiedliche Absichten und Ziele. In der einen Diözese sollen sie in der Gemeindeseelsorge arbeiten, in anderen nur in der kategorialen Seelsorge, in den einen eine Gemeinde leiten, in der anderen das gerade nicht, wiederum andere haben einen Einstellungsstopp verfügt, andere verzichten bis heute auf Diplomtheologen zugunsten von Gemeindereferenten und -referentinnen. Die Verwirrung ist groß.

Wirklich diskutieren lassen sich diese Fragen nur in einem größeren Zusammenhang. Es war wichtig und unabdingbar, dass das Konzil die Anteilnahme aller Getauften am gemeinsamen Priestertum neu herausgestellt hat. Diese Einsicht hat das Erscheinungsbild unserer Gemeinden positiv verändert und verlebendigt. Die Kirche ist bei uns in den meisten Bereichen nicht mehr Volkskirche im traditionellen Sinn; sie ist dafür mehr Kirche des Volkes Gottes geworden.

Auch in einer Kirche des Volkes Gottes ist der Dienst des Priesters nach katholischem Verständnis bleibend notwendig und unersetzbar. Schon in Würzburg sagte ich: Priester können nur durch Priester ersetzt werden. Aber der priesterliche Dienst ist auf vielfältige ehrenamtliche Dienste von Laien angewiesen. Ohne sie, vor allem ohne die ehrenamtlichen Dienste von Frauen, wären die meisten Gemeinden längst zusammengebrochen.

Rückblickend scheint es so, dass die in manchen Diözesen (auch in der Diözese Rottenburg) verbreitete Praxis, Laientheologen und Laientheologinnen auch innerhalb der Feier der Eucharistie predigen zu lassen, sowie die Hoffnungen auf „viri probati" die Klärung des Berufsbildes der Laien eher verhindert und zu einer Verwischung des Priesterbildes geführt haben.

Als ich später als Bischof die Predigtpraxis der Laientheologen und Laientheologinnen in der Diözese zurückzudrängen versuchte, führte das zu einem der großen Konflikte, die ich auszutragen hatte. Es hilft am wenigsten den weniger gewordenen und oft überlasteten Priestern, wenn man das spezifische Profil des Priesters und des Laien verwischt und die Identität des priesterlichen Dienstes beschädigt. Der Berufungspastoral wird damit die Grundlage entzogen.

In den meisten anderen Ländern Westeuropas, von Lateinamerika, Afrika und Asien gar nicht zu reden, sind „beamtete Laienseelsorger" unbekannt. Dort verfügen die Kirchen weder über die spezifischen akademischen und noch weniger über die wirtschaftlichen Möglichkeiten, wie sie die Kirchen im deutschen Sprachraum haben, um Laien einen sicheren und auskömmlichen Arbeitsplatz zu bieten. Auch in den ostdeutschen Bistümern hat sich das westdeutsche Modell nicht durchgesetzt. Das Modell der deutschsprachigen Länder ist also universalkirchlich nicht übertragbar.

Es wäre auch in Deutschland völlig falsch und schon rein finanziell nicht machbar, alle ehrenamtlichen Dienste zu „professionalisieren". Die Gemeinden können eher ohne hauptamtliche Laiendienste als ohne ehrenamtliche Dienste auskommen. Wo „professionelle" Laiendienste vorhanden sind, wird man auch in Zukunft dankbar für sie sein, wenn ihr Dienst theologisch geklärt und nicht mit unrealistischen Erwartungen befrachtet ist. Sie können weder den Dienst des Priesters noch den der Ehrenamtlichen ersetzen, müssen letzteren vielmehr unterstützen und fördern.
Es ist darum wichtig, sowohl das Priesterbild wie das Selbstverständnis der Pastoral- und Gemeindereferenten zu klären. Auch auf universalkirchlicher Ebene scheint mir noch nicht endgültig geklärt zu sein, was die vom Konzil und Kirchenrecht vorgesehene besondere Beauftragung von Laien mit Einzelaufgaben des Amtes theologisch und kirchenrechtlich bedeutet.

Mit der Frage nach dem Amt in der Kirche eng verbunden ist die Frage nach der Stellung der Frau in der Kirche.

Ein besonders Anliegen als Bischof war es, Frauen in der Kirche zu fördern. Der Zugang von Frauen zu leitenden Stellungen ist dabei nur ein, aber nicht der einzige Aspekt; die Wertschätzung und Unterstützung von Frauen in ihrem alltäglichen Leben und Dienst ist eine nicht weniger wichtige Aufgabe. Die Vereinbarkeit von Familie und Beruf und Fragen der Kindererziehung, auch soziale Probleme stehen für die meisten Frauen viel mehr im Vordergrund als leitende Stellungen in der Kirche zu haben. Die Einrichtung einer eigenen Frauenkommission hat sich für alle diese Aufgaben als ein hilfreiches Instrument der Information und der Beratung erwiesen.

Bewegungen

Die Kirche in Italien ist nur eine von vielen, die in der Frage der Beteiligung der Laien wie in vielen anderen Fragen andere Wege geht.

Die Kirche in Italien hat keine hauptamtlichen pastoralen Laiendienste, kennt aber ein hohes ehrenamtliches Engagement der Laien. Die Initiation, d.h. die Hinführung zu Taufe, Buße, Eucharistie und Firmung sowie die Ehevorbereitung geschieht viel gründlicher als bei uns. Da könnten wir uns in der Tat ein erhebliches Stück abschneiden.
Trotzdem hat die Kirche in Italien mit ähnlichen Problemen zu kämpfen wie die Kirche in Deutschland. Dabei gibt es große Unterschiede zwischen Nord- und Süditalien. Die unmittelbare Präsenz des Papstes als Bischof von Rom und die Tatsache, dass Italien kein konfessionell gespaltenes Land ist wie Deutschland, hat selbstverständlich Auswirkungen.

Anstelle von Katholikentagen finden im Abstand von zehn Jahren Zusammenkünfte statt, die viele klassische synodale Elemente aufweisen: Laien, geistliche Gemeinschaften, Repräsentanten des Klerus, alle Bischöfe einschließlich des Papstes als dem Bischof von Rom treffen sich, um sich ein Bild von der Lage der Kirche zu machen und Impulse für den weiteren Weg zu geben.

Diese Tagungen sind nicht etwa eine Art Kirchenparlament, auch keine Synoden im klassischen Sinn. Man versucht, gemeinsam zu hören, was – biblisch gesprochen – der Geist den Gemeinden sagt, und daraus Wegweisung zu entnehmen für die Bewältigung der großen Themen und Herausforderungen der Gegenwart. So konnten diese Zusammenkünfte wichtige Impulse geben.

Viele meinen, in Deutschland bestehe an Erfahrungen dieser Art kein Bedarf. Sie glauben mit der Bischofskonferenz mit ihren Kommissionen, mit dem Zentralkomitee der deutschen Katholiken mit seinen Haupt- und Sachausschüssen, mit den Räten in den Diözesen und Pfarreien, dazu den Katholikentagen sei das II. Vatikanische Konzil nirgendwo auf der Welt so gut verwirklicht wie in der Bundesrepublik Deutschland.

Es wäre nach meiner Überzeugung ungerecht, das große Engagement und das viele Positive zu verkennen, das in diesen Strukturen und durch sie in der Kirche in Deutschland geschieht. Auch darf man die großen Werke wie Misereor, Adveniat, Renovabis, Bonifatiuswerk oder Caritas internationalis nicht vergessen. Sie haben uns weltweit hohe Anerkennung verschafft.

Dafür sucht man neue geistliche Bewegungen und Gemeinschaften, die Communione e Liberazione, der Fokolar-Bewegung oder der Gemeinschaft Sant' Egidio vergleichbar wären, in Deutschland vergebens.

In Italien ist dank dieser Gemeinschaften und Bewegungen vieles im Aufbruch. Sie sind ein junges, dynamisches Element in der italienischen Kirche; Spiritualität und konkretes Engagement, Kontemplation und Aktion bilden eine unlösbare Einheit.
So könnte der Kirche in Deutschland ein Blick über den Zaun guttun, um Anregungen von außen zu erhalten und sich

nicht bequem in Formen festzufahren, die einmal hilfreich waren und Großes ermöglicht haben, aber wie alles im Leben, allmählich in die Jahre gekommen sind. Neue Ideen und eine neue Dynamik tun not.

Im Rückblick auf die Jahre, die ich in Deutschland Professor und dann Bischof war, will es mir scheinen, dass wir viel zu viel in Kommissionen, Gremien und Konferenzen zusammensitzen; man begegnet dort meist immer den gleichen Leuten und diskutiert endlos die gleichen Fragen. Stattdessen sollten wir uns auf die Beine machen und nach außen wirken. Jesus hat nicht gesagt: „Sitzt zusammen" sondern: „Geht hinaus!"

Wir Deutsche neigen auch in der Kirche zu einem Übermaß an Institutionalisierung, Bürokratisierung und Reglementierung. Damit kann man Leben statt zu befördern auch ersticken. Manchen Institutionen, die einmal ihre Zeit hatten, würde man die Kunst eines guten Sterbens wünschen. Statt dessen läuft sich vieles tot und wird zu Selbstbeschäftigung und Selbstzweck. Man fährt dann mit Vollgas im Leerlauf.

Vor allem würde man mancher „Gschaftelhuberei" mehr spirituellen Tiefgang wünschen. Ich frage mich, warum die neuen geistlichen Bewegungen bei uns so wenig Anklang finden. Auch wir bräuchten einen neuen geistlichen Aufbruch. Den kann man nicht „machen". Vermutlich wird er – wie schon oft in der Geschichte – von geistlich prägenden Gestalten abhängen, die nur geschenkt werden können. Auf der Ebene der geistig-geistlichen Führung besteht momentan ein Vakuum. Darum die Fixierung auf die ewig gleichen Themen, mit denen man sich im Kreis statt nach vorne bewegt.

Theologie in der Welt von heute

Die Mitgliedschaft in der Gemeinsamen Synode markiert für Kasper eine wichtige Etappe seiner Arbeit als Theologe, ebenso wie die Mitwirkung in Gremien der Deutschen Bischofskonferenz.

Überall ging es um Fragen des Glaubens und der Gläubigen in der heutigen Welt. Sie haben meiner theologisch-wissenschaftlichen Arbeit frühzeitig eine pastorale Note geben und mich auf spätere Aufgaben vorbereitet.

Einstweilen steht die theologische Wissenschaft im Vordergrund. Sie soll nicht unter dem praktischen Engagement leiden.

Seit den sechziger Jahren hat Professor Kasper zunächst von Münster und dann von Tübingen aus an vielen Debatten teilgenommen. In dichter Folge veröffentlicht er Bücher, die Maßstäbe setzen und in der deutschen wie in vielen fremdsprachigen Ausgaben hohe Auflagen erreichen.

Die „Einführung in den Glauben", die 1972 erscheint, ist aus Vorlesungen für Hörer aller Fakultäten in Münster und Tübingen hervorgegangen.

In Tübingen waren im AudiMax auch viele Priester der Diözese anwesend, die einmal in der Woche zur theologischen Weiterbildung an die Universität kamen. Das Buch hat vielen geholfen, mit dem geistigen und kirchlichen Umbruch fertig zu werden, neuen Halt und neue Orientierung im Glauben zu finden.

Nur zwei Jahre nach der „Einführung" erscheint das wohl bekannteste Buch Kaspers: „Jesus der Christus". Es ist ebenfalls aus mehrfach überarbeiteten Vorlesungen in Münster und Tübingen hervorgegangen. 1982 wird die Gottes- und Trinitätslehre „Der Gott Jesu Christi" veröffentlicht. Gegen Ende seiner akademischen Zeit plant Kasper, diesen beiden Bänden eine Ekklesiologie „Die Kirche Jesu Christi" folgen zu lassen. Die Berufung in das Bischofsamt im Jahr 1989 macht diesem Vorhaben zunächst ein Ende.

Als Bischof und Kardinal hat mich dieses Thema nicht losgelassen. Schließlich habe ich mir nach fast zwei Jahrzehnten praktischer Ekklesiologie buchstäblich die Zeit gestohlen, um im Herbst 2008 wenigstens einen knappen Grundriss der Lehre von der „Kirche Jesu Christi“ veröffentlichen zu können.

Kaspers Bücher werden nicht nur in zahlreiche Sprachen übersetzt. Schon bald nach ihrem Erscheinen zählen sie zu den Standardwerken der Dogmatik weltweit.

Ich habe immer versucht, so weit möglich die neu aufgebrochenen exegetischen und die historischen Fragen aufzuarbeiten, den Glauben der Kirche in kritisch-konstruktiver Auseinandersetzung mit dem neuzeitlichen Denken zu interpretieren und ihn spirituell und pastoral fruchtbar zu machen. Das ging und geht nicht ohne Nachtarbeit und Verzicht auf Freizeit.

Bis heute sprechen Bischöfe, Priester und Laien Kasper auf seine Bücher an und bedanken sich für die Anregungen, die sie als Studierende aus diesen Büchern geschöpft haben.

Ich freue mich jedes Mal über solche bestätigenden Urteile. Denn wissenschaftliche Theologie war für mich nie Selbstzweck und kein akademisches Glasperlenspiel. Auch als Professor blieb ich, was ich werden wollte: Priester, Pfarrer, Seelsorger.
Ich wollte Menschen im Glauben helfen und zum Glauben helfen, wollte ihnen Argumente anbieten, um mit den Anfra-

gen an den Glauben und an das eigene Mensch- und Christsein fertig zu werden; ich wollte die innere Stimmigkeit und Schönheit des Glaubens aufzeigen.
Glauben – das war für mich gewiss mein eigener, existenzieller persönlicher Glaube, aber als solcher der Glaube des größeren Wir der Kirche, der mich trägt und bereichert und auch immer wieder zum tieferen Nachdenken und zur Korrektur herausfordert. Mit dem geschichtlichen Denken, wie ich es in Tübingen gelernt habe, wollte ich den geschichtlichen Weg des Glaubens der Kirche nachzeichnen und ihn zum Glaubensweg heute machen.

Ein Katechismus
Die Krise des Glaubens erfasst auch viele, die selbst mit der Verkündigung des Glaubens beauftragt sind; sie tun sich deshalb mit der ihnen aufgetragenen Verkündigung und Katechese schwer. Deshalb macht Kasper Ende der siebziger Jahre Joseph Kardinal Ratzinger, damals Erzbischof von München und Freising sowie Vorsitzender der Glaubenskommission der Deutschen Bischofskonferenz, einen Vorschlag:

> Ein „Erwachsenenkatechismus", der nicht mehr wie früher im Frage-Antwortspiel den Glauben sozusagen „aufsagbar" machen sollte, sondern vielmehr im tieferen Sinn die Fragen der Menschen, der Zeit, auch die Fragen der modernen Theologie aufnehmen und sie in einer verständlichen Sprache beantworten, damit die Verkündiger und Katecheten ebenso wie interessierte Laien im Glauben neu sprachfähig würden.
> Dazu schlug ich vor, in Zusammenarbeit von Bischöfen, Systematikern und Exegeten eine verlässliche Auslegung des Glaubensbekenntnisses der Kirche zu erarbeiten. Ich wollte über die allmählich leidige Diskussion von sattsam bekannten „heißen Eisen" hinaus den Blick weiten für das größere

Ganze und in sich Stimmige des katholischen Glaubens und so einen Dienst leisten an Predigt und Katechese.

Der Vorschlag wird angenommen.

Die Arbeit, bei der ich die Hauptlast trug, beschäftigte mich einige Jahre und machte mir viel Freude. Die Zusammenarbeit mit dem Alttestamentler Alfons Deissler und dem Neutestamentler Rudolf Schnackenburg war fruchtbar, und Kardinal Ratzingers Nachfolger, der Münchner Erzbischof und Kardinal Friedrich Wetter, begleitete alles mit seinem Wohlwollen, seinem Rat und seinem Sachverstand. Versehen mit einem Vorwort von Kardinal Joseph Höffner, damals Vorsitzender der Deutschen Bischofskonferenz, konnte der Katechismus zu Ostern 1985 erscheinen. Obwohl es nicht mein persönlicher Katechismus ist, sondern der der Kirche, betrachte ich ihn irgendwie doch als meine Gesamtdarstellung der katholischen Dogmatik.

Zu Beginn des Jahres 2008 kommt Papst Benedikt XVI. auf diese Epoche zurück. In einem sehr persönlich gehaltenen Geleitwort zu der Festschrift aus Anlass des 75. Geburtstags von Walter Kasper ist zu lesen: „In dem Ringen dieser Jahrzehnte bist Du immer an vorderster Stelle gestanden. Du hattest den Mut, in dieser Zeit die zentralen Themen der Theologie aufzugreifen und neu auszulegen. Deine soeben in neuer Auflage erschienene Christologie ist für viele Menschen Theologen und Laien, in den verschiedenen Sprachen und Kulturen Orientierung geworden ... Nicht vergessen möchte ich Dein Buch über Gott: Du hast uns wieder an die wahre Mitte der Theologie erinnert, die ihrem Wesen nach Reden von Gott ist – aus dem Reden Gottes zu uns schöpft und ins Reden mit ihm hineinführt.“

Unter Freunden

Vorlesungen und Bücherschreiben sind nicht alles. Walter Kasper und der angesehene Moraltheologe Alfons Auer treffen sich regelmäßig am Werktag bei der Feier der Eucharistie in der Kapelle des Tübinger Klinikpfarramtes. Am Sonntag feiert Kasper, wie schon in seiner Repetenten- und Assistentenzeit, die Eucharistie oft in den Tübinger Kliniken, wo die Schwerkranken von freiwilligen Helfern in ihren Betten in den Gottesdienstraum und um den Altar geschoben werden.

Es ist fast eine jesuanische Situation, ähnlich der, wie sie in den Evangelien oft beschrieben wird, wo Jesus von Kranken geradezu belagert wird.

Nimmt man die Gottesdienste in den Tübinger Pfarrkirchen St. Johann und St. Paulus hinzu, so vergeht kaum ein Sonntag ohne Predigt. Zeitweise beteiligt sich Professor Kasper an den Treffen der an Charles de Foucauld orientierten Priesterbruderschaft „Jesus Caritas"; einmal macht er zusammen mit einem Mitbruder private Exerzitien in einer Hütte im Hoggargebirge in der Sahara, wo Charles de Foucauld viele Jahre lebte.

Wichtig wurde für mich in all diesen bewegten Jahren vor allem die Freundschaft mit einem ebenfalls aus dem Allgäu stammenden Studien- und Weihekollegen: Josef Schupp. Er war Direktor des Wilhelmstifts, dann Regens des Priesterseminars. Dann übernahm er als Domkapitular in Rottenburg das schwierige und belastende Amt des Personalreferenten. An vielen Sonntagnachmittagen sind wir stundenlang durch das nahegelegene Schönbuch, im Urlaub durch das Allgäu gewandert, haben miteinander erzählt und einander bestärkt. Ich habe damals vertraulich viele Interna aus dem Bischöflichen Ordinariat erfahren, die mir später die Einarbeitung als Bischof erleichterten. Leider ist Josef Schupp während der Sedisvakanz nach dem Tod von Bischof Moser plötzlich verstorben. Damals stand er mit den Personalproblemen ziemlich alleine da; das hat ihn umgetrieben und innerlich „umgebracht“. Sein Tod war für mich ein herber Verlust.

Der noch größere Verlust war der Tod meiner Eltern. Sie waren jedes Jahr zu Ostern gerne nach Tübingen gekommen und hatten an allem lebhaften Anteil genommen. Die Mutter starb nach langer schwerer Krankheit im Dezember 1981, der Vater folgte ihr nur sechs Jahre später, im März 1987. Ich durfte beiden in Wangen das Requiem halten; auf dem St. Wolfgangs-Waldfriedhof haben sie nach einem arbeitsamen Leben, das ganz der Familie und ihren Kindern gewidmet war, ihre letzte Ruhe, in Gottes Ewigkeit die ewige Ruhe gefunden.

Die Erfahrung macht wohl jeder: Der Tod der Eltern ist ein herber Einschnitt im eigenen Leben. In gewissem Sinn macht er erst voll erwachsen, aber auch ein Stück einsamer. Der Familienzusammenhalt mit meinen beiden Schwestern und dem Schwager blieb zum Glück erhalten. So ist das elterliche Haus in Wangen gemeinsamer Bezugspunkt und Treffpunkt geblieben.

Der Kontakt und die Diskussion mit den Studenten macht Freude. Vor allem in den abendlichen Doktorandenseminaren wird heiß diskutiert, ein entspanntes Zusammensein im Restaurant Museum schließt sich an.

Die meisten Doktoranden von damals sind dann selber Professoren geworden, viele von ihnen haben mittlerweile eine Schar von Schülern hervorgebracht. So wird man als Professor Vater und Großvater und freut sich darüber, wie die Enkel sich selbständig und recht unterschiedlich entwickeln, und staunt über das, was sie aus den Ideen machen, die man selber grundzulegen versucht hat.

Die Umgangsformen unter den Professoren sind längst nicht so steif wie zu Beginn von Kaspers akademischer Laufbahn in Münster. Die Umgangsformen an der eigenen Fakultät, der Kontakt mit den evangelischen Kollegen und der Austausch mit einigen Kollegen der Philosophischen Fakultät sind ziemlich ungezwungen.

Es war eine geistig ungemein rege und lebendige Zeit, und insgesamt eine gute Zeit. Jürgen Moltmann, Eberhard Jüngel, Hans Küng und ich trafen sich monatlich zu einem abendlichen Gespräch abwechselnd in der Wohnung oder im Haus eines anderen. Man konnte an langen Abenden buchstäblich über Gott und die Welt diskutieren.
Mit Johannes Schwardtländer konnte ich mehrere Semester Seminare über das Thema Menschenrechte halten. Mit dem Fundamentaltheologen Max Seckler unternahm ich im Schweizer Wallis mehrere wunderschöne Hochgebirgstouren. Morgens um vier Uhr von der Hütte aufbrechen, um nach einem anstrengenden Aufstieg über Gletscher und Gletscherspalten hinweg bei Sonnenaufgang über 4000 Metern anzukommen und staunend in die Welt von Hunderten verschneiter und vergletscherter Bergspitzen zu schauen, das ist ein Erlebnis, ein durch und durch religiöses Erlebnis, das man nicht beschreiben kann. Anschließend sind wir bei einer deftigen Brotzeit oft in heftige theologische Diskussionen geraten.

Unbegrenzte Möglichkeiten

Zur Arbeit im Tübinger Hörsaal, im Seminar und am Schreitisch auf dem Tübinger Österberg kommen Auslandserfahrungen hinzu. 1983 ein Gastsemester an der Catholic University of America in Washington D.C., …

… das Gelegenheit bot, das Land der unbegrenzten Möglichkeiten – manchmal für Europäer auch Unmöglichkeiten – von Chicago bis New Orleans und San Francisco etwas zu erkunden und auch schätzen zu lernen.

Sodann zwei Mal eine Gastvorlesungs-Reihe an der Università Gregoriana in Rom, einmal in Jerusalem an der Domitio-Abtei, bei den Salzburger Hochschulwochen und unmittelbar vor der Ernennung zum Bischof in Louvain-la-Neuve (Belgien), erste Reisen nach Afrika und Asien sowie Vorlesungen und Begegnungen in Ostberlin, in der damaligen DDR (besonders in Erfurt) und vielen anderen Ländern hinter dem Eisernen Vorhang.

Diese Auslandserfahrungen erweiterten den Blick über die deutsche und europäische Problematik hinaus und erschlossen mir schon früh Weltkirche. Besonders die Begegnungen hinter dem eisernen Vorhang und mit Freunden in Erfurt waren bewegend, vor allem mit Heinz Schürmann und Lothar Ullrich.
Auf Taiwan durfte ich deutschen Missionaren und Missionarinnen einen theologischen Kurs halten; viele von ihnen hatten bis zur Revolution auf dem chinesischen Festland gearbeitet, waren vor kommunistische Gerichte gestellt worden und hatten Jahre im Gefängnis zugebracht. Was sie abends erzählten, waren keine Greuelgeschichten, sondern Zeugnisse des Glaubens.

Für alle Beteiligten riskant sind die Untergrundvorlesungen in Prag, wo Verfolgung und Unterdrückung durch die Kommunisten am härtesten waren.

Einmal erhielt ich in Prag einen Schlüssel und die Anweisung, wohin ich mit dem Taxi fahren sollte, um dann, weil die Taxifahrer Spitzel des Geheimdienstes waren, zu Fuß weiterzugehen. Schließlich fand ich mich in einer Wohnung vor, die ich gleich als konspirativ erkannte: voll möbliert, aber unbewohnt. Nach ein, zwei Stunden trafen Zuhörer ein, einer nach dem anderen, manche hatten jahrelang im Gefängnis gesessen. Ich hielt einen Vortrag, ein alter Recorder lief mit. Wenn Fragen gestellt wurden, wurde das Band angehalten, nur meine Antworten wurden aufgezeichnet. Ich durfte keinen Namen nennen, das hätte unter Umständen gefährlich werden können.

Nach dem Ende der kommunistischen Herrschaft bin ich bei einer dann öffentlichen Vorlesung in Prag nochmals dem Mann begegnet, bei dem ich damals heimlich untergebracht war. Mein Gastgeber erzählte mir, dass ein Jahr nach dem Fall des Eisernen Vorhangs die Geheimpolizei gekommen sei und das Mikrophon abgebaut habe, das versteckt zwei Meter von dem Stuhl entfernt gewesen sei, auf dem ich damals gesessen hatte.

In Polen kann Kasper wie alle Theologen aus dem Westen unbehindert Vorlesungen halten.

Einmal war ich bei Alfons Nossol zu Gast, dem Bischof von Oppeln; die Ordensschwestern in seinem Haus mussten mich gesund pflegen. Alfons Nossol war zugleich Professor an der Katholischen Universität Lublin, wohin er mich zu Vorlesungen einlud. Er setzte sich schon früh für die Versöhnung von Deutschen und Polen ein. In Warschau habe ich Kardinal Wyszynski zwei Mal erlebt – eine ungewöhnlich eindrucksvolle Gestalt. Von Hass auf die Deutschen habe ich bei diesen Besuchen nichts gespürt, auch dann nicht, wenn spät am Abend die Rede auf die Greueltaten der Nazis kam. Die Betroffenheit war dann auf meiner Seite.

Neben den Vorlesungen im Ausland geht die wissenschaftliche Arbeit weiter, aufsehenerregende akademische Dispute eingeschlossen.

Sie haben, wenn sie wirklich akademisch geführt werden, nichts mit persönlichem Streit zu tun, sie dienen vielmehr der eigenen und der fremden Positionsbestimmung und sind ein wichtiger Weg, um in der Wissenschaft, auch in der theologischen, weiterzukommen.

Inhalt und Methode

Mit einer 1969 erschienenen Rezension von Joseph Ratzingers „Einführung in das Christentum" eröffnet Walter Kasper einen solchen Disput. Er zollt diesem Buch, das inzwischen zu einem in viele Sprachen übersetztes Standardwerk der Theologie des 20. Jahrhunderts gewordenen ist, hohe Anerkennung. Die Kritik bezieht sich nicht auf den Inhalt, sondern auf die wissenschaftliche Methode. Es heißt dort: „In Ratzingers Einführung wird die theologische Wissenschaft zum engagierten persönlichen Bekenntnis. Beide lassen sich in der Tat nicht prinzipiell trennen; aber um der Sachlichkeit willen möchte man beide doch lieber etwas mehr unterschieden sehen." Der Hauptpunkt der kritischen Analyse ist, dass Ratzingers Art der Darstellung die „anstößige Positivität des Christlichen, das Skandalon des fleischgewordenen Wortes Gottes", in einer platonisierenden Denkform aufzuheben droht.

Wer auch nur ein wenig in der europäischen Kulturgeschichte und über die Bedeutung, die Platon darin zukommt, Bescheid weiß, für den ist „platonisch" kein Schimpfwort; es ist die Charakterisierung eines Denkstils und einer Denkform, der man in etwa die mehr empirisch ansetzende, aber nicht weniger spekulative aristotelische Denkform gegenüberstellen kann. Beide schließen sich nicht schlechthin aus. So ist der Aristoteliker Thomas von Aquin – wie man heute weiß – viel mehr auch vom Platonismus geprägt als man früher angenommen hat.

Ratzinger lässt die Kritik nicht auf sich sitzen und verteidigt sich öffentlich.

Leider kommt es zu keiner Diskussion über die theologische Methode; auch nicht zu einer Diskussion über die theologische Denkform beziehungsweise über mögliche unterschiedliche Denkformen auf dem gemeinsamen Boden des christlichen und kirchlichen Glaubens. Für Ratzinger bedeutet Platonismus, dass das Empfangen vor dem Tun kommt. Diese Aussage wird kein seriöser Theologe bestreiten. Diese Definition von Platonismus ist vielmehr so weit, dass sie für jede ernsthafte Theologie gilt und selbstverständlich ist. Um den Unterschied festzumachen, schiebt Ratzinger mich in die Ecke des „Kritischen Katholizismus" und bringt mich in die Nähe des Marxismus. Beides gab es damals in der Theologie, doch mit beidem hatte und habe ich nichts zu tun.

Auch Kasper nimmt nochmals öffentlich Stellung.

Doch nach einigem Hin und Her endet der Disput nicht im Streit, sondern mit einer versöhnlichen Einladung zu einer Gastvorlesung an der Universität Regensburg. So bleibt das Verhältnis menschlich und christlich in Ordnung und für weitere Zusammenarbeit in vielen Bereichen offen. So ist es auch geblieben.

Der Fall Küng

Zu Beginn der siebziger Jahre ist noch vieles im Fluss; doch allmählich werden die Positionen und die Auseinandersetzungen härter, die Spannungen unter den katholischen Theologen und mit dem römischen Lehramt nehmen zu. In der deutschen Öffentlichkeit nimmt die Auseinandersetzung um Kaspers Tübinger Kollegen Hans Küng breiten Raum ein.

> Ich verdanke Hans Küng vieles. Er hat mich gefördert bei der Dissertation und Habilitation, bei der Berufung nach Münster wie später bei der Berufung nach Tübingen. Wir haben viele Jahre freundschaftlich zusammengearbeitet. Doch mit der Zeit kam es zu einer Entfremdung, unsere Wege trennten sich. Anders als Küng wollte ich Theologie und kirchliche Erneuerung nicht in immer wieder neuen öffentlich ausgetragenen Konflikten mit den Bischöfen und dem Papst betreiben. Das war für mich nicht im Geist der Tübinger Schule, wie ich sie kennengelernt hatte.

Fast zehn Jahre lang ziehen sich nach der Veröffentlichung von Küngs Buch „Unfehlbar? Eine Anfrage" (1970) die Auseinandersetzungen mit der römischen Kongregation für die Glaubenslehre hin. Kardinal Julius Döpfner, die Bischöfe Carl Joseph Leiprecht und später Georg Moser tun ihr Bestes, um den Konflikt zu entschärfen und von Hans Küng wenigstens eine Art Stillhalten zu erreichen.

Der Bruch

1979 zeigt sich Küng im Vorwort eines Buches unter dem medienwirksamen Titel „Wie der Papst unfehlbar wurde" abermals als Kritiker des Dogmas von der Unfehlbarkeit des Papstes in Fragen des Glaubens und der Sitten. So kommt es kurz vor Weihnachten, am 18. Dezember 1979, durch eine Erklärung der

Glaubenskongregation zum endgültigen Bruch, der nach Weihnachten zum Entzug der kirchlichen Lehrerlaubnis führt.

Ich ahnte, dass es so kommen würde. Auch wenn Küng das mit „unfehlbar“ Gemeinte nicht einfachhin leugnete, so legte er es doch auf eine Weise aus, die mit dem Dogma des I. Vatikanischen Konzils in Konflikt geriet. Dass die Kirche bleibend in der Wahrheit gehalten wird, wie er sagte, ist sicherlich richtig und grundlegend wichtig.
Aber dieses Gehaltenwerden drückt sich nach katholischer Lehre in bestimmten Sätzen aus, die zwar im Ganzen der übrigen Lehre interpretiert werden müssen, aber grundsätzlich nicht in die Irre führen können, auf die also Verlass ist. Das Wort „unfehlbar“ mag da missverständlich sein; man würde besser von „untrüglich“ sprechen. Doch in der Weise, wie Küng die Frage der Unfehlbarkeit stellte, waren grundlegende Fragen des Wahrheits-, des Glaubens- und des Kirchenverständnisses im Spiel.
Im Übrigen kann man ja gute Ideen haben, aber man kann sie in der Kirche nicht im Alleingang und mit Hilfe der Massenmedien durchsetzen wollen. Rom reagierte mit der Erklärung der Glaubenskongregation auch gegen die Art und Weise, wie Küng meinte, seine Anliegen vertreten und durchsetzen zu können. In der Tat wäre es schlecht um die Kirche bestellt, wenn man sich eine Medienmacht aufbauen und damit Kirchenpolitik machen könnte.

In Johannes Paul II. gerät Küng an den Falschen.

Die jüngere Theologiegeschichte kennt viele Konflikte mit dem kirchlichen Lehramt. Man wird vor allem an die Zeit des Antimodernismus zu Beginn des 20. Jahrhunderts denken. Einige Konflikte sind im Nachhinein zugunsten der zunächst

Verurteilten ausgegangen. Der 1855 verstorbene, in Italien bis heute hochangesehene italienische Philosoph, Theologe und geistliche Schriftsteller Antonio Rosmini wurde 32 Jahre nach seinem Tod aufgrund posthum veröffentlichter Werke verurteilt und nun – nach einer ziemlich gewundenen Erklärung der Glaubenskongregation – im November 2007 selig gesprochen.
Vor dem II. Vatikanischen Konzil wurden Henri de Lubac, Yves Congar und andere in der Auseinandersetzung um die sogenannte Théologie nouvelle gemaßregelt und ihrer Lehrstühle enthoben; beim II. Vatikanischen Konzil waren sie unter den maßgebenden Theologen, nach dem Konzil wurden sie zu Kardinälen erhoben. Doch die dazwischen liegenden Jahre waren hart für sie. Die zunächst zensurierten Theologen erfuhren, dass die Rezeption theologischer Einsichten konfliktreich sein und dauern kann. Sie akzeptierten, wenngleich zutiefst betroffen, dass bei diesem Prozess nicht nur die Position der Kirche, sondern auch die eigene Position reifen muss. So war es dann auch – zum Besten der Kirche wie ihrer Theologie. Leider wollte Hans Küng diesen demütigen Weg nicht gehen.

Polarisierungen

In Tübingen kommt es nach der Erklärung der Glaubenskongregation zum Tumult.

Es folgten die schwersten Wochen meiner akademischen Laufbahn. Nicht nur an der Universität, auch in der Stadt war alles in Aufruhr. Zwei Drittel der Studierenden der Fakultät traten in einen Streik. Durch eine Ungeschicklichkeit wurde die Fakultät erst nach einigen Tagen amtlich informiert. So reagierte sie zunächst verärgert, dann war sie tief gespalten.
Ich wusste, wo ich zu stehen hatte. Menschlich ist es freilich

nicht leicht, einen Weg zu finden zwischen der Solidarität mit der Kirche und der andersartigen, aber ebenfalls angemessenen Solidarität mit einem Kollegen, mit dem man lange gut zusammengearbeitet hatte. Ich möchte einen solchen Konflikt nicht ein zweites Mal durchmachen müssen.
Hans Küng war von der Stellungnahme derer, die sich kritisch zu ihm verhielten, auch über die meine, tief getroffen und enttäuscht. Viel später sagte ich ihm: „Es wäre schon viel gewonnen, wenn du denen, die es damals anders als du sahen und es noch heute anders sehen, zugestehen könntest, dass auch sie aus Gewissensgründen und nicht einfach aus niedrigen Motiven der Karriere und dergleichen handelten." Er wollte mir das nicht absprechen.

Der „Fall Küng" versetzt auch die Diözese Rottenburg in Unruhe; viele Priester und Pastoralreferenten hatten bei ihm studiert, viele Laien teilten seine Reformvorstellungen.

Bischof Georg Moser, ein Mann des Dialogs, versucht in der schwierigen Situation alles ihm als Bischof Mögliche zu tun und geht dabei bis an die Grenzen seiner Möglichkeiten, um den Konflikt doch noch beizulegen.

Zwei Wochen nach der römischen Erklärung sucht Moser das Gespräch mit Küng.

Moser ging abends zu Küng, nicht Küng zu ihm. Hans Küng wollte, dass ich an dem Gespräch teilnähme. Der Bischof flehte Küng fast an: „Geben Sie mir ein Signal, ein Wort, das ich nach Rom mitnehmen kann, um den Konflikt zu lösen." Küng gab zur Antwort: „Ja, was sagen dann meine Freunde?"
Diese Antwort enttäuschte mich zutiefst, ebenso die Tatsache, dass er den Bischof am Ende des Gesprächs nicht einmal

zum Auto begleitete, sondern ihn oben in der Wohnung verabschiedete. Wenigstens ein kleines Zeichen der Dankbarkeit hätte Moser verdient gehabt.

Nach Weihnachten findet auf Bitten von Bischof Moser in Castel Gandolfo bei Rom ein Gespräch mit dem Papst und seinen engsten Mitarbeitern statt.

In der Erklärung, die der Bischof nach Rom mitbrachte, ging Küng so weit, wie es ihm möglich erschien, doch die wirklichen Unterschiede waren damit nicht überwunden. Der Entzug der kirchlichen Lehrerlaubnis durch den Bischof, der von Hans Küng tief enttäuscht war, war nun unausweichlich.

Mit dem Entzug der Lehrerlaubnis ist die Affäre Küng nicht beendet. Die Polarisierungen an der Universität und im Bistum erweisen sich einstweilen als unüberwindbar.

Die Affäre Küng hat die Atmosphäre in der Fakultät tiefgreifend verändert und mir die Arbeit in der Fakultät am Ende verleidet. Die Fakultät blieb gespalten; man war sich unter den Kollegen nicht nur in fakultätspolitischen Entscheidungen nicht mehr einig, sondern in grundlegenden Fragen des Kircheseins und der Kirchlichkeit der Theologie. Auch die regelmäßigen Gespräche mit den evangelischen Kollegen hatten nun ein Ende. Nach dem Bruch wollte Hans Küng nicht mehr, dass ich weiterhin dabei wäre.

Mittlerweile hat sich unser Verhältnis entspannt. Die Unterschiede in den damals diskutierten Fragen sind geblieben; aber wir können wieder in Ruhe miteinander reden und einander schreiben.

Bevor ich 1989 von Tübingen wegging, um Bischof von Rottenburg zu werden, hatte ich mit Hans Küng ein ausführliches Gespräch; in Rottenburg hat er mich einmal zu einer längeren abendlichen Begegnung aufgesucht. Beide Gespräche sind gut, in Ruhe und gegenseitiger Achtung verlaufen. Seitdem hat sich Küng anderen Fragen, Fragen des Dialogs mit den Weltreligionen und des „Weltethos“ zugewandt und dabei in der Wissenschaft wie in der Öffentlichkeit einen international angesehenen Platz gefunden. Eine noch immer nicht ganz verheilte Wunde ist freilich bei vielen innerhalb und außerhalb der Diözese und wohl auch bei Hans Küng selbst geblieben. Immerhin hat ein ausführliches Gespräch mit Papst Benedikt XVI. im menschlichen Bereich inzwischen manche Verletzung geheilt.

Unbekannte Welt Vatikan

Die theologische Arbeit geht weiter, neue Aufgaben treten hinzu, manche von ihnen lassen rückschauend erahnen, was noch kommen soll.

Als Papst Johannes Paul II. für den Herbst des Jahres 1985 eine außerordentliche Bischofssynode nach Rom einberuft, um zwanzig Jahre nach dem Ende des II. Vatikanischen Konzils Rückschau zu halten, widerfährt dem Tübinger Dogmatiker Kasper die Ehre, als „Spezialsekretär“ (Theologischer Sekretär) berufen zu werden. Der Streit über die Rezeption des Konzils, über Licht und Schatten der nachkonziliaren Entwicklung hat damals besonders durch Kardinal Joseph Ratzingers Glaubensrapport „Zur Lage des Glaubens“ einen Höhepunkt erreicht.

Diese Tätigkeit führte mich erstmals in die mir bis dahin unbekannte Welt des Vatikans und des Weltepiskopats. Zunächst brachte sie mir freilich viel Arbeit. Zur Vorbereitung musste ich nicht nur die Stöße der eingegangenen Stellungnahmen aus dem Weltepiskopat studieren; ich habe auch alle Konzilsdokumente nochmals genau gelesen. Das führte mich zu der Einsicht, dass „communio“ (Gemeinschaft) und das Verständnis der Kirche als communio die Grundidee des Konzils ist.

Diesen Gedanken konnte ich in die Beratungen und in das Schlussdokument einbringen. Das bedeutete einen wichtigen Einschnitt in der Konzilsrezeption. Während bis dahin das Bild vom Volk Gottes im Mittelpunkt stand, kam nun in der Theologie wie in den lehramtlichen Stellungnahmen immer mehr die communio-Ekklesiologie zur Geltung.

Das Bild vom „Volk Gottes“ hatte sich in der nachkonziliaren Diskussion oft aus seinem heilsgeschichtlichen Zusammenhang gelöst; es wurde nicht mehr im Sinn des griechischen „laos“ (auserwähltes Volk Gottes) verstanden, sondern von dem politischen Begriff „demos“ (Volk) abgeleitet. Bis zu dem Verständnis von Kirche nach Art einer Demokratie war es nicht mehr weit.

Der Begriff communio (koinonia) nimmt die berechtigten Anliegen der Volk-Gottes-Ekklesiologie in sich auf, betont aber, dass die Kirche nicht „von unten“, sondern „von oben“ lebt. Nicht vom Volk, auch nicht von der Hierarchie, sondern aus dem Wort Gottes und aus den Sakramenten, besonders der Eucharistie.

„Communio“ wird nun zum Paradigma der Ekklesiologie Walter Kaspers. Zu einer systematischen Zusammenfassung der vielen Einzelbeiträge in einer großen Veröffentlichung kommt es nicht mehr. Nach fast dreißig Jahren Forschung und Lehre an der Universität ist 1989 die Stunde praktischer Ekklesiologie gekommen.

V. Neuer Auftrag – Die Wahrheit in Liebe tun

Bischof Georg Moser war nach langer, schwerer Krankheit am 9. Mai 1988 im Stuttgarter Marienhospital gestorben. Der Tod des beliebten, volkstümlichen Bischofs wird allgemein betrauert.

Noch drei Tage vor seinem Tod schickte der Bischof mir durch Domkapitular Heinz Tiefenbacher, der einst mein Wissenschaftlicher Assistent war, eine größere Geldsumme für einen Altar in der kleinen Hauskapelle, die ich in meinem Tübinger Haus eingerichtet hatte. Einen schöneren Abschiedsgruß kann ich mir von einem, dessen Nachfolger im Bischofsamt ich bald werden sollte, nicht denken.

Das Evangelium auf den Schultern

Am 4. April 1989, wenige Monate vor der deutschen Wiedervereinigung, tritt das Rottenburger Domkapitel zur Wahl eines neuen Bischofs zusammen. Nicht ganz unerwartet wählt es aus der römischen Dreierliste einen Priester aus der Diözese, den Tübinger Professor Walter Kasper. Papst Johannes Paul II. bestätigt die Wahl und ernennt den Schwaben am 17. April zum zehnten Bischof der Diözese Rottenburg-Stuttgart. Die Bischofsweihe findet am 17. Juni im Dom zu Rottenburg statt. Konsekratoren sind der Metropolit und Freiburger Erzbischof Oskar Saier und Weihbischof Franz Josef Kuhnle.

Die Bischofsweihe war für mich noch mehr als die Priesterweihe ein innerlich zutiefst packendes und anrührendes Geschehen. In die Nachfolge der Apostel eingereiht zu werden mit dem Auftrag, das apostolische Erbe lebendig weiterzutragen, und dabei in die weltweite Gemeinschaft des Episkopats eingeordnet zu sein, ist ein Vorgang, der einen innerlich buchstäblich mitnimmt. Neben der Handauflegung geht mir vor allem die liturgische Geste der Auflegung des Evangelienbuches auf die Schultern bis heute nach.

Als Wahlspruch wählt der Bischof einen Gedanken aus dem Epheserbrief: „Veritatem in caritate" (Die Wahrheit in Liebe tun).

Mein Leitwort sollte die Verbindung zwischen dem theologischen und dem bischöflichen Dienst herausstellen. Als Bischof wollte ich die Wahrheit des Evangeliums in einer Weise verkünden, dass sie Kirche und Gemeinden in Liebe auferbaut und dem einzelnen in seiner einmaligen personalen Würde und Situation gerecht wird.
Das sollte auch mein bischöfliches Wappen zum Ausdruck bringen. Die sieben Säulen sollen an das alttestamentliche Buch der Sprüche 9,1 erinnern, wonach sich die Weisheit ein Haus baut, wobei Haus im Neuen Testament ein Bild für die Kirche ist. Die Trauben im Wappen erinnern an den hl. Martin, den Diözesanpatron, der als Patron der Winzer gilt. Tiefer betrachtet erinnern sie an die Mitte kirchlichen Lebens, die Eucharistie. Die Kirche lebt ja aus der Verkündigung des Wortes der Wahrheit und Weisheit und aus der Feier der Eucharistie.

Abschied

Am Abend der Bekanntgabe der Ernennung kommen Freunde und Kollegen in das Haus auf dem Tübinger Österberg, das Walter Kasper zusammen mit seiner Schwester Hildegard bewohnt, die Studenten des Wilhelmstiftes bringen ein Ständchen dar. Die Abschiedsvorlesung sucht ein Grundanliegen der Theologie nochmals zusammenzufassen: „Zustimmung zum Denken. Von der Unerlässlichkeit der Metaphysik für die Sache der Theologie".

Von der Universität verabschiedete ich mich mit einem lachenden und einem weinenden Auge. Ich hoffte nun mehr, das sein zu können, was ich werden und sein wollte: Pfarrer, Seelsorger. Aber ich spürte auch, dass mir vor allem das Gespräch mit Studenten und mit Kollegen fehlen würde. Lesen und Schreiben und die gewonnenen Einsichten zu diskutieren war ein Teil meines Lebens geworden. Bald konnte ich oft nur noch mit einer gewissen Nostalgie an meiner persönlichen Bibliothek vorbeigehen.

Mit dem Einzug in das Rottenburger Bischofshaus beginnt nicht nur ein neuer Lebensabschnitt – noch radikaler ist die Veränderung des Lebensstils.

Als Professor ist man sozusagen ein freier Mensch; man kann sich den Tag und sein Leben in hohem Maß selbst einrichten und auch seine Arbeit weithin selbst bestimmen. Als Bischof wird einem der Terminkalender größtenteils vorgegeben. Zum Glück fand ich in den Domkapitularen, einem persönlichen Sekretär, einem Assistenten und zwei Sekretärinnen gute und erfahrene Mitarbeiter vor. Ohne ein solches Team und gute Teamarbeit ist die Ausübung des Bischofsamtes unter heutigen Voraussetzungen nicht möglich.
Für den Haushalt fand ich eine Ordensschwester, Schwester Edelgard Willburger von den Sießener Franziskanerinnen, die rührend und hingebungsvoll nicht nur um mich, sondern auch um den persönlichen Sekretär und gelegentlich das ganze Domkapitel und die beiden Sekretärinnen besorgt

war. Sie lebte, betete und gelegentlich litt sie auch mit. Meine Schwestern und der Schwager waren bei ihr immer wieder gern gesehene Gäste.

Neue Aufgaben, neue Fragen

Ganz lassen kann der Bischof von der Theologie nicht.

Vor allem die Arbeit an der Neuherausgabe des zehnbändigen „Lexikon für Theologie und Kirche" musste weitergehen. Darüber hinaus merkte ich bald: Die neuen Aufgaben brachten neue theologische Fragen mit sich. Die Ekklesiologie wurde nun praktisch, und die praktische Ekklesiologie schenkte auch neue theoretische Einsichten. Auch als Bischof muss man – sollte man – nicht notwendig ein akademischer, aber immerhin ein Theologe sein.

So prägt nicht nur das Amt den Theologen, auch der Theologe prägt das neue Amt. Die „offene Kirchlichkeit" der Tübinger Schule, besonders die Ekklesiologie Möhlers, hat Kasper nicht vergessen. Vieles, was Franz Xaver Arnold in seinen Vorlesungen zur Pastoraltheologie gesagt hatte, wird nun lebendig und aktuell.

Ich fragte mich also, was heißt das eigentlich: Bischof sein? Was heißt es, eine Diözese, eine Ortskirche zu leiten? Natürlich wusste ich, was die Theologie über das Wesen und die Aufgaben des Bischofsamtes sagt. Doch meine Frage war: Wie macht man das?
Ich ging nochmals bei den Kirchenvätern in die Schule. Die meisten von ihnen waren große Theologen, mit denen ich mich nicht messen konnte, und sie waren zugleich große Bischöfe und Seelsorger: Ignatius von Antiochien, Irenäus von Lyon, Cyprian von Karthago, Cyrill von Jerusalem, Basilius

von Caesarea, Ambrosius von Mailand, Augustinus von Hippo und viele andere.

Später machte ich mir die Mühe, ausführlich Thomas von Aquin und seine mich überraschenden Aussagen zum Bischofsamt zu studieren: Dass ein Theologe des hohen Mittelalters, in dem die Bischöfe mächtige Kirchenfürsten waren und theologisch mehr von ihrer Jurisdiktionsvollmacht als vom Weihesakrament her gesehen wurden, so sehr den geistlichen Charakter des Bischofsamtes herausstellt, hatte ich nicht erwartet.

Die Kirchenväter hoben den Einheitsdienst des Bischofs hervor. Dieser geht weit über eine äußere Ordnungsfunktion hinaus. Die Einheit mit dem apostolischen Ursprung einerseits und die Einheit mit dem Ganzen der Kirche geschieht in erster Linie durch die Verkündigung, durch Katechese, Predigt, seelsorgerliche Ermahnung und durch die Feier des Gottesdienstes, besonders der Eucharistie als dem Sakrament der Einheit. Leitung geschieht also nicht in erster Linie durch Gesetze und Verordnungen, sondern durch Wort und Sakrament. Aus beidem lebt und wächst die Kirche.

Ich sagte mir also: Wenn ich beides hinkriege, nämlich dass ich selbst viel und gut predige und dafür sorge, dass in der Diözese recht gepredigt wird, und wenn ich möglichst oft mit Gemeinden die Eucharistie feiere und dafür sorge, dass dies in der Diözese in der rechten Weise geschieht, dann habe ich gut geleitet.

Zu Besuch

Eine wichtige Aufgabe und Pflicht des Bischofs ist der Besuch („Visitation") der Pfarreien und der kirchlichen Einrichtungen. Freilich war die Visitation der Pfarreien im Bistum Rottenburg immer Sache der Dekane. Der neue Bischof will das nicht ändern, aber seiner Verpflichtung dennoch nachkommen. So entwickelt er neben der kanonischen Visitation die Praxis pastoraler Gemeindebesuche.

An den Festtagen feiert der Bischof abwechslungsweise die Eucharistie mit Predigt in der Domkirche zu Rottenburg oder in der Konkathedrale St. Eberhard in Stuttgart. An fast allen Sonntagen des Jahres, wann immer es möglich ist, ist der Bischof unterwegs, besucht Gemeinde um Gemeinde, hat nach zehn Jahren in der Hälfte der mehr als tausend Pfarreien des Bistums Rottenburg gepredigt und die Eucharistie gefeiert, in manchen mehrfach.

Zur Vorbereitung der Gemeindebesuche lässt er sich vom Pfarrer schreiben, welches die Aktivitäten und welches die Probleme der Gemeinde sind. Nach der Feier der Eucharistie vergeht die Zeit im Gespräch mit kirchlichen Mitarbeitern, der Begegnung mit den Räten, Gemeindemitgliedern und mit dem Pfarrer selbst.

> Die Gemeindebesuche waren neben den Diakonen- und Priesterweihen meine schönsten Erfahrungen als Bischof. Da konnte ich Pfarrer, Seelsorger sein. Da erfährt man, dass noch immer viel mehr Gläubigkeit da ist, als man oft so meint. Vielen ist es allein schon wichtig, dem Bischof die Hand zu geben und mit ihm einige Worte zu wechseln. Wenn man genau hinhört, erfährt man in diesen kurzen Gesprächen viel mehr, als es der „offizielle“ Anstrich der Begegnungen erwarten lässt. Natürlich kann man nicht alle Probleme lösen, die einem vorgetragen werden. Aber es ist – wie in der Seelsorge allgemein – schon viel, aufmerksam zuzuhören, die Situation kennen und verstehen zu lernen, Mut und Hoffnung zuzusprechen und durch einen feierlichen Gottesdienst und gute Begegnungen neue Freude an der Kirche zu wecken.

„Wo der Bischof ist, da ist die Kirche“, heißt es bei Ignatius von Antiochien.

Abgewandelt kann man sagen: „Wenn der Bischof da ist, ist die Kirche voll.“ Doch wenn man während des Gottesdienstes etwas unandächtig in die versammelte Gemeinde hineinschaut, dann kann alle Festtagsstimmung die Frage nicht überdecken: Wo sind die Kinder, wo die jungen Leute? Wie wird es sein, wenn in zehn, zwanzig Jahren ein anderer Bischof zu Besuch kommt? Die Kirche kann dann nicht mehr voll sein. Wie geht es also weiter mit den schönen Barockkirchen, die wir kunstvoll restaurieren?

Fragen wie diese können nicht am grünen Tisch allein beantwortet werden. So ist der Bischof am Montag, dem Tag, an dem die Priester sich in den Dekanaten traditionell zum „Dies“ treffen (inzwischen meist mit den pastoralen Laienmitarbeitern zusammen), selten in der Bischofsstadt Rottenburg anzutreffen, sondern abwechselnd mit den beiden Weihbischöfen zu Besuch in den Dekanaten. Man beginnt mit der liturgischen Vesper, danach bildet eine „schwäbische Vesper“ einen fast familiären Rahmen, um pastorale Probleme zu erörtern.

Synodale Elemente

Am Dienstagmorgen, dem traditionellen Tag der „Ordinariatssitzung“, können die Fragen und Eindrücke in die Runde der Domkapitulare und Ordinariatsräte eingebracht und erörtert werden.

Das sind zumindest Spurenelemente synodaler Strukturen.

Priesterrat und Diözesanrat sind andere synodale Elemente.

Der Diözesanrat hat in der Diözese Rottenburg-Stuttgart eine besondere Struktur und ein besonderes Gewicht. Er hat über den Haushalt zu entscheiden. Das gibt ihm großen Einfluss.

Das Engagement und der Sachverstand vieler Laien sind beeindruckend. Doch manche verstehen den Diözesanrat als eine Art Kirchenparlament oder verwechseln ihn mit einer Synode einer evangelischen Landeskirche. Die Satzung von Diözesan-, Dekanats- und Pfarrgemeinderat wurden nach dem Konzil weitgehend in Analogie zu entsprechenden staatlichen und kommunalen Satzungen gestaltet; ein eigenständiges communio-Kirchenrecht war damals – zumindest in Rottenburg – unbekannt. Da hat es der Bischof zuweilen schwer, seine Leitungsverantwortung zur Geltung zu bringen. Das geht nicht ohne einige heftige Konflikte ab, die von den Medien gerne aufgegriffen werden.

Auf seinen Reisen bietet sich die Diözese Rottenburg dem Bischof sehr vielgestaltig dar. Nachdem Napoleon das alte Europa buchstäblich umgepflügt hatte und die alte Reichskirche untergegangen war, war die zu Beginn des 19. Jahrhunderts aus verschiedenen Teilen, besonders aus Teilen der Diözese Konstanz mit ihrer Tradition katholischer Aufklärung, zu einem württembergischen Landesbistum zusammengewürfelt worden.
Traditionell katholische Gebiete wie das barocke Oberschwaben mit seinen ehemals selbständigen Klöstern, die Region um die alte Fürstpropstei Ellwangen und das Deutschordensland um Mergentheim mit dem „Madonnenländchen" wechseln sich ab mit dem urevangelischen, teilweise pietistisch geprägten Altwürttemberg, das nach dem Zuzug hunderttausender Flüchtlinge und Vertriebener aus den ehemaligen deutschen Siedlungsgebieten im Osten mittlerweile mit einem Netz neuer Pfarreien überzogen ist. Dazu kommen in den industriellen Ballungszentren, besonders im Großraum Stuttgart, viele Gastarbeiterfamilien vor allem aus Süditalien und Kroatien, die in muttersprachlichen Missionen eine zweite Heimat gefunden haben. So gehen im Ober- und im Unterland, im Großraum

Stuttgart und im ländlich-touristischen Schwarzwald oder am Bodensee die Uhren recht verschieden.

Mit der wirtschaftlichen Entwicklung verändert sich auch die soziale Lebenswelt rasant. Stuttgart zählte zu Beginn des 19. Jahrhunderts drei Prozent Katholiken. Inzwischen sind es mehr als dreißig. Ähnlich ist es in alten ehemals evangelischen Reichsstädten wie in Ulm. Gleichzeitig macht sich eine nach Regionen verschiedene zunehmende Säkularisierung des öffentlichen Bewusstseins und eine Abnahme der regelmäßigen religiösen Praxis bemerkbar.

Mit Selbstbewusstsein

Viel Aufwand und Umsicht verlangen, wie überall, die Personalentscheidungen.

> Personalfragen kann zumal ein Bischof nicht rein aktenmäßig behandeln und dann ablegen. Das Verhältnis des Bischofs zum Klerus betrifft die innerste, sakramental verwurzelte Mitte des bischöflichen wie des priesterlichen Amtes.

Rottenburg ist eine lebendige, aber ebenso komplizierte Diözese. Das Selbstbewusstsein des in Tübingen ausgebildeten Klerus und der in der Seelsorge tätigen Laien ist nicht gering …

> … und schlägt mitunter in eine Selbständigkeit oder auch Eigenmächtigkeit um, die einen Bischof nicht gleichgültig lassen kann. Es gibt wenige Berufsgruppen, die so unabhängig und zugleich so gut abgesichert sind wie die der Pfarrer. Die meisten tun ihren Dienst pflichtbewusst und engagiert; viele rackern sich mit zwei, drei und mehr Gemeinden buchstäblich ab. Aber wie immer bestätigen Ausnahmen die Regel. Viele Priester kannte ich aus der Zeit meines eigenen Studiums oder aus der Zeit als Professor in Tübingen. Das erleichterte manches.

In diesen Jahren kamen viele zu mir, die im Begriff waren, das Priestertum aufzugeben. Ich habe mit jedem Einzelnen gesprochen, meistens eine gute Stunde. Oft waren die Gespräche sehr persönlich und ehrlich, einige hatten ihre Entscheidung längst getroffen und wollten nicht mehr in ein Gespräch eintreten, antworteten nur salopp. Solche Gespräche sind für einen Bischof schmerzlich, nicht nur unter dem Aspekt des Aderlasses für die Seelsorge. Mir kam es nur darauf an, dass der Abschied dennoch möglichst versöhnt geschieht. So gut es ging haben wir dazu beigetragen, dass dem Mitbruder ein neuer Anfang gelang.

Auch sexuelle Verfehlungen von Priestern, vor allem Übergriffe auf Kinder und Schutzbefohlene, bleiben dem Bischof nicht immer verborgen.

Wenn es Anzeigen gab, war es jeweils schwierig herauszubekommen, was und wie es zutrifft. Der Bischof ist oft der Letzte, dem reiner Wein eingeschenkt wird.

Pädophilie war in den neunziger Jahren noch nicht in der Weise ein Thema, wie sie es vor allem in den Vereinigten Staaten bald werden sollte.

Das Thema wurde damals in der Öffentlichkeit auch anders diskutiert als heute. In einer Bundestags-Enquete wurde namens der Grünen sogar die Ansicht vertreten, die Zuneigung Erwachsener sei für die sexuelle Entwicklung der Kinder vorteilhaft. Heute weiß man besser Bescheid über die schweren seelischen Schäden und urteilt in der Öffentlichkeit zu Recht anders.
Ich erinnere mich an einen ernsthaften Verdachtsfall. Zwei Mal habe ich den Personalreferenten, einen Domkapitular,

in die Gemeinde geschickt. Er stieß bei den Eltern auf eine Mauer des Schweigens. Der Pfarrgemeinderat stellte sich hinter den Pfarrer. Die Staatsanwaltschaft musste das Verfahren mangels Beweisen einstellen. Es gab zwei Fachgutachten. In dem einen wurde der Priester verteidigt, ich aber als zu hart beschimpft, in dem anderen wurde er als für die Seelsorge tragfähig bezeichnet. Ich hatte nur wenige Hinweise in der Hand, war mir aber am Ende moralisch sicher und habe gegen das Urteil der vermeintlichen Fachleute gehandelt. Im Nachhinein wurde die ganze Wahrheit offenkundig. Doch da hieß es auf einmal: Warum hat der Bischof nicht schon früher gehandelt?

Neuevangelisierung

Der Bischof will und kann sich nicht nur mit den Sorgen und Problemen des Alltags beschäftigen, so wichtig, vielfältig und aufreibend sie auch sind.

Man muss sich den Kopf freihalten und nach vorne schauen. Der Tübinger Pastoraltheologe Franz Xaver Arnold sprach davon, in der Seelsorge gelte es, Kirche in die Zukunft hinein aufzubauen. Also begann ich, intensiv über Leitvorstellungen der Seelsorge nachzudenken.
Sie kreisten um zwei Begriffe: Neue Evangelisierung und Kirche als communio. Das erstere Anliegen verdankt sich dem zukunfts-weisenden Schreiben von Papst Paul VI. „Evangelii nuntiandi" (Über die Evangelisierung in der Welt von heute) aus dem Jahr 1975. Papst Johannes Paul II. war immer wieder auf dieses ihm wichtige Thema zurückgekommen. In Deutschland hatte man es zunächst weithin verschlafen.
Ich wollte mit diesem Thema auch das Anliegen der Diözesansynode unter meinem Vorgänger aufgreifen und weiterführen. Leider missverstanden manche die Neuevangelisie-

rung als Neuindoktrinierung. Sie verstanden nicht, dass das Evangelium etwas Lebendiges und dessen Inhalt eine Person ist, Jesus Christus. Gegen Ende meiner Bischofszeit bemühte ich mich um eine Neukonzeption der Katechese als Einführung in Glauben und Leben der Kirche. Sie schien – und scheint – mir bei uns sehr darniederzuliegen.

Katechese – ein Fremdwort im doppelten Sinn des Wortes …

Bis vor wenigen Jahren war das Wort Katechese aus dem Sprachgebrauch der Kirche in Deutschland aus dem einfachen Grund fast völlig verschwunden, weil man seit der Aufklärung und der Einführung der allgemeinen Schulpflicht glaubte, mit dem schulischen Religionsunterricht sei für die Weitergabe des Glaubens gesorgt. Das hat lange Zeit funktioniert; Kirche und Schule blieben nicht nur räumlich nachbarschaftlich beisammen. Inzwischen decken sich Pfarrbezirk und Schulbezirk längst nicht mehr, und aus der Schule ist eine säkulare Institution geworden. Das Fach Religionslehre hat da eine wichtige Aufgabe, aber es kann die Funktion der Katechese als Einführung in Glauben und Leben der Kirche bei bestem Willen der Religionslehrer in den allermeisten Fällen nicht mehr übernehmen.

Früher war es selbstverständlich, dass ein Kind, das in die Grundschule kam, die Grundgebete kannte. Diese Familienkatechese fällt heute weitgehend aus. Immer weniger Eltern sind in der Lage, ihre Kinder beten zu lehren, selbst wenn sie es wollten. Sie wären oft dankbar, wenn die Kirche ihnen dabei helfen würde. So kann bei den allermeisten Schülern heute nur noch, wenn überhaupt, eine rudimentäre Glaubenspraxis vorausgesetzt werden.

Vor diesem Hintergrund halte ich es für eines der schwersten Versäumnisse der Kirche in Deutschland und auch anderswo, dass Initiation in Glauben und Leben der Kirche, also Weitergabe des Glaubens an die nächste Generation als eine Grundverpflichtung der Kirche faktisch nur noch in rudimentärer Form geschieht.

Eine wenig schmeichelhafte Beschreibung einer wenig schmeichelhaften Wirklichkeit ...

Wir haben zuerst den Erstkommunionunterricht und die Firmvorbereitung aus der Schule herausgenommen und der Gemeindekatechese übertragen. Zweifellos ein richtiger Schritt und meist ist viel guter Wille bei den Kommunionmüttern und Firmkatecheten vorhanden. Aber sie sind oft wenig vorbereitet, haben oft selbst wenig kirchliche Praxis und mehr Fragen als Antworten. Sie bedürften selbst erst einer Katechese. Und dies ist nach alter kirchlicher, letztlich apostolischer Tradition wie nach geltendem Kirchenrecht die erste Verpflichtung der Pfarrer. Große Bischöfe – ich nenne hier nur Augustinus – deren Diözese damals in etwa die Größe einer heutigen Stadtpfarrei hatte, waren sich nicht zu schade, selbst Katechesen zu halten und zu schreiben.
Als ich diese Diagnose erstmals bei Mitbrüdern und Mitarbeitern äußerte, begegnet ich keineswegs freudiger Zustimmung; im Gegenteil, ich sah mich mit nicht geringen Widerständen und Einwänden konfrontiert.

Einführung in den Glauben

Als Bischof habe ich eine Kommission eingesetzt, deren Vorsitz ich selbst übernommen habe. Herausgekommen ist eine Fülle von guten Vorschlägen. Es schwebte uns ein katechetischer Prozess vor, welcher Menschen von der Taufe – bei der Kindertaufe als Katechese für die Eltern – über Beicht- und Kommunion- und Firmvorbereitung bis zur Ehevorberei-

tung und weiterführenden Erwachsenenkatechese begleitet. Besonders mit der Familienkatechese zur Vorbereitung der Erstkommunion haben wir positive Erfahrungen gemacht. Die Eltern bildeten Gruppen und fanden dabei auch neue, gleich gesinnte Freunde. Zuerst mussten ihre Fragen besprochen werden, dann bekamen sie Anregungen und Materialien für das Glaubensgespräch mit den Kindern. Auf diese Weise wurde in vielen Familien erstmals wieder über den Glauben gesprochen. Natürlich wurden die Kinder außerdem in eigenen Gruppen eingeführt. Aber nur wenn die ganze Familie mitmacht, besteht die Chance, dass die Eucharistiepraxis über den Erstkommuniontag hinausgeht.
Viele andere Fragen wurden besprochen: die Angebote der kirchlichen Bildungswerke und Akademien, an Schulseelsorge, Bibelschulen, wie es sie bei unseren Pietisten gibt und die man sich auch als Freizeiten für Jugendliche denken kann, an Glaubensschulen wie in Frankreich, an Modelle in den Vereinigten Staaten und vieles andere.

Es bleibt bei Überlegungen und Planungen.

Bei meinem Weggang von Rottenburg habe ich meinem Nachfolger Gebhard Fürst zwei dicke Aktenordner und eine kurze Zusammenfassung auf einer Diskette hinterlassen. Selbstverständlich war es sein gutes Recht, andere Prioritäten zu setzen.

Das Thema lässt Kasper nicht los. Im Sommer 2007 veranstaltet er zusammen mit dem Lehrstuhl für Religionspädagogik und Katechese an der Tübinger katholisch-theologischen Fakultät in Salzburg einen Kongress für Bischöfe und Verantwortliche für die Seelsorge in den Diözesen des deutschen Sprachraums. In seinem Einführungsreferat stellt er fest:

…dass ich es für eine große Schwäche, ja für einen Ausdruck der Unfähigkeit zur Zukunft halte, dass auf dem Gebiet der Katechese in Deutschland noch immer nicht viel passiert.

Kirche als communio

Die communio-Ekklesiologie konnte Kasper schon als Theologischer Sekretär der außerordentlichen Bischofssynode von 1985 in die Diskussion bringen. Der Weg von der Theologie bis zur pastoralen Praxis erwies sich jedoch als lang und steinig.

Die Herausstellung der Würde und der Sendung der Laien und die Bedeutung der Kirche vor Ort durch das Konzil waren wichtig und für die Seelsorge grundlegend. Aus Pfarreien konnten so wirklich Gemeinden werden. Für die vielen ehrenamtlichen Laiendienste in den Gemeinden kann man nur dankbar sein. Daraus ergab sich die zukunftsweisende Perspektive, dass aus der traditionellen Volkskirche eine Kirche des Volkes wird.

Als Bischof hatte ich mich bei der konkreten Verwirklichung des communio-Gedankens mit einer in der Diözese weitverbreiteten, eng geführten, zuweilen fast ideologischen Gemeinde-Ekklesiologie auseinanderzusetzen. Dabei hatte ich die für die katholische Ekklesiologie wesentliche Stellung des priesterlichen Dienstes ebenso zu verteidigen wie die Bedeutung der communio mit dem Bischof und der Gesamtkirche herauszustellen.

Dass es einige Jahre später um eben diese Frage des Verhältnisses von Orts- und Universalkirche in der umgekehrten Richtung und mit umgekehrten Fronten zu einer Kontroverse kommen sollte, war damals nicht abzusehen, bestätigt aber, wie sehr die Wahrnehmung von Problemen auf universalkirchlicher und ortskirchlicher Ebene auseinanderliegen kann.

Kultur der Eucharistie

Die Eucharistie ist „Quelle und Höhepunkt" des kirchlichen Lebens – so hat es das II. Vatikanische Konzil formuliert. Die Liturgiereform, die von diesem Konzil ausging, möchte den Worten Taten folgen lassen und die zentrale Bedeutung der eucharistischen Feier wieder ins Bewusstsein heben. Die Durchführung der Reformen bringt freilich auch neue Probleme mit sich.

Die meisten Gemeinden mühten sich um eine gute eucharistische Kultur. Es waren aber auch schwerwiegende Missbräuche eingerissen.
Angesichts einer solchen Situation kann man als Bischof nicht nur sagen, was allen gefällt, zumal dann, wenn es um die Eucharistie geht; sie ist das Wertvollste, das der Kirche anvertraut ist, ein Gut, das man nicht verschleudern darf.
So nahm ich Mitte der neunziger Jahre in einem ausführlichen Hirtenwort Stellung gegen oberflächliche liturgische Experimente, die manchmal aus der Eucharistie ein Happening machten, und hob die zentrale, nicht mit einem Wortgottesdienst austauschbare Bedeutung der Eucharistie hervor. Das Hirtenwort wirbelte ziemlichen Staub auf.
Heftig war auch das Echo auf ein Hirtenwort zu Buße und Beichte und eine Stellungnahme zur Beendigung der Praxis, wonach auch Laien-Krankenhausseelsorger das Sakrament der Krankensalbung spendeten. Seit einigen Jahren, vor allem seit der Bischofssynode im Oktober 2005, sind diese Themen, mit denen ich damals noch etwas allein stand, überall in der Kirche präsent. Erfreulicherweise hat sich in der Zwischenzeit auch vieles zum Besseren gewandelt.

Die Frage, ob die Eucharistie in der alten oder in der neuen, nachkonziliaren Form gefeiert werden solle …

...war damals noch kein Thema, oder anders ausgedrückt: wurde von mir nicht zum Problem gemacht. In Stuttgart und Heilbronn gab es jeweils eine Gruppe von Gläubigen, welche die Messe in der alten Form wünschten. Ich sah kein Problem, ihnen entgegenzukommen. Die rechtlichen Voraussetzungen waren durch ein römisches Indult von 1984 gegeben. Die Erlaubnis hat keine Spaltung hervorgerufen, im Gegenteil, sie hat zur Befriedung beigetragen. Nur in der Bischofskonferenz hat sie bei einigen Mitbrüdern Stirnrunzeln hervorgerufen.

Eine Kirche – eine Liturgie

Mittlerweile hat Papst Benedikt XVI. das Römische Messbuch von 1962 als „außerordentlichen" Ritus rehabilitiert.

Direkt davon Gebrauch gemacht haben nur sehr wenige Gemeinden und Priester. Man darf aber die indirekte Wirkung nicht unterschätzen. Das Motu proprio „Summorum pontificium" hat zu einer neuen Nachdenklichkeit über die Gestaltung der Liturgie geführt.

So wie man bei jüngeren Kirchenrenovierungen alte Stücke wieder hervorholt, die man vor vierzig Jahren, als man die Kirchen plünderte, achtlos auf den Kirchenboden geworfen hat, so entdecken jetzt viele, dass ein Choral doch besser klingt als manches banale moderne Liedgut.

Dass man Latein nicht als liturgische Todsünde ansehen muss, geht auch daraus hervor, dass im Süden und Südwesten an Feiertagen sogenannte Orchestermessen beliebt sind. Sie sind lateinisch, und doch weiß jeder, was Kyrie, was Gloria und was Sanctus heißt. Das ist kein Plädoyer dafür, die Muttersprache in der Liturgie wieder abzuschaffen, sondern dafür, das Kind nicht mit dem Bade auszuschütten und das Wertvolle der Tradition nicht achtlos über Bord zu werfen.

Der Philosoph Robert Spaemann äußerte kurz nach der allgemeinen Wiederzulassung des alten Ritus, wer in den achtziger und neunziger Jahren an der Liturgie nach dem Messbuch von 1962 festgehalten habe, der habe sich wie „in der Schmuddelecke" fühlen müssen.

> Ich habe immer beides für falsch gehalten: Die „alte" Messe abzuwerten, ihren geistlichen Reichtum und ihre Schönheit zu verkennen, wie die „neue" Messe, die in Wirklichkeit keine neue, sondern die erneuerte Form des traditionellen lateinischen Ritus ist, als Verflachung und als Verlust an Sakralität herabzusetzen.
> Aller Sakralität spottende Missbräuche hat es auch mit der alten Liturgie zuhauf gegeben. Heute sind manche Eigenmächtigkeiten, Subjektivismen und Banalitäten in der Liturgie kaum erträglich. Priorität muss darum haben, die erneuerte Liturgie in der vorgesehenen Weise so zu feiern, dass etwas von der „anderen Dimension" und vom Geheimnis Gottes spürbar wird und dabei auch wertvolles Traditionsgut zur Geltung kommt.
> Wenn das geschieht, dann möchte ich bezweifeln, ob es auf Dauer gut ist, eine ordentliche und eine außerordentliche Form desselben Ritus nebeneinander bestehen zu lassen.
> Nach einer Übergangszeit „liturgischer Rekonvaleszenz" sollte gelten: Eine Kirche – eine Liturgie – eine gemeinsame, alle verbindende und für alle verbindliche liturgische Form.

Ökumene selbstverständlich

In einer Diözese, in der die Christen etwa je zur Hälfte katholisch oder evangelisch sind und in der in Großstädten wie Stuttgart etwa ein Drittel der Bevölkerung keiner der beiden Volkskirchen angehört, sind ökumenische Beziehungen lebenswichtig. In den meisten Gemeinden sind sie auch ganz selbstverständlich geworden. Die Beziehungen zu den beiden Landesbischöfen

Theo Sorg und Eberhard Renz gestalten sich vertrauensvoll. Es gibt regelmäßige gemeinsame Wortgottesdienste, regelmäßige Zusammenkünfte, in denen man sich gegenseitig informiert und austauscht. In allen moralisch relevanten gesellschaftlichen Fragen, in Fragen des Lebensschutzes, in sozialen Fragen und Schulfragen vertreten Katholiken und Protestanten in Württemberg die gleichen Positionen und treten in der Öffentlichkeit gemeinsam auf.

> Auch die württembergischen Pietisten, gute fromme Leute, aber lange Zeit nicht für allzu katholikenfreundliche Gesinnung bekannt, fassten Zutrauen und öffnen sich für die Zusammenarbeit.
> Dieses gute Miteinander der beiden Konfessionen ist bis heute für den deutschen Südwesten bezeichnend und kann als beispielgebend gelten.

Für Kasper sind die ökumenischen Erfahrungen, die er als Bischof gewonnen hat, auch im Vatikan von Nutzen.

> Wenn heute Bischöfe zu mir kommen und Rat suchen, muss ich oft nur erzählen, wie „wir" es „bei uns" gemacht haben. Für bischöfliche Praktiker ist das meist das beste und überzeugendste Argument.

Horizont Weltkirche

Unter dem Aspekt der Kirche als communio hat das II. Vatikanische Konzil den Bischof in das weltweite Kollegium aller Bischöfe eingeordnet, seine universalkirchliche Mitverantwortung hervorgehoben und auf seine Gemeinschaft mit dem Bischof von Rom, dem Nachfolger des Petrus, hingewiesen.

Das II. Vatikanische Konzil hat den weltkirchlichen Horizont in der Kirche in Europa erheblich erweitert. Die Bischöflichen Hilfswerke Misereor und Adveniat waren schon Ende der fünfziger Jahre gegründet worden und trugen schon vor dem Konzil zum Ansehen der Kirche in Deutschland und der deutschen Bischöfe bei. Während der Beratungen in Rom lernten sich viele europäische Bischöfe und Bischöfe aus der sogenannten Dritten Welt persönlich kennen und schätzen. So entstanden viele Partnerschaften zwischen Bistümern und Pfarrgemeinden in Deutschland und in der Dritten Welt.

Seit der Zeit von Bischof Leiprecht sind im Bistum Rottenburg partnerschaftliche Beziehungen zu mehr als hundert Ländern entstanden. Wir betrachteten diese missionarische, karitativ-soziale und entwicklungsfördernde Hilfe als ein besonderes Markenzeichen der Diözese. In den finanziell einträglichen Jahren legte das Bistum das Geld nicht in Fonds an, sondern gab es für die Armen und Ärmsten in der Welt aus.

Als Bischof und – seit 1991 – als Vorsitzender der Kommission „Weltkirche" der Deutschen Bischofskonferenz setzt Kasper diese Tradition fort.

Schon von Tübingen aus habe ich erste Reisen nach Asien und Afrika unternommen, als Bischof war ich dann jedes Jahr mehrmals in Afrika, Asien und Lateinamerika – teils, um unsere Rottenburger Missionare und Missionarinnen, teils um diözesane und überdiözesane Projekte zu besuchen. Das weitete den Blick und ergänzte die deutsche und europäische Perspektive. Schon damals habe ich viel weltkirchliche Luft geschnuppert und Kirche neu als weltweit lebendige Kirche erfahren. Ich bin aber auch vielen Armuts- und Elends-

situationen begegnet. Von jedem dieser Besuche kam ich als ein anderer zurück.
Unsere heimischen Probleme erschienen mir auf einmal klein und oft auch kleingeistig. Während man bei uns oft sagt: Es kommen noch zehn oder zwölf Prozent Christen zur Kirche, heißt es dort: Schon zehn, zwanzig Prozent und oft mehr als die Hälfte sind Christen. Das ist eine andere, eine hoffnungsvolle Perspektive.

Elend und Hoffnung

Einige Reisen haben sich Kasper besonders eingeprägt. So der Besuch im Südsudan während des damals schon mehr als ein Jahrzehnt dauernden Bürgerkriegs, ausgerüstet mit einem Pass der „Rebellen" und mittels eines einmotorigen Flugzeugs von Kenia aus.

Einmal sagte mit der Bischof: „Morgen darfst du in meiner Kathedrale zelebrieren." Die Kathedrale war einer der mich immer so beeindruckenden afrikanischen Bäume.
Als ich die ausgemergelten, angsterfüllten Menschen vor mir sah, besonders die Kinder, die so gekommen waren, wie sie der liebe Gott eben erschaffen hat, sind mir bei der Predigt die Worte fast im Mund stecken geblieben. Was sollte, was konnte man diesen Menschen als frohe Botschaft sagen? Doch die Tatsache, dass da einer kam und zeigte, dass sie nicht vergessen sind, bedeutete für sie schon viel. Gegen Ende der Messe hörte ich plötzlich afrikanische Trommeln. Man sagte mir: Die Anglikaner kommen und wollen den deutschen Bischof ebenfalls begrüßen. Es war mitten im Elend ein Fest. Das ist in Afrika Ökumene konkret!
Zwei Tage später durfte vor einer großen Menge Gottesdienst halten und predigen. Ein Katechist, der Englisch konnte,

übersetzt die Predigt. Die Leute waren von weither zu Fuß gekommen. Es war für sie die erste Messe, seit vor Jahresfrist der belgische Kardinal Danneels die Region besucht hatte. Das ganze Ausmaß des Hasses in diesem nun schon lange wütenden Bürgerkrieg ging mir auf, als ich erfuhr, dass das Dorf aus Rache für diesen Gottesdienst zwei Tage später bombardiert wurde.

In der kenianischen Hauptstadt Nairobi findet sich der deutsche Bischof in einem der größten Elendsviertel Afrikas wieder.

Es war der schlimmste Slum, den ich je gesehen hatte. Als Weißer konnte man sich da ohne Begleitung nicht aufhalten. Mit mir war ein deutscher Ordensmann der Comboni-Missionare. Er besaß unter den Slumbewohnern höchstes Ansehen; wer ihm etwas angetan hätte, hätte die nächste Nacht nicht überlebt. Man wird in solchen Situationen stolz, zur Kirche zu gehören, die etwas Licht und Hoffnung in diese menschlich trost- und hoffnungslose Welt bringen kann.
Das ging mir vollends auf, als ich gefragt wurde, ob ich mit den Missionarinnen der Nächstenliebe, den Mutter Teresa Schwestern, am anderen Tag die Messe feiern könne, da diese nach einem Priester suchten, der auf Englisch zelebrieren könne. Das Kloster mit Kinder- und Altenheim lag, mit einem Blechzaun geschützt, am Rand des Slums. Als ich am anderen Morgen das Tor durchschritt, war ich plötzlich in einer anderen Welt. Mitten im Chaos ein Kosmos. Alles arm und mehr als bescheiden, aber Ordnung und Stille. Die Schwestern seit fünf Uhr früh bei der Anbetung vor dem Allerheiligsten in der Kirche. Nach dem Gottesdienst zeigten sie mir ein wenige Tage altes Baby, das schrie. Sie hatten es tags zuvor aus einer Mülltonne gezogen. So kann Liebe die Welt verwandeln.

In Lateinamerika war mein schlimmstes und – wie sich herausstellen sollte – auch wieder erfreulichstes Erlebnis nicht die Anschauung der Elendsviertel, die schlimm genug sind, sondern in São Paolo ein Besuch in den „Cortisos“ – Kellerwohnungen ohne jeden Sonnenstrahl, mehrere Familien mit Kindern in einem großen Raum und nur eine einzige gemeinsame Toilette. Zwei aus unserer Diözese stammende Schönstatt-Schwestern brachten uns zu einer Familie mit sechs Kindern, in Altersabstand und Größe wie Orgelpfeifen. Von wegen Trübsinn und Bettelei! Sie strahlten mich voller Glück und Freude, aus tiefstem Innern kommend, an. Sie hatten in dieser fürchterlichen Umgebung zum Glauben und zur Kirche gefunden. Eltern und Kinder waren vor kurzem getauft worden. Auch die Freude am Glauben kann die Welt und das Leben verwandeln.

Menschenrechte

Natürlich dispensieren solche Erlebnisse nicht von sozialem Einsatz und der strukturellen Verbesserung der Lebensbedingungen.

Während meiner Lehrtätigkeit in Tübingen hatte ich mich schon mit dem Thema Menschenrechte beschäftigt, in der Kommission Weltkirche der Bischofskonferenz drehten sich viele Überlegungen um Fragen der Entwicklungshilfe, ohne dass ich jemals in einen naiven Dritte-Welt-Kirche-Enthusiasmus verfiel. Man muss sich nur die Mühe machen, die konkreten Probleme vor Ort kennen und verstehen zu lernen.
Ruanda besuchte ich einige Jahre vor dem schrecklichen Genozid. Ich hörte schon damals von den Spannungen zwischen den Hutus und den Tutsi. Ich hörte auch von Afrikanern sagen, dass Blut ein dickerer Saft sei als das Wasser der Taufe. Aber alles schien friedlich und ruhig. An einem Sonntag

durfte ich mitten im Busch dem Bischof bei der Taufe helfen. Es waren etwa 130 Kinder, etwa dreißig von ihnen habe ich auf lateinisch, der gemeinsamen katholischen Muttersprache, getauft. Als im April 1994 in dem mehrheitlich katholischen Land ein Völkermord begann und Hunderttausende binnen weniger Monate buchstäblich abgeschlachtet wurden, fragte ich mich, wie es wohl meinen Täuflingen von damals ergangen ist.

Eine Erfahrung hat der Bischof und Kardinal auf allen seinen Reisen und allen Kontinenten gemacht:

Wer erfahren möchte, wie es wirklich aussieht, der muss vor allem die aus Europa stammenden Ordensfrauen fragen. Wer – wie viele von ihnen – 20, 30 Jahre in Afrika, Asien oder Lateinamerika gelebt und gearbeitet hat, der ist auf dem Boden angekommen und hat keine frommen Flausen mehr im Kopf.
Diese Ordensfrauen wissen, was in den Familien und in den Pfarreien los ist, und wenn sie Vertrauen gefasst haben, sagen sie es auch – keineswegs abschätzig, sondern mit Verständnis und mit einem gläubigen frommen Herzen. Von diesen Frauen kann man nur mit größter Hochachtung sprechen. Ich bin unter ihnen vielen „Mutter Teresas" begegnet.

Gute Werke?

Als Vorsitzender der Kommission Weltkirche versucht Bischof Kasper die verschiedenen Hilfswerke unter einen Hut zu bringen und ihrer Arbeit ein spezifisch christliches Profil zu geben.

Das ist mir teilweise gelungen.

Nach dem Fall des Eisernen Vorhangs galt es, die Idee des Zentralkomitees der deutschen Katholiken (ZdK) aufzugreifen und ein Hilfswerk für Osteuropa zu gründen.

Die Gründung von Renovabis gestaltete sich unerwartet schwierig. Die Neugründung musste nicht nur zwischen dem ZdK und der Bischofskonferenz abgestimmt werden. Auch die „alten“ Werke mussten überzeugt werden. Sie fürchteten um ihren Anteil am Spendenaufkommen.

Bei manchen Bischöfen aus den Kirchen Afrikas, Asiens und Lateinamerikas gibt es auch Kritik an den deutschen Hilfswerken. Sie lautet, es sei leichter, Gelder für Entwicklungshilfe als für Seelsorgeprojekte zu erhalten. Auch in Rom stoßen die Hilfswerke nicht nur auf Wohlwollen. Papst Benedikt XVI. gibt der Kritik während des Besuchs in Bayern im September 2006 vorsichtig, aber deutlich Ausdruck, indem er sagte, bei manchen in Deutschland herrsche die Meinung vor, soziale Projekte müsse man „mit höchster Dringlichkeit voranbringen; die Dinge mit Gott oder gar mit dem katholischen Glauben, die seien doch eher partikulär oder gar nicht so wichtig“. Während des Ad-limina-Besuchs der deutschen Bischöfe zwei Monate später kommt es anlässlich des Besuchs einer Gruppe von Bischöfen beim Rat „Cor unum“ fast zum Eklat, als dort die Kritik besonders hart geäußert wird.

Solche Kritik soll man sich erst mal zu Herzen nehmen, die eigene Praxis selbstkritisch überprüfen und sich fragen, ob sie immer aus dem Evangelium entsprechenden christlichen Motiven und – wie der Papst sagte – aus dem „inneren Impuls der vom Glauben gedrängten Liebe“ kommen. Über alle Kritik erhaben sind auch unsere Hilfswerke nicht. Aber man darf das Kind nicht mit dem Bade ausschütten.

Bei dem Bischöflichen Hilfswerk Misereor muss man wissen, dass neben den Spendengeldern auch erhebliche staatliche Zuschüsse vergeben werden, die nicht für Seelsorgezwecke ausgegeben werden dürfen. Doch Entwicklungshilfe aus dem Geist der kirchlichen Soziallehre zu leisten, steht einem kirchlichen Hilfswerk sehr wohl an. Viele Politiker wissen, dass die kirchliche Entwicklungshilfe effektiver ist als die staatliche, da die Kirche anders als der deutsche Staat auf eine Basisorganisation vor Ort zurückgreifen kann. Diese Struktur gewährleistet, dass die Gelder im Normalfall wirklich bei den Bedürftigen ankommen und nicht in fremden Taschen landen oder für sinnlose Prestigeprojekte verschleudert werden. Auf diese Weise konnten an vielen Orten Kindergärten, Krankenhäuser, Schulen oder ein Basisgesundheitswesen aufgebaut werden. Oft hilft es schon, beim Graben eines Brunnens mit entsprechendem Know-how zu helfen. Auch bei akuter Nothilfe nach Katastrophen sind kirchliche Organisationen noch oft als erste zur Stelle.

Wir können mit alle dem keine gerechte Weltordnung schaffen, aber wir können vielen Menschen helfen, wir können Hilfe zur Selbsthilfe vermitteln und ihnen in menschlich ausweglosen Situationen ein Licht der Hoffnung aufstecken. Auf der anderen Seite konnte ich überall in der Welt Seelsorgeeinrichtungen besuchen, die ohne die Hilfe von „Missio“, „Adveniat“ oder einzelner Diözesen nicht entstanden wären. Wichtig scheint mir, dass man in beiden Fällen – bei kirchlicher Entwicklungshilfe wie bei der Unterstützung von Seelsorgevorhaben – möglichst immer in Abstimmung mit der Kirche am Ort handelt. Aus eigener Erfahrung weiß ich freilich auch, dass Ortskirchen manchmal Anträge stellen, die weder wirtschaftlich noch seelsorgerlich sinnvoll sind. Manche Kritik muss man vor diesem Hintergrund sehen und entsprechend einordnen.

Kirch

In de … chen Teil der
weltv … ere Kritik an
der E … ufgekommen.
Sie s … gen, sondern
Fluc … r Ausbreitung
von

E … erglaubens, die
r … steht keine Or-
g … wie die katholi-
… gen werden fast
… ne Organisation
… so viele Waisen-

… Zusammenhang
… ängnisverhütung
… breitung von HIV
… weltweit auch dort
… nig oder nichts zu
… n HIV-Infektions-
… striert, während in
… rika nach dem Ur-
… betrieben wird.
… erantwortliche Um-
… nicht nur in Afrika
… Kirche stellt. Dabei
… Gebrauch von Präser-
… ner der Partner HIV-
… ringere Übel (minus
… ünden gerechtfertigt.
… Kondomen geht, abge-
… e sichere Methode ist,

Buchhandlung Herder
Zach-Buch GmbH
Wollzeile 33, 1010 Wien
Tel.: 01-5121413-0
Fax.: 01-5121413-42
www.herder.at
buchhandlung@herder.at

****
BAR-RECHNUNG 474730
****
Kasse 01 Bed. K01 Bon 01474730
nde: 100344
of. Erich Kranl
essgasse 16/6
30 Wien

1* 978-3-451-29873-8 20,60 E
as Herz des Glaubens schlägt
1
Summe EUR 20,60
Bar EUR 20,60
Bar zurück EUR 0,00

-Mehrwertsteuerausweis-
MWST ST-BETRAG NETTOBETRAG
10 % 1.87 18.73 EUR

Datum 10.10.2008 Zeit 17:44:43

Wir danken für Ihren Einkauf.
Geschäftszeiten:
-Fr: 9.30-18.30 Sa: 9.30-18.00

die völlig falsche Botschaft aus: Im Grunde könnt ihr sexuell machen was ihr wollt, macht es nur ein bisschen intelligent. Schließlich: Ich habe jüngst ein Waisenhaus in Südafrika besucht. Dabei haben mir die tapferen und tüchtigen Schwestern, die dort leben, von den kaum vorstellbaren sozialen oder besser: den unvorstellbar unsozialen Hintergründen des Problems berichtet: Zerrüttete Familienverhältnisse mit Alkoholismus und Gewalt, Kriminalität, Elend und Verwahrlosung. Wer da nur mit der Verteilung von Kondomen kommt, verschließt die Augen vor den wirklichen Ursachen und macht es sich im wörtlich verstandenen Sinn zu billig.

Wo das Herz des Glaubens schlägt

Rückblickend sind für Kasper die Reisen zu den jungen Kirchen und seine Beschäftigung mit deren Problemen prägende Erfahrung der weltweiten Kirche, die größer ist als die Kirche in Rottenburg, in Deutschland und in Europa.

Ich durfte ein wenig teilhaben an den Freuden und Leiden der Kirche in der Welt. Ein wenig durften unsere Diözese und die Kirche in Deutschland da und dort helfen, Hoffnung und Licht in die Welt zu bringen. Ich bin dankbar, erfahren zu haben, wo und wie das Herz des Glaubens schlägt.

VI. Zwei Päpste – Zwei Wiedersehen

Die katholische Kirche unterscheidet sich von allen anderen Kirchen dadurch, dass sie im Bischof von Rom, dem Nachfolger des Petrus, ein sichtbares Zentrum hat. Darüber am Schreibtisch nachzudenken, mit katholischen und nichtkatholischen Christen zu diskutieren ist das eine, etwas anderes, dem Nachfolger des Petrus zu begegnen, an seinen Aufgaben und Sorgen Anteil zu nehmen, und mit ihm zusammenzuarbeiten.

Ich kannte Papst Johannes Paul II. – besser, er kannte mich –, bevor er Papst wurde. Mitte der siebziger Jahre haben wir uns in Rom während eines Symposiums über den Verkündigungsauftrag des Bischofs kennen gelernt. Ich sollte als Fachmann an dem Symposion teilnehmen und hatte aus diesem Grund die Referate bekommen, die die Bischöfe halten sollten, auch das Referat des Kardinals von Krakau, Karol Wojtyla. Ich habe an seinem Manuskript ziemlich frech herumkritisiert. Als er mich bei seiner Ankunft in Rom sah, begrüßte er mich mit den Worten: „Ich habe alles gelesen, was Sie geschrieben haben. Ich habe mein Referat ganz umgearbeitet."

Am folgenden Tag hielt er sein Referat in gutem Französisch. Für mich war es interessant zu sehen, was er übernommen hatte und was nicht. Beim Hinausgehen aus dem Hörsaal kam er auf mich zu und sagte: „So, Herr Professor, war es jetzt richtig?"

Diese Souveränität, sein Humor, seine ganze Persönlichkeit machten auf mich einen großen Eindruck. Als ich nach Hause kam, sagte ich zu meiner Schwester: „Ich habe einen Bischof getroffen, wie ich mir einen nachkonziliaren Bischof vorstelle." Dass Kardinal Karol Wojtyla am 16. Oktober 1978 zum Papst gewählt werden sollte, konnte ich nicht ahnen; aber seine Wahl erfüllte mich mit der Hoffnung auf ein großes Pontifikat. Ich sollte nicht enttäuscht werden.

Auch der Kardinal von Krakau scheint von der Begegnung mit dem Tübinger Professor angetan. Im Herbst 1980, zwei Jahre nach seiner Wahl zum Papst, kommt es zu einem ersten Wiedersehen, dem später noch viele andere folgen sollten.

Karol Wojtyla hatte hat ein Gedächtnis wie ein Elefant. Er vergaß die erste Begegnung nicht. Bei seinem ersten Besuch in Deutschland im November 1980 traf ich ihn aus Anlass des Gesprächs mit den Repräsentanten der theologischen Fakultäten in Altötting. Ich war damals Dekan der Tübinger Fakultät. Bei der abendlichen Begegnung erinnerte er sich sofort und schaute mich verschmitzt an. Ich fühlte mich diesem Papst immer persönlich zugeneigt und habe später – auch als in Deutschland zeitweise viel Kritisches über ihn gesagt wurde – immer große Hochachtung gehabt und ihn verteidigt. Seine Menschlichkeit und seine tiefe persönliche Frömmigkeit waren beeindruckend und überzeugend.
Natürlich bin ich ihm später als Bischof und vor allem als Kardinal oft begegnet. Es waren nie nur formale amtliche, sondern immer persönliche Begegnungen. Oft konnte man während des Mittagessens seine Anliegen vorbringen; und er war immer interessiert, ja neugierig und wollte die Meinung anderer kennen lernen. Gewiss, er hatte seine Positionen und Überzeugungen, aber er ließ es zu, dass man in seiner Gegenwart kontrovers diskutierte. Gelegentlich konnte er mit einem feinen Scherz antworten.

Der Papst aus Polen

Die Hochstimmung, die den ersten Besuch Johannes Pauls II. in Deutschland 1980 begleitet, verfliegt schnell. Bald steht der Papst aus Polen im Ruf eines Reaktionärs.

Ihn einfach als polnischen Papst abzutun, wie es oft geschah, ging an seiner Persönlichkeit vorbei. Gewiss, jeder bringt seine Kultur und seine kirchlichen Erfahrungen mit in das kirchliche Amt; jeder hat damit auch seine Grenzen. Doch Krakau, woher Karol Wojtyla kam, ist gesamteuropäisch geprägt und gehörte lange Zeit zur Habsburgermonarchie. Noch Wojtylas Vater hatte in der österreichischen Armee gedient. Österreich-Ungarn war kein Nationalstaat, es war ein Vielvölkerstaat, ein Imperium. So hatte dieser Papst von Jugend auf eine Sicht, die über Polen hinausreichte: Er war schon als Kardinal viel gereist und hatte, als er ins Amt kam, eine weltweite und zukunftsweisende Vision.

Johannes Paul II. war ein Fels, ein Petrus. Er hat der Kirche nach all den unruhigen nachkonziliaren Jahren innere Festigkeit und Ordnung gegeben und den Blick auf die neue Evangelisierung, die Gerechtigkeit und den Frieden in der Welt, die Einheit der Kirche und den Dialog mit den anderen Religionen gelenkt. Ihm Triumphalismus zu unterstellen heißt nicht nur übersehen, wie sehr sein eigenes Leben im Zeichen des Kreuzes stand, sondern auch die wiederholten – ihm von manchen verübelten – „mea culpa" ignorieren, in denen er geschichtliche Schuld und Strukturen der Sünde in der Kirche bekannte. Mir bleibt der Bußgottesdienst am ersten Fastensonntag des Jubiläumsjahrs 2000 unvergesslich.

Die „welthistorische" Bedeutung des Pontifikats Johannes Pauls II. liegt unbestritten in seiner Rolle beim Zusammenbruch des Kommunismus.

Johannes Paul kam aus dem „Ostblock" und wusste um das Leiden seines Volkes. In der Ostpolitik des Vatikans setzte er neue Akzente, nachdem Paul VI. und Kardinalstaatssekretär Agostino Casaroli mit ihrer Politik einen modus vivendi ermöglich hatten. Der Papst aus Polen setzte nicht so sehr auf Diplomatie als auf den Freiheitswillen und die moralische Kraft des Volkes. Wie er etwa die polnischen Gewerkschaften unterstützte, ohne dass es zu einem Aufstand mit Blutvergießen kam, war meisterhaft.

In der deutschen Ostpolitik wie in der Politik gegenüber der DDR setzt man hingegen noch lange auf Diplomatie.

In den achtziger Jahren war ich oft in der damaligen DDR, besonders in Erfurt, wo ich viele Freunde hatte. Wir waren überzeugt, dass das System noch lange Bestand haben werde, es sei denn, es gäbe Krieg, was damals ein Atomkrieg gewesen wäre. Das konnte niemand wollen. Niemand von uns ahnte, dass das System innerlich so morsch war, dass es zusammenbrechen würde.
Ich erinnere mich noch gut an den Abend, als die Mauer fiel. Als ich die Bilder am Fernsehen sah, glaubte ich, meinen Augen nicht zu trauen. Der Fall der Berliner Mauer und des Eisernen Vorhangs, das Ende der kommunistischen Diktaturen in Mittel- und Osteuropa – das alles war auch das Verdienst von Johannes Paul II.

Während seiner Deutschland-Reise im Juni 1996 besucht Johannes Paul II. auch Berlin.

Wir Deutsche haben allen Grund, Johannes Paul II. besonders dankbar zu sein. Die deutsche Einheit haben wir auch ihm zu verdanken. Deshalb war es für mich ein tiefes Erlebnis, als ich dabei war, wie der Papst bei seinem letzten Deutschlandbesuch im Jahr 1996 unter Jubel ins Olympia-Stadion in Berlin einzog; ich erinnerte mich der Bilder, die ich als kleiner Bub sah, wie da bei den Olympischen Festspielen 1936 ein anderer einzog. Nun wurden die Glaubenszeugen von damals, Bernhard Lichtenberg und Karl Leisner, selig gesprochen. So kann Geschichte sich umkehren. Vollends bewegend war es, als Johannes Paul II. an der Seite von Bundeskanzler Helmut Kohl das Brandenburger Tor durchschritt. Damit war der Zweite Weltkrieg endgültig Geschichte.

Ökumenische Hoffnungen

Doch nicht allein die weltpolitische Bedeutung dieses Papstes fällt ins Gewicht.

Vor allem seit meiner Berufung nach Rom war für mich seine Einstellung zur Ökumene wichtig. Am Anfang des Pontifikats haben viele dem Papst aus Polen wenig oder nichts zugetraut. Um so mehr war man erstaunt, welche ökumenische Dynamik er entfaltete und was er bewirkte. Seine Besuche bei anderen Kirchen während der zahllosen Pastoralreisen und sein Besuch beim Weltrat der Kirchen in Genf sind unvergessen.

Ein Meilenstein ist die Enzyklika „Ut unum sint“ (1995) – die erste Ökumene-Enzyklika in der Geschichte der Kirche. Darin erklärt der Papst die ökumenische Option des II. Vatikanischen Konzils als unwiderruflich und die Ökumene als eine seiner pastoralen Prioritäten.

In Erinnerung geblieben ist aus dieser Enzyklika vor allem die Wiederholung des Eingeständnisses, das sich schon bei Paul VI. fand: Dass der Primat des schwerste Hindernis für die Einheit ist. Wegweisend wurde die Einladung, über die Art der Primatsausübung in einen brüderlichen Dialog einzutreten. Benedikt XVI. sollte bei seinem Besuch im Phanar im November 2006 diese Einladung wörtlich wiederholen.

Die Einladung Johannes Pauls II. zu einem Gespräch über die Ausübung des Petrusamtes findet bei vielen protestantischen Gruppen Widerhall.

Das lebhafte Echo zeigte, dass sich die Atmosphäre in der Ökumene verbessert hatte. Doch wirklich diskutiert werden kann über den Primat nur, wenn man sich zuvor über das Amt im Allgemeinen und über das Bischofsamt im Besonderen einig ist. Davon kann bezüglich der evangelischen Kirchen keine Rede sein. Als Diskussionspartner kommt darum in erster Linie die Orthodoxie in Frage.

Das offizielle Echo aus der Welt der Orthodoxie ist sehr verhalten.

Die Orthodoxen können in Lehrfragen nur gemeinsam reagieren. Doch zu solcher Gemeinsamkeit sind sie im Augenblick nicht in der Lage. Das panorthodoxe Konzil liegt auf Eis. Dazu kommt das Argument, es genüge nicht, ja es sei unmöglich, über die Ausübung des Primats zu sprechen, wenn man über dessen Existenz und sein Verständnis uneins sei. Genau diese Frage hat der Päpstliche Rat zur Förderung der Einheit der Christen im Gespräch mit der Orthodoxie mittlerweile energisch aufgegriffen.

Johannes Paul II. hofft zeitlebens auf große Fortschritte in der Ökumene, vor allem mit den Kirchen der Orthodoxie.

In seinem Apostolischen Schreiben „Tertio millennio adveniente“ (1994) brachte er die Hoffnung zum Ausdruck, dass bis zur Jahrtausendwende die Einheit mit den orthodoxen Kirchen erreicht sei oder wir ihr zumindest nahegekommen wären. Doch in den folgenden Jahren wurde der Dialog schwieriger und geriet in eine Krise. Ein Neuanfang war erst im neuen Pontifikat möglich.

An der Bahre

Als der Papst am 2. April 2005 nach langer, von aller Welt miterlebter und miterlittener Krankheit stirbt, steht die Zeit still.

In der Nacht seines Todes liegt über dem ganz nah bei meiner römischen Wohnung gelegenen Petersplatz mit den vielen Menschen, die dort ausharren, eine einmalige Stimmung; es ist nicht eigentlich Trauer, es ist Dankbarkeit dafür, diesen Papst gehabt zu haben, und die Gewissheit, dass er nun ins himmlische Reich des Vaters heimgerufen wurde.
Als ich an der Bahre des toten Papstes stand, war mir wie vielen Menschen in aller Welt klar: Ein großer Papst ist von uns gegangen. Ich war dankbar, dass ich in den letzten sechs, schon von der Krankheit gezeichneten Jahren dieses großen Papstes ihn in Rom aus der Nähe erleben, ihm immer wieder persönlich begegnen und ihm ein wenig helfen durfte, sein schweres Amt auszuüben.

Vier Millionen meist junger Menschen kommen nach Rom – niemand hat sie gerufen. Betend, singend, aber auch schweigend harren sie viele Stunden aus, um am aufgebahrten Leichnam des verstorbenen Papstes Abschied nehmen zu können. Es ist wohl das erste Mal in der Kirchengeschichte, dass sich zu seinem Begräbnis nicht nur die Vertreter fast aller Staaten, sondern auch hohe und höchste Repräsentanten aller Kirchen versammeln. Einmütig stehen sie am Sarg des verstorbenen Papstes zusammen: der Ökumenische Patriarch, Metropoliten fast aller orientalischen Kirchen, der anglikanische Erzbischof von Canterbury, die Vertreter der evangelischen Kirchen.

Dies war ein großartiges Zeugnis der Ökumene, das mehr als alles andere vor aller Welt zeigte, wie viel sich im Verhältnis der Kirchen zum Guten geändert hat.

Gemeinsam den Weg der Einheit gehen

Der Gang der Ereignisse nach dem Tod eines Papstes ist auf das Genauste festgelegt. Die einzige Unwägbarkeit: Wer geht aus dem Konklave, der streng abgeschirmten Zusammenkunft der wahlberechtigten Kardinäle in der Sixtinischen Kapelle, als neuer Papst hervor?

Die Trauerfeierlichkeiten wie das darauf folgende Konklave mit der Wahl eines neuen Papstes haben tiefe Eindrücke in mir hinterlassen. Darüber und über das Geschehen vor und im Konklave im einzelnen zu reden ist nicht möglich. Doch schon die kurze Dauer weist darauf hin, dass sich nach äußerlichen Kriterien dramatische Ereignisse nicht abspielt haben können.

Während eines der kürzesten Konklave der Kirchengeschichte wird schon am zweiten Tag, dem 19. April 2005, erstmals seit fast 500 Jahren ein Deutscher zum Papst gewählt: Joseph Kardinal Ratzinger.

Dass ich ihn seit mehr als vierzig Jahren persönlich kannte, war für mich eine neue „Papsterfahrung“. Zunächst war ich verlegen, wie ich dem neuen Papst begegnen sollte. Mir war vom ersten Augenblick an bewusst: „Das ist nicht mehr Joseph Ratzinger, den du seit 40 Jahren kennst und mit dem du gelegentlich die Klinge gekreuzt hast; das ist Benedikt XVI., dem volle Loyalität entgegenzubringen selbstverständlich ist.“ Das wollte ich auch mit ganzer Kraft tun. Der neugewählte Papst machte es mir leicht. Gleich bei der ersten Begegnung unmittelbar nach der Wahl sagte er mir: „Nun müssen wir gemeinsam den Weg zur Einheit gehen.“

Am Morgen nach der Wahl bekundet der Papst während der Predigt in der Sixtinischen Kapelle, er wolle „alles in seiner Macht Stehende tun, um das grundlegende Anliegen der Ökumene zu fördern“. Von sich als „Nachfolger Petri“ in der dritten Person sprechend sagt er: „In den Spuren seiner Vorgänger hat er die feste Absicht, jede Initiative aufzugreifen, die als geeignet erscheinen könnte, die Kontakte und die Verständigung mit den Vertretern der verschiedenen Kirchen und kirchlichen Gemeinschaften zu fördern.“ Weiter heißt es: „Ganz bewusst übernimmt daher sein jetziger Nachfolger zu Beginn seines Dienstes in der Kirche von Rom, die Petrus mit seinem Blut benetzt hat, es als seine wichtigste Aufgabe, sich unter Einsatz aller Kräfte um die Wiederherstellung der vollen und sichtbaren Einheit aller Jünger Christi zu bemühen. Das ist seine Absicht, das ist auch seine vordringliche Pflicht. Er ist sich bewusst, dass dafür Bekundungen eines gut gemeinten Gefühls nicht genügen. Es bedarf konkreter Gesten, die in die Herzen eindringen und die Gewissen aufrütteln, indem sie jeden einzelnen zu jener inneren Umkehr bewegen, die Voraussetzung für jeden Fortschritt auf dem Weg des Ökumenismus ist."

Damit war eine gute Grundlage für die fruchtbare Zusammenarbeit in grundsätzlicher Kontinuität mit dem II. Vatikanischen Konzil und dem Pontifikat Johannes Paul II. gelegt.

Ein neuer Stil

Schon bald wird der eigene Stil des neuen Pontifikats deutlich.

Päpste sind, obwohl derselben Sendung verpflichtet und in grundlegender Kontinuität mit ihren Vorgängern stehend, in ihrer Persönlichkeit verschieden. Viele waren erstaunt, dass der, den sie vorher – völlig falsch – für einen „Panzer-Kardinal" und „kalten Inquisitor" gehalten hatten, nun so freundlich, herzlich und bescheiden auftrat. Doch verbindlich, freundlich, mit feinsinnigem Humor und Sinn für Musik war Joseph Ratzinger für die, die ihn kannten, schon immer. Die Erwartung, dass die kristallklaren Überzeugungen, die er bisher vertreten hatte, nun, da er Hirte der Kirche geworden war, einer weniger prinzipienfesten, sogenannten pastoralen Einstellung weichen würden, erwies sich freilich bald als ebenso naiv. Bei Papst Benedikt stößt man bei aller Bescheidenheit seines Auftretens auf Petrus – das heißt auf Felsengestein.

Papst Benedikt bestätigt Kardinal Kasper im Amt des Präsidenten des Päpstlichen Rates zur Förderung der Einheit der Christen.

Das neue Pontifikat ist von der intellektuellen Persönlichkeit des Papstes geprägt, der weniger durch große Gesten, spektakuläre Aktionen und Initiativen wirken möchte als durch zum Nachdenken einladende Worte und Argumente. Dass er dabei auf Vertiefung und Verinnerlichung des Glaubens dringt, ist ebenso deutlich wie die Tatsache, dass ihm die rechte Feier der Eucharistie, der Mitte und des Höhepunkts des kirchlichen Lebens, ein grundlegendes Anliegen ist. Gerne will ich meinen bescheidenen Beitrag leisten, dass es damit der Kirche zum Segen wird.

Freilich ist es bei diesem Papst leider schwerer als bei seinem Vorgänger, an ihn heranzukommen und Probleme, die einem auf dem Herzen liegen, direkt mit ihm zu besprechen und seine Meinung dazu zu hören. So muss und darf man den so entstehenden Freiraum nützen und im Rahmen der einem anvertrauten Kompetenzen eigenverantwortlich handeln.

Die Zukunft des Petrusamtes

Das Thema der grundsätzlichen Bedeutung und der Gestalt des Petrusamtes beschäftigt den „Ökumeneminister" seit Jahrzehnten. Kasper hat ihm seinen ersten wissenschaftlichen Aufsatz gewidmet, und er ist später immer wieder darauf zurückgekommen.

Natürlich haben die Begegnungen mit den Päpsten meine Einstellung zu „Rom", wie man oft sagt, verändert. Eine Prise „antirömischer Affekt" liegt uns Tübingern im Blut. Ich bin auch seither kein „Römer" geworden, wenigstens nicht in dem Sinn, wie man das landläufig versteht. Gerade aus der Nähe erfährt man: Das Petrusamt wird durch einen Menschen mit all seinen menschlichen Gaben, aber auch seinen Grenzen wahrgenommen, und es sind Menschen, die ihm dabei, oft unter großem selbstlosem Einsatz, helfen.
Allerdings haben mich die ökumenischen Kontakte in einem vollends überzeugt: Das Petrusamt ist ein Geschenk des Herrn an seine Kirche. Als Ökumeniker kann man nicht genug dafür tun und beten, dass dieses Geschenk eines Tages in einer neuen, aber das Wesentliche wahrenden Form auch die anderen Kirchen bereichern wird.
Die Bedeutung, die das Petrusamt gerade für Kirchen und Christen in einer bedrängten Situation hat, ging mir in einer überraschenden Weise bei einem Besuch in China auf. Mitglieder der Untergrundkirche konnte ich nicht besuchen, um

sie nicht zu gefährden. Nur einmal erwarteten mich junge Leute in der Hotelhalle, die mich in eine Ecke zogen und sich als Seminaristen der Untergrundkirche zu erkennen gaben. Dagegen konnte ich mit Gemeinden der „offiziellen“ Kirche mehrfach Eucharistie feiern, Bischöfe besuchen und auch ein Priesterseminar, so menschen-unwürdig arm, wie ich es noch nie gesehen hatte. Bei allen Predigten sprach ich von der Gemeinschaft mit dem Papst. Jedes Mal brandete tosender Beifall auf. In Deutschland ist mir das so nicht passiert. Für diese Chinesen aber ist der Papst der letzte Hort ihrer Freiheit; durch ihn wissen sie sich, obgleich vom direkten Kontakt weithin abgeschnitten, einer großen Weltkirche zugehörig. Nie zuvor konnte ich nach einer Reise dem Papst so viele Grüße mitbringen wie nach dieser.

Denen, die der Ökumene kritisch gegenüberstehen, sage ich immer wieder: Ihr solltet auch das Positive sehen. Im Zug der Ökumene hat sich die Situation für das Petrusamt zum Positiven verändert. Noch nie in der Geschichte der Kirche, auch nicht in der Antike, war der Bischof von Rom ein so wichtiger Bezugspunkt aller Kirchen wie heute, noch nie hatte das Petrusamt auch bei anderen Christen eine so hohe geistliche Autorität wie heute – völlig unabhängig davon, ob sie die Dogmen über den Jurisdiktionsprimat und die Unfehlbarkeit des Papstes anerkennen. Der zuvor als Antichrist Verschrieene ist zu einem gesuchten Gesprächspartner geworden. Rom ist zu einem wichtigen Zentrum der Ökumene und zu einem Bezugspunkt für viele Kirchen geworden. So werden schon jetzt, trotz fortbestehender Trennung, de facto wichtige Elemente der Einheitsfunktion des Petrusamtes wahrgenommen.

Wie immer spornen solche Erfahrungen den Kardinal an, der Sache auch theologisch auf den Grund zu gehen. Soweit es die

Aufgaben an der Kurie, die vielen Begegnungen in Rom und die ausgedehnten Reisen zulassen, studiert er die biblischen Grundlagen und die geschichtliche Entwicklung der Primatslehre und lässt die wandlungsreiche Primatspraxis Revue passieren. Kasper möchte für das Gespräch mit den orthodoxen Kirchen über diese Frage gewappnet sein.

Die Glaubenkongregation hat 1996 ein Symposium über diese Frage veranstaltet. Als ein Ergebnis stellte der damalige Kardinal Ratzinger fest, das Petrusamt werde unter Wahrung seines stiftungsgemäßen Wesens geschichtlich je nach der necessitas Ecclesiae, d.h. je nach den sich wandelnden Umständen und geschichtlichen Notwendigen der Kirche wahrgenommen (Il Primato del successore di Pietro, Rom 1998). Eine neue ökumenische Situation kann demnach eine neue Gestalt der Ausübung erforderlich machen.

Im Mai 2003 veranstaltet der Päpstliche Einheitsrat mit orthodoxen Theologen ein Symposium in Rom (The Petrine Ministry, New York 2005).

Ich selber habe hermeneutische Überlegungen vorgetragen, wie die ökumenisch schwierigen, aber für uns verbindlichen Aussagen des I. Vatikanischen Konzils über Primat und Unfehlbarkeit in einer zukunftsoffenen Weise ausgelegt werden können; Hermann Josef Pottmeyer hat gezeigt, dass auch die gegenwärtige Primatspraxis einer geschichtlich kontingenten necessitas Ecclesiae entspricht und nicht notwendig und für alle Zukunft aus den Konzilsaussagen folgt. Weiterführend waren dann die Überlegungen des Metropolit John (Zizioulas) von Pergamon, die 2007 in das Ravenna-Dokument der internationalen katholisch-orthodoxen Dialogkommission eingegangen sind und die der katholischen wie der orthodoxen Seite reichlich Stoff zum weiteren Nachdenken geben. Die mehr historischen Referate werden sicher bei den weiteren Beratungen der Dialogkommission eine Rolle spielen.

Primat und Kollegialität

Einige Elemente der künftigen Gestalt des Petrusamtes lassen sich schon heute nennen.

Grundlegend wird die gemeinsame Basis in der Hl. Schrift und in der frühen Kirche sein; das zweite Jahrtausend wird auf dieser Basis einzuordnen und auszulegen sein. Dabei kommt der Verhältnisbestimmung von Primat und Kollegialität beziehungsweise Synodalität grundsätzliche Bedeutung zu.
Eine weltweit einheitliche Form der Ausübung des Petrusamtes ist nicht in Sicht; sie ist auch nicht notwendig. Wie schon in der alten Kirche, so kann der Primat in Ost und West unterschiedlich ausgeübt werden. Das ist in Bezug auf die katholischen Ostkirchen schon heute der Fall. Dort werden die Bischöfe nicht vom Papst ernannt, sondern von den zuständigen Synoden gewählt, anschließend wird ihnen vom Papst Gemeinschaft gewährt. Die Apostolische Konstitution zur Einführung des neuen Ostkirchenrechts von 1990 geht noch einen Schritt weiter. Sie stellt fest, dass seine Bestimmungen nur vorläufigen Charakter haben bis zu dem Tag, da uns die volle Gemeinschaft mit den getrennten Ostkirchen geschenkt wird. Was dann sein wird, wird bei aller Kontinuität etwas Neues sein, auf dessen Kommen wir uns durch Hinarbeiten und Beten vorbereiten sollen.

VII. Norm und Gewissen – Für das Leben

So positiv die allermeisten Rom-Erfahrungen Kaspers sind, frei von Spannungen waren die Beziehungen zwischen dem Bischof und späteren Kardinal Walter Kasper und Rom nie.

> Das kann nur der rein negativ sehen, der sich Möhlers Einsicht nicht zueigen macht, wonach alles Leben sich in Spannungen bewegt. Wo keine Spannung ist, da ist der Tod; wir aber wollen eine lebendige und keine tote Kirche.

In die Amtszeit Kaspers als Bischof von Rottenburg-Stuttgart fällt die endgültige Neuregelung des Abtreibungsrechts in Deutschland. Die katholische Kirche ist insofern betroffen, als auch in ihren Beratungsstellen der „Schein" ausgestellt wird, der die Beratung bestätigt und damit staatlicherseits eine notwendige, wenn auch keine hinreichende Bedingung für eine Abtreibung ist. An seinem grundsätzlichen Nein zur Abtreibung lässt der Bischof nie einen Zweifel aufkommen.

> Schon kurz nach meinem Amtsantritt als Bischof ließ ich in Stuttgart am 15. August 1989 ein Kanzelwort „Für das Leben" verlesen. Viele andere Stellungnahmen folgten. In der grundsätzlichen Position waren sich alle Bischöfe – wie könnte es anders sein – ausnahmslos einig.

Die Schein-Debatte

Vor allem mit Rom umstritten ist die Frage, ob die Ausstellung eines Scheins der genannten Art den Tatbestand der formellen Mitwirkung an einem schweren Unrecht erfüllt, wie es die Tötung eines Kindes im Mutterschoß ist.

Ich machte mir die Sache nicht leicht. Einmal nahm ich mir in den Urlaub einen ganzen Stapel traditioneller Handbücher der Moraltheologie mit, um die Sache gründlich zu studieren. Ich kam zu dem Ergebnis, dass es sich bei der Ausstellung eines solchen Scheins um eine Frage der gewissenhaften Abwägung handelt. Da eine sorgfältige Erhebung der Daten zeigte, dass man durch die Beratung das Leben sehr vieler ungeborener Kinder retten konnte, war ich auf der Seite der sehr großen Mehrheit der Bischofskonferenz, welche für eine solche Beratung war.

In Rom hatte man sich sehr früh auf die Seite der Minderheit um Erzbischof Dyba, den Bischof von Fulda, geschlagen: Der Schein wird als „Tötungslizenz" angesehen, die Mitwirkung der Kirche als Ermöglichung der Tötung des Kindes, die Beteiligung der Kirche an der gesetzlichen Schwangerenberatung mithin als Verdunkelung des Zeugnisses der Kirche für die Unantastbarkeit des menschlichen Lebens qualifiziert.

Die endgültige Entscheidung des Papstes ging nicht auf die moraltheologische Frage der Mitwirkung ein. Der Papst sah die Frage in einem größeren Zusammenhang. Er war der Überzeugung, dass die Ausstellung eines solchen Scheins, „die katholischen Beratungsstellen in ein System hineinzieht, welches die Abtreibung zulässt". Es ging ihm um Eindeutigkeit des kirchlichen Zeugnisses in der fundamentalen Frage des Schutzes des menschlichen Lebens.

Als die römische Entscheidung nach dem langen Hin und Her am 2. November 1999 in einem Brief an den Vorsitzenden der Deutschen Bischofskonferenz eintrifft, ist Kasper nicht mehr Mitglied der Bischofskonferenz. Er ist darum nicht in der Situation, als Bischof handeln und öffentlich Stellung nehmen zu müssen. Persönlich steht er auf der Seite seiner bischöflichen Kollegen, welche die Entscheidung des Papstes annehmen und vollziehen ...

... wohl wissend, dass dies nur langsam ausheilende Wunden im deutschen Katholizismus aufriss.

Dass solche Wunden entstanden, zeigte mir, dass über den aktuellen Vorgang hinaus ein Problem zur Diskussion stand. Umstritten war nicht die Unerlaubtheit der Abtreibung. Darüber waren alle Bischöfe mit dem Papst einer Meinung. Das grundsätzliche Problem wurde in der Begründung der Entscheidung des Papstes angesprochen. Mit ihr stand ein zentraler Punkt des deutschen Staatskirchenrechts und damit des deutschen Katholizismus zur Debatte: Dieses ist bei grundsätzlicher Unabhängigkeit von Kirche und Staat auf deren Zusammenwirken angelegt.

Nun zeigte sich, dass dieses Zusammenwirken in einer für die Kirche wie für den Staat so fundamentalen Frage wie dem Schutz des menschlichen Lebens nicht mehr möglich war. Zu sehr hatte sich die Gesellschaft und mit ihr der Staat inzwischen von den kirchlichen Wertvorstellungen entfernt. Mit dieser tiefgreifenden Veränderung im Wertbewusstsein war ein Stück Tradition des deutschen Katholizismus, auf das man stolz gewesen war, weggebrochen. Das musste als schmerzhaft empfunden werden.

Im Grunde war die Begründung des Papstes die realistische Feststellung einer Tatsache, die traurig stimmte, aber als solche nicht bestritten werden konnte. Ob und inwiefern sie noch andere Neuorientierungen nach sich ziehen wird, wird eine spannende Frage sein, an der sich die Zukunft des bisherigen „Systems“ des deutschen Katholizismus entscheidet.

Wiederverheiratet Geschiedene

Noch bevor die Frage der Schwangerenkonfliktberatung entschieden wird, war es zu einer Auseinandersetzung mit Rom gekommen, an der Kasper bis zum Schluss beteiligt war. Zu ihr kam es, nachdem er und seine Mitbrüder in Freiburg und Mainz, Erzbischof Oskar Saier und Bischof Karl Lehmann, ein „Gemeinsames Hirtenwort zur Pastoral mit Geschiedenen und Wiederverheirateten Geschiedenen" veröffentlicht hatten.

> Dankbar erinnere ich mich an die kollegiale und freundschaftliche Zusammenarbeit in unserer oberrheinischen Kirchenprovinz mit dem mittlerweile verstorbenen Freiburger Erzbischof Oskar Saier und dem Mainzer Bischof Karl Lehmann. In großer Offenheit und gegenseitigem Vertrauen konnten wir unsere guten und die weniger guten pastoralen Erfahrungen austauschen, über kirchliche Probleme sprechen und uns gegenseitig stützen. Das war echte, vom Konzil gewollte affektive und effektive Kollegialität.

Ein Ergebnis dieser Gespräche über gute und weniger gute Erfahrungen in der Seelsorge ist das „Gemeinsame Hirtenschreiben der Bischöfe der Oberrheinischen Kirchenprovinz zur Pastoral mit Geschiedenen und Wiederverheirateten Geschiedenen", das in den Gemeinden der Oberrheinischen Kirchenprovinz am 5. und 12. September 1993 verlesen wird. Dem Hirtenschreiben waren „Grundsätze für eine seelsorgerliche Begleitung von Menschen aus zerbrochenen Ehen und von Wiederverheirateten Geschiedenen" beigegeben.

> Die besorgniserregend steigende Zahl gescheiterter Ehen, in den meisten Fällen mit nachfolgender bürgerlicher Wiederverheiratung, stellte und stellt die Seelsorger und die Ge-

meinden vor schwierige Probleme. Jeder kennt solche Situationen, oft genug in der eigenen Familie. Jeder weiß auch, dass man die einzelnen Situationen sorgfältig unterscheiden muss. Kein Seelsorger kann alles gutheißen, was in unserer Gesellschaft inzwischen weitgehend als normal angesehen wird. Doch oft handelt es sich um komplexe Situationen, in denen nach leidvollen Erfahrungen in Verantwortung vor dem eigenen Gewissen die Entscheidung zur bürgerlichen Wiederheirat getroffenen wird.

Wir haben uns mehrfach getroffen und immer wieder darüber nachgedacht, ob man in begründeten Einzelfällen im Sinn einer Einzelfallgerechtigkeit, wie sie die katholische Moraltheologie unter dem Begriff Epikie und das kanonische Recht unter dem Begriff der kanonischen Billigkeit kennt, seelsorgerliche Lösungen finden kann. Aussagen einiger bedeutender Kirchenväter und deren sorgfältige Auslegung, die wir dem damaligen Professor Joseph Ratzinger verdankten, haben uns geholfen.

Selbstverständlich dachte keiner von uns auch nur im Geringsten daran, die Sakramentalität und die Unauflöslichkeit der Ehe in Frage zu stellen, ganz im Gegenteil, wir haben sie eindringlich dargelegt. Wir haben auch gesagt, die Kirche – will sie die Botschaft Jesu nicht verraten – könne keine Rechtsordnung aufstellen, welche die Scheidung mit anschließender Wiederverheiratung zu einer normalen Sache oder gar zu einem Rechtsanspruch macht.

Wir riefen aber zur Solidarität mit Menschen in solchen schwierigen Situationen auf und wiesen darauf hin, dass wiederverheiratet Geschiedene nicht aus der Gemeinschaft der Kirche ausgeschlossen sind, auch wenn sie in Treue zur Weisung Jesu nicht generell zum eucharistischen Mahl zugelassen werden können.

Dann folgten die entscheidenden Sätze: „Das kirchliche Recht kann aber nur eine allgemeingültige Ordnung aufstellen, es kann jedoch nicht alle oft sehr komplexen einzelnen Fälle regeln. Deshalb ist im seelsorgerlichen Gespräch zu klären, ob das, was im Allgemeinen gilt, auch in der konkreten Situation zutrifft."

Wir sahen uns nicht berechtigt, in diesen Einzelfällen eine Zulassung zur Eucharistie auszusprechen. Wir waren aber der Überzeugung, dass Betroffene zur begründeten Gewissensüberzeugung von der Nichtigkeit der ersten Ehe kommen können, der Nachweis dafür aber in einem Verfahren vor dem kirchlichen Ehegericht nicht möglich ist, und dass in solchen Situationen ein seelsorgerliches Gespräch den Betroffenen helfen kann, „zu einer persönlich verantworteten Gewissensentscheidung zu finden, die von der Kirche und der Gemeinde zu respektieren ist." Die Unterscheidung zwischen Zulassung und persönlich verantwortetem Hinzutreten war für uns entscheidend. Leider sind diese und andere Unterscheidungen oft nicht zur Kenntnis genommen worden.

Vorladung nach Rom

Die Position des Hirtenwortes ist maßvoll, das Echo ist gewaltig. Es überwiegen Erleichterung und Zustimmung. In Rottenburg hagelt es zunächst Kritik.

Wir wollten mit dem Hirtenwort keine neue pastorale Praxis einführen, sondern eine außer Kontrolle geratene Praxis ordnen und Missbräuche eindämmen. Viele Pfarrer praktizierten nämlich längst etwas viel Weitergehendes. Sie waren darum alles andere als dankbar für ein Schreiben, das ihnen Hilfe sein sollte, das sie aber für einen Rückschritt hielten.

Gelobt wurde ich erst, als es zur Auseinandersetzung mit Rom kam. Da war ich plötzlich der Tapfere.

Die römische Kongregation für die Glaubenslehre und einzelne Mitglieder des Weltepiskopats sind ob des Hirtenbriefs noch weniger erfreut als viele Pfarrer im Bistum Rottenburg-Stuttgart – wenngleich aus ganz anderen Gründen.

Zweimal wurden wir drei Bischöfe nach Rom eingeladen. Die Gespräche in der Glaubenskongregation, in denen wir unser Position zuerst mündlich und dann auch schriftlich erläuterten, fanden in einer sachlichen Atmosphäre statt. Wir haben unsere pastoralen und auch unsere theologischen Beweggründe dargelegt, argumentierten mit Epikie, der kanonischen Billigkeit und Aussagen von Kirchenvätern. Damit konnten wir einige Missverständnisse ausräumen. In den fundamentalen Fragen bestand ohnedies Übereinstimmung. Aber es wurde uns schnell klar, dass die Kongregation in der Frage des Kommunionempfangs zu einem anderen Urteil gekommen war.

Beim dritten Besuch, am 14. September 1994, legt man den Bischöfen einen Text vor, den die Glaubenskongregation beschlossen hat.

Wieder war das Gespräch in der Form sachlich und freundlich, aber in der Sache kamen die unterschiedlichen Standpunkte deutlich zum Ausdruck. Kardinal Ratzinger war souverän genug, um aufgrund unserer Einwände noch einige Änderungen an dem beschlossenen Text vorzunehmen.

Ein in sich widersprüchlicher Akt

Umgehend veröffentlicht die Kongregation für die Glaubenslehre ein „Schreiben an die Bischöfe der katholischen Kirche über den Kommunionempfang von wiederverheirateten geschiedenen Gläubigen". In den wesentlichen Punkten besteht Übereinstimmung mit der Position der drei deutschen Bischöfe; der Unterschied bezieht sich auf die rechte Verhältnisbestimmung von allgemein gültiger objektiver Norm und persönlicher Gewissensentscheidung.

In diesem Sinn heißt es in dem Schreiben, es sei „die ernste Pflicht der Hirten und Beichtväter", Gläubige zu ermahnen, dass ein Gewissensurteil durch das sich wiederverheiratet geschiedene Gläubige in den genannten Fällen ermächtigt halten, zum Tisch des Herrn hinzuzutreten „in offenem Gegensatz zur Lehre der Kirche steht. Sie müssen diese Lehre zudem allen ihren anvertrauten Gläubigen in Erinnerung rufen". Als Begründung wird dargelegt, der Ehekonsens sei nicht eine bloße Privatentscheidung, die Ehe sei eine öffentliche Wirklichkeit und ein Sakrament der Kirche, wie die Eucharistie Sakrament der Einheit der Kirche sei. „Ein Kommunionempfang im Gegensatz zu den Normen der kirchlichen Gemeinschaft ist deshalb ein in sich widersprüchlicher Akt."

Nach der Veröffentlichung des Schreibens sollten wir eine Erklärung abgeben, die mit der Kongregation abgestimmt worden sei. In dieser Erklärung stellten wir nochmals die Übereinstimmung in den Grundfragen fest, mussten aber zur Kenntnis nehmen, dass „einige Aussagen in unserem Hirtenschreiben und in den ‚Grundsätzen' universalkirchlich nicht akzeptiert sind und daher nicht verbindliche Norm seelsorgerlichen Handelns sein können."

Wir stellten freilich auch fest, dass damit „viele pastorale Probleme noch nicht gelöst" sind, über die wir „weiter nachdenken müssen". „Es bleiben auch eine Reihe von bibeltheologischen theologiegeschichtlichen, systematisch-theologischen und kirchenrechtlichen Problemen offen." Wir wiesen auf die Aussage der Konzilserklärung zur Religionsfreiheit hin: „Nun aber werden die Gebote des göttlichen Gesetzes vom Menschen durch die Vermittlung seines Gewissens erkannt und anerkannt." „Diese Aussage zeigt beispielhaft die unlösliche Verknüpfung von Gewissen und Norm."

Kardinal Ratzinger wollte nach der Vorlage unseres Entwurfs noch einige Änderungen. Davon erfuhr ich von Bischof Lehmann am Autotelefon, als ich auf der Fahrt zum Flughafen Zürich war, um von dort nach China zu fliegen. Ich habe zugestimmt. Kardinal Ratzinger war erleichtert. In China wurde ich schmunzelnd mit den Worten begrüßt: „You are one of the three."

Gerechtigkeit und Barmherzigkeit

Der Hirtenbrief wird in viele Sprachen übersetzt, in vielen Zeitschriften diskutiert, weltweit von vielen Seelsorgern dankbar begrüßt, von anderen freilich auch kritisiert. Immerhin hatten die drei deutschen Bischöfe ein schwerwiegendes Problem offen angesprochen.

Rückblickend muss ich sagen, dass nicht alle unsere Vorschläge ausgereift waren. Vor allem das Verhältnis von Gewissen, Norm und kirchlichem Lehramt, von Zulassung und Hinzutreten bedarf weiterer Klärung. Auch das Verhältnis zum Bußsakrament haben wir nicht ausreichend bedacht.

In vielen Reaktionen wurde aber auch auf die Schwachpunkte in der Erklärung der Glaubenskongregation hingewiesen. Das pastorale Problem besteht nicht nur in unserer Diözese weiter, sondern auch anderswo und weltweit. Dass viele Pfarrer ihre eigenen Wege gehen, ist kein guter Zustand. Er weist, in dieser wie in anderen Fragen, auf ein „pastorales Schisma" in der Kirche hin, das der Glaubwürdigkeit nach innen und außen abträglich ist.

Im Jahr 1997 veröffentlicht Bischof Walter Kasper, ohne auf das konkrete Thema nochmals einzugehen, einen Aufsatz mit dem Titel „Gerechtigkeit und Barmherzigkeit". Er enthält „Überlegungen zu einer Applikationstheorie kirchenrechtlicher Normen". Der langjährige Dogmatik-Professor spricht von der Barmherzigkeit nicht als Alternative, sondern als Erfüllung der Gerechtigkeit, von dem Heil des Menschen als der Sinnbestimmung des Kirchenrechts, argumentiert mit Thomas von Aquin für die Tugend der Epikie als der höheren Gerechtigkeit und wirbt für eine vom Evangelium inspirierte kirchliche Rechtskultur.

Universal- und Ortskirche: Ein Disput mit Joseph Ratzinger
Schon bald sollte ein weiterer Konflikt folgen, ein theologischer Disput über das Verhältnis von Universal- und Ortskirche. Noch als Bischof veröffentlicht Walter Kasper 1999 in der Festschrift für Bischof Josef Homeyer „Auf eine neue Art Kirche sein" einen Vortrag, den er zuvor an der Theologischen Fakultät in Innsbruck gehalten hatte. Unter dem Thema „Zur Theologie und Praxis des bischöflichen Amtes" geht es ihm um die Theologie des bischöflichen Amtes, aber auch um seine Erfahrung als Bischof,

> ...der sich oft der Spannung gegenübersieht zwischen der Solidarität mit der universalen Kirche einerseits und der Solidarität mit den Erfahrungen und Problemen der Gläubigen andererseits. Ohne die Bedeutung der universalkirchlichen Gemeinschaft in irgendeiner Weise in Frage zu stellen, wollte ich zentralistischen Tendenzen entgegentreten und das vom Konzil betonte, relativ eigenständige Recht der Ortskirche zur Geltung bringen.

Kasper schreibt: „Das Verhältnis von Orts- und Weltkirche ist aus der Balance geraten." Er stützt sich auf einen der angesehenen Theologen des 20. Jahrhunderts, auf Henri de Lubac, der

von einem gegenseitigen gleichzeitigen Ineinander von Universal- und Ortskirche spricht. Das führt ihn zu einer kritischen Bemerkung über das Dokument der Glaubenskongregation von 1992 „Über einige Aspekte der Kirche als communio". Darin war von einem historischen und ontologischen Vorrang der Universalkirche vor der Ortskirche die Rede.
Die Kritik des Präfekten der Glaubenskongregation lässt nicht auf sich warten.

> Ich war gerade erst ein gutes halbes Jahr in Rom und kannte noch kaum jemanden. Am 27. Februar 2000 war ich das erste Mal bei einem Symposium, an dem die meisten Kardinäle und Bischöfe der römischen Kurie teilnahmen. Es ging um 35 Jahre Kirchenkonstitution „Lumen gentium". Kardinal Ratzinger hielt einen glänzenden Vortrag über das Mysterium der Kirche. Ein Drittel des Vortrags setzte sich unter ausdrücklicher Namensnennung kritisch mit meiner Position in dem genannten Artikel auseinander. Ich befand mich in einer schwierigen Situation; das war nicht der Empfang in der römischen Kurie, den ich mir gewünscht habe.
> Psychologisch half mir der Papst, der nach dem Vortrag kam und – ohne diesen zu kennen oder gar auf ihn einzugehen – mich in der vordersten Reihe sitzen sah und mich humorvoll-freundlich als Homo sinaiticus apostrophierte, weil ich ihn unmittelbar zuvor auf seiner Jubiläumswallfahrt auf den Berg Sinai begleitet hatte. Das war etwas Balsam auf meine Seele.

Der Vortrag von Kardinal Ratzinger wurde im „Osservatore Romano", in der „Tagespost" im vollen Wortlaut, später auch leicht gekürzt in der „Frankfurter Allgemeinen Zeitung" abgedruckt. Der Vorwurf des Kardinals war gewaltig; er besagte nicht weniger, als dass mit dieser Position das Geheimnis der

Kirche auf die menschlich empirische Dimension von Ortskirchen verlagert würde.

Wer die von Möhler inspirierte Ekklesiologie des neuen Sekretärs des Päpstlichen Einheitsrates kannte, musste staunen. Dass die Kirche eine Art Konföderation der vielen Ortskirchen sei, war ihm noch nie in den Sinn gekommen.

Eine Frage der Balance

Walter Kasper beschließt, zunächst in keine öffentliche Auseinandersetzung einzutreten. Doch bald kommen seine Mitarbeiter von Dialogen mit ökumenischen Partnern zurück, wo sie gefragt werden, was es denn mit dem neuen Sekretär auf sich habe. Auch in den inneren Zirkeln des Vatikans erregt die neuerliche Ratzinger-Kasper-Kontroverse Aufsehen.

So kommt es in den „Stimmen der Zeit" vom Dezember 2000 zu dem Beitrag „Das Verhältnis von Universalkirche und Ortskirche. Freundschaftliche Auseinandersetzung mit der Kritik von Joseph Kardinal Ratzinger".
Es folgen eine weitere Entgegnung von Kardinal Joseph Ratzinger und wiederum eine Antwort von Walter Kasper, der inzwischen, ungeachtet der Kontroverse, von Papst Johannes Paul II. zum Kardinal erhoben worden war.

Der Disput konnte die gröbsten Missverständnisse bald ausräumen. Das göttlich-menschliche Mysterium der einen Kirche „in und aus" den vielen Ortskirchen", die ihrerseits „in und aus" der universalen Kirche existieren, war und ist unsere gemeinsame Überzeugung. Die Akzente, die Denkform und wohl auch manche praktischen Konsequenzen blieben jedoch unterschiedlich. So handelte es sich am Ende um einen „Schulstreit" auf der gemeinsamen Basis kirchlicher Lehre. Auch der Kardinal gestand zu, dass auf der praktischen Ebene die rechte Balance zwischen dem Zentrum und den Ortskirchen immer wieder austariert werden muss.

Auch die neuerliche Auseinandersetzung zwischen den beiden deutschen Theologen bleibt der interessierten Öffentlichkeit nicht verborgen.

Bis heute werde ich immer wieder darauf angesprochen. Das zeigt, dass nicht nur ein theoretisches Problem angesprochen war, sondern eines, das auch praktisch und kirchenpolitisch vielen auf den Nägeln brennt und über das weiter nachzudenken sich lohnt.
Das Problem ist uns vom Konzil aufgegeben, scheint mir aber noch nicht ausdiskutiert zu sein. Auch ich selber habe seither weiterzudenken versucht und spreche inzwischen lieber von der einen Kirche Jesus Christi und den vielen Einzelkirchen. Dass die Kirche Jesu Christi die ecclesia una ist, ist im Glaubensbekenntnis klar ausgesprochen; es gilt also die Frage zu klären, dass und wie die vielen Einzelkirchen nicht nur ein Teil und eine Provinz der einen Kirche sind, dass in ihnen vielmehr die eine Kirche konkret anwesend ist, so dass sie, wenn sie sich isolieren, in ihrem ureigensten Kirchesein verletzt und verwundet sind.

Wahrscheinlich hat Papst Benedikt auch an diesen Disput gedacht, als er Kardinal Walter Kasper im März 2008 zu seinem 75. Geburtstag gratuliert. In dem Geleitwort, das der Papst zu der Festschrift beisteuert, spricht er von der Zusammenarbeit vieler Jahre, „in denen wir nicht immer der gleichen Meinung waren, aber uns stets gemeinsam auf dem Weg im Dienst für Christus und seine Kirche wussten".

VIII. Pilger und Konvertiten – Eine neue Evangelisierung

Nach dem Ausscheiden aus der Verantwortung als Bischof für eine Diözese hat bei dem Bischof und späteren Kardinal Kasper das Nachdenken über die Seelsorge in Deutschland nicht aufgehört. Er ist oft genug in Deutschland präsent und kann seine deutschen Erfahrungen mit den weltkirchlichen vergleichen.

Man streift das Bischofsein für eine Diözese nicht ab wie eine Jacke um in eine andere, vielleicht bequemere zu schlüpfen. So blieb ich der Situation meiner Diözese und der Entwicklung der pastoralen Situation in Deutschland verbunden.

Der Erfurter Bischof Joachim Wanke hat im Blick auf diese Situation im Jahr 2000 eine bemerkenswerte Feststellung getroffen: „Unserer katholischen Kirche in Deutschland fehlt etwas. Es ist nicht das Geld. Es sind auch nicht die Gläubigen. Unserer katholischen Kirche in Deutschland fehlt die Überzeugung, neue Christen gewinnen zu können. Das ist ihr derzeit schwerster Mangel. In unseren Gemeinden, bis in deren Kernbereiche hinein, besteht die Ansicht, dass Mission etwas für Afrika oder Asien sei, nicht aber für Hamburg, München, Leipzig oder Berlin."

Mission ist das A und O des Kircheseins. Die Kirche ist ihrer Natur nach missionarisch, heißt es in einem Text II. Vatikanischen Konzils. Das gilt nicht nur im Sinn der Mission in fremden Ländern, sondern auch bei uns.
Um missionarischer zu sein, müsste mehr religiöse Glut spürbar, mehr Überzeugung sein. Wir vertrauen zu viel auf moderne Methoden; sie können helfen, aber der Funke des

Glaubens springt nur über als Antwort auf gelebtes persönliches Zeugnis. Die deutsche Kirche ist zu sehr im Stil des Beamtentums strukturiert und zu sehr auf die Bewahrung des Überkommenen fixiert.

Neue Evangelisierung

In Deutschland wird seit nunmehr zehn Jahren über Geld und über Strukturen diskutiert. Eine geistliche Erneuerung ist in den meisten Bistümern nicht in Sicht.

Die neue Evangelisierung kann nicht anders geschehen als die erste. Sie ging aus von geistlichen Zentren, damals meist Klöster. Heute können das auch lebendige Mittelpunktpfarreien sein. Geistliche Zentren, die ausstrahlen, zu schaffen, scheint mir ein Gebot der Stunde zu sein.
Es geht auf die Dauer nicht, mehr oder weniger alle Pfarreien, die oft einer vergangenen soziologischen Struktur entsprechen, bestehen zu lassen und die seelsorgerliche Präsenz so auszudünnen, dass man einem Pfarrer die Verantwortung für fünf, sechs oder gar mehr Pfarreien überträgt. Man muss Mittelpunktpfarreien bilden mit einem intensiven kirchlichen Leben, mit geistlichen, katechetischen und sozialen Angeboten, wo man sich am Sonntag zur Eucharistiefeier versammelt und diese als Quelle und Höhepunkt des kirchlichen Lebens erfährt. Wortgottesdienste am Sonntag in kleinen und immer kleiner werdenden Gemeinden dagegen gehen an die Substanz des katholischen Kirchenverständnisses und können nicht die Lösung sein.
Die Seelsorge kann die Aufgabe eines Teams von Geistlichen und ehrenamtlichen Laien sein, die zusammen eine geistliche Atmosphäre schaffen, die dann ausstrahlen kann.
Eine lockerere Form des gemeinsamen Lebens würde auch die Lebensform Priester wieder attraktiver machen. Heute

sind viele auf sich alleine gestellt, junge Vikare müssen oft eine Art Zigeunerleben führen, Priester hetzen oft mit dem Auto von Sitzung zu Sitzung und am Wochenende von Gottesdienst zu Gottesdienst. So kann man nicht leben, so wird man auch keine jungen Männer und Frauen für einen Dienst in der Kirche begeistern können. Man muss Gemeinschaften bilden, da können auch Laien zugehören. Das schiene mir ein Modell zu sein.

Mittelpunktkirchen und Hauskirchen
Wie so oft genügte auch auf diesem Gebiet ein Blick der Kirche in die eigene Vergangenheit…

Der Kirchenvater Augustinus hat mit seinem Presbyterium gemeinsam gelebt, ähnlich Basilius von Cäsarea. Man muss nicht alles neu erfinden. Was sich bewährt hat, kann man in neuer Form verwirklichen.
So wie viele Pfarrer heute leben, alleine in einem Pfarrhaus, das abends dunkel ist, wenn man heimkommt – das ist kein sehr anziehender Lebensstil. In Lateinamerika und in Afrika habe ich an vielen Orten Aufbrüche dieser Art gesehen. Der Bischof hat eine große Tafel, an der gemeinsam gegessen wird, wo dann auch Gäste hinzukommen können, wie es mir selbst mehrfach passiert ist. Das schafft Zusammenhalt und führt aus Isolierung und Vereinsamung heraus.

Nach allem, was man weiß, wird sich die Zahl der Geistlichen in Deutschland in den kommenden Jahren so dramatisch verringern, dass man in vielen Diözesen froh sein kann, wenn es in einer Seelsorgeeinheit, einem Pfarreienverbund oder einem „pastoralen Raum" überhaupt noch Priester geben wird.

Um die Mittelpunktkirchen herum kann ein Netz von Hauskirchen wachsen. Auch das lehrt die Geschichte der frühen Christenheit. Sie sind schon im Neuen Testament bezeugt: Auf sie stützte sich etwa der Apostel Paulus, wenn er reiste. Aus dem 16. Kapitel des Briefs an die Gemeinde in Rom geht hervor, dass diese Hauskirchen sehr oft von Frauen geleitet wurden.

In der Geschichte der Kirche sind Hauskirchen nie verschwunden. In Russland und in China hat die Kirche die schrecklichsten Verfolgungen auf diese Weise überlebt. Im Pietismus hat sich diese Struktur, die auf die jüdischen Wurzeln des Christentums zurückgeht, in anderer Weise wieder ausgeprägt. Wenn man will, kann man auch von Basisgruppen, sofern diese kirchlich bleiben, sprechen; in Afrika spricht man von „little communities". Die Kunst eines Pfarrers oder Bischofs wird künftig darin bestehen, ein Netz von solchen „Hauskirchen" und religiösen Zentren zu knüpfen, sie am Evangelium zu orientieren und am Sonntag zur Eucharistie zusammenzuführen.

Auf der Schwelle

Der oft schmerzhafte Blick vieler Gemeinden zurück in eine vermeintlich bessere Vergangenheit und die Klage über das „nicht mehr" birgt eine doppelte Gefahr. Er stößt Suchende ab und verstellt den Blick auf neue Formen von Religiosität, selbst ausgesprochen christlichen Formen. So hat die französische Religionssoziologin Danielle Hervieu-Leger schon vor einigen Jahren den Gestaltwandel der westeuropäischen Kirche mit der Renaissance des Typs des „Pilgers" und der stärkeren Präsenz von „Konvertiten" beschrieben.

Das Bild des Pilgers ist vielschichtig. So kann man gegenwärtig eine Renaissance der Wallfahrten überall in Europa feststellen. Ich habe aber auch den Eindruck, dass viele Menschen auf einer inneren Wallfahrt, das heißt auf der Suche nach sich und nach Gott sind, und dabei nicht immer die Hilfe der Kirche erfahren. Die Pfarrgemeinden müssen sich prüfen, ob sie nicht eher einer geschlossenen Gesellschaft ähneln als Orte zu sein, an denen Sucher und Fragende willkommen sind. Das gleiche gilt für Menschen, die in ihrem Leben viele Umwege gemacht haben oder nach einer Zeit der Orientierungslosigkeit, zunächst vielleicht vorsichtig wieder nach einem Ort in der Kirche suchen – seien es Pilger, seien es Konvertiten.

Manche tragen zum Teil noch alte Vorstellungen von Kirche mit sich, die mit der Wirklichkeit nicht mehr übereinstimmen, und sind dann verstört, wenn sie merken, dass nicht nur sie sich entwickelt haben, sondern dass sich auch die Kirche verändert hat.

Manche stellen Fragen und suchen nach Gesprächspartnern, die ein Stück Wegs mit ihnen gehen und ihnen den Sinn des Lebens und des Glaubens erschließen, wie es den beiden Jüngern auf dem Weg nach Emmaus ergangen ist.

Von der Vorstellung einer Pilgerschaft im Glauben haben sich nicht nur viele Pfarrgemeinden verabschiedet, sondern schon die meisten Kirchenbaumeister des 20. Jahrhunderts. Während es in vielen alten Kirchen den Narthex, einen Raum des Übergangs zwischen drinnen und draußen gab, symbolisiert die Architektursprache der meisten modernen Kirchen, dass es nicht mehr drei, sondern nur zwei gibt: „drinnen“ oder „draußen“, aber nicht mehr „zwischen“ oder „auf der Schwelle“.

Die alten Basiliken trugen mit ihrem Narthex der Erfahrung Rechnung, dass es einen Zwischenraum zwischen Innen und Außen geben muss. Die Katechumenen und die Büßer

wurden nach dem Wortgottesdienst entlassen. Im modernen Kirchenbau trug man dieser Regel nicht mehr Rechnung. Dahinter steht die Überzeugung, dass es in der Kirche keine zwei Klassen von Gläubigen geben dürfe, alle müssen gleich sein, alle müssen zur Kommunion gehen dürfen.
Leider ist das Gespür, dass nicht alle, die am Gottesdienst teilnehmen, auch zur Kommunion zugelassen sein müssen, im Bewusstsein wie in der Praxis der meisten Gemeinden verschwunden, obwohl doch Paulus die Gemeinde in Korinth eindrücklich selbst zur Unterscheidung gemahnt hat.

Quelle und Höhepunkt
Solches Unterscheiden könnte auch ökumenisch weiterhelfen ...

Eine „innerkatholische" Unterscheidung würde nicht nur die Mitfeier der Eucharistie für viele etwas ferner stehende Katholiken leichter machen, sondern auch das ökumenische Miteinander erleichtern. In skandinavischen Ländern empfinde ich es immer als sehr schön, dass Nichtkatholiken, die am Gottesdienst teilnehmen, anstatt die Kommunion zu erbitten, um den Segen des Priesters bitten. Sie nehmen so teil, wie sie teilnehmen können und wollen.
Ich erinnere mich an eine der letzten Bischofssynoden. Am Vorabend des feierlichen Anschlussgottesdienstes in St. Peter kamen Delegierte anderer Kirchen zu mir und baten bei der Austeilung der Kommunion durch den Papst, mit vorgehen zu dürfen um den Segen des Papstes zu empfangen. Ich telefonierte kurz mit dem Päpstlichen Sekretär und erfuhr, der Papst würde das sehr gerne tun. Als sie dann vorgingen, schaute die ganze Kurie argwöhnisch und etwas aufgeregt, weil man meinte, der Papst solle in Verlegenheit gebracht werden. Als sie sich dann zum Segen hinknieten, war Erleichte-

rung zu spüren. Einige Kardinäle kamen nachher zu mir und bedankten sich für das schöne ökumenische Zeichen.

...was auch damit zu tun haben könnte, dass in vielen Gemeinden die Eucharistiefeier zur einzigen Form der Liturgie geworden und dadurch zwangsläufig mit Erwartungen überfrachtet wird.

Ich halte es für einen Verlust, dass über der berechtigten Betonung der Eucharistie als Höhepunkt kirchlichen Lebens andere Gottesdienstformen und die Feier der Sakramentalien weitgehend aus dem Alltag kirchlichen Lebens verschwunden sind. Ein Mittelpunkt ist ohnedies nur dann ein Mittelpunkt, wenn es einen Umkreis mit unterschiedlicher Nähe oder Entfernung vom Mittelpunkt gibt.
Wir Menschen sind auf Zeichen auch und gerade in unserem oft so weltlichen Alltag angewiesen. Viele solcher Zeichen haben eine gemeinschaftstiftende Kraft. Ich erinnere mich noch an meine eigene Kinder- und Jugendzeit, wo es eine reiche Welt von Symbolen und Zeichen gab, welche dem Zeitablauf einen Rhythmus und eine Struktur gaben. Viele Zeitgenossen suchen nach solchen Zeichen und finden sie oft außerhalb der Kirche, in New-Age-Bewegungen oder asiatischen religiösen Formen. Die Eucharistie ist für sie eine Hochform, zu der sie anfangs vielleicht noch keinen Zugang haben.
Man kann an vieles denken: Wort-Gottes-Feiern, Segensfeiern, Handauflegung, Tauferinnerung, Statio, Prozessionen, Meditationsangebote, auch der gemeinsam gebetete Rosenkranz. Vieles wird inzwischen ja auch ausprobiert. Es muss vielfältige Zugänge geben.

Zugang zur Eucharistie – das geschah in der alten Kirche und noch bis in die erste Hälfte des vorigen Jahrhunderts bei Getauften durch das Sakrament der Buße. Davon ist im normalen Gemeindeleben nur noch wenig übrig geblieben.

Noch in meiner Erstkommunionzeit sind die meisten Männer nur zweimal im Jahr zur Kommunion gegangen, an Ostern und an Allerheiligen, nachdem sie zuvor gebeichtet haben. Noch als junger Priester habe ich viele Stunden, vor den Feiertagen halbe Tage im Beichtstuhl zugebracht. Dass man einfach so und immer zur Kommunion geht, ist relativ neu und in der Ostkirche bis heute unbekannt. Man soll sich schon fragen: „Passt mein Leben zur Eucharistie?"

Man braucht und soll auch nicht zu der Praxis aus meiner Kinder- und Jugendzeit zurückgehen. Doch der weitgehende Verlust des Bußsakraments und der Buß- und Fastenpraxis ganz allgemein halte ich für einen schweren Verlust und für eine tiefe Wunde im gegenwärtigen kirchlichen Leben. Immer wieder neue Umkehr hat sehr viel mit dem Unterwegssein und Pilgercharakter des Lebens zu tun. Sie hat auch etwas Tröstliches, weil sie uns sagt, dass man sich eingestehen darf, dass man nicht perfekt und nicht am Ziel ist. Jeder, der gelegentlich zur Beichte geht, macht die Erfahrung, wie gut es tut, nicht alles in sich „hineinzufressen", sondern es auszusprechen und dabei glücklich zu erfahren, wie unendlich barmherzig, langmütig und großzügig Gott mit uns umgeht. Das hilft dann auch, mit anderen, die noch unterwegs sind, besonders mit jungen Leuten, verständnisvoll und barmherzig umzugehen.

Alles oder nichts

In einem zunehmend entkirchlichten Deutschland scheint das Bewusstsein für eine solch differenzierte Seelsorge nur langsam zu wachsen.

Im Blick auf das Drittel der Deutschen, die heute keiner Kirche mehr angehören, sollten wir weniger fragen, was bei denen falsch ist; wir müssen vielmehr uns fragen: „Was läuft bei uns nicht gut?" „Wo sind bei uns die Zugänge verstellt und versperrt?" Wollen wir überhaupt noch wachsen oder haben wir uns nicht allzu bequem mit denen, die da sind, eingerichtet?
Mir scheint, dass man sensibler für Zwischenstufen und eine Formenvielfalt sein müsste, im geistlichen Leben eines Einzelnen wie in der Gemeinde. Eine Haltung des „alles oder nichts" wird weder dem Wegcharakter des Lebens und der Situation der heutigen Gesellschaft, noch dem Wegcharakter des Glaubens und der Kirche gerecht.

Die Zahl der regelmäßigen Kirchenbesucher geht weiterhin zurück – was nicht allein mit der demographischen Entwicklung erklärt werden kann. Die katholische Kirche hat zwischen 1990 und 2006 mehr als 2,8 Millionen Mitglieder allein durch Austritte verloren.

Früher war es etwa üblich, dass alle sieben Jahre eine Volksmission stattfand. Diese bestand nicht nur aus großen Predigten und großem Zustrom zum Beichtstuhl. Die Missionare gingen auch in die Häuser und besuchten die sogenannten „Abständigen". Da wurde schon etwas in Bewegung gesetzt
Heute kennt man die Volksmission unter dem Namen Gemeindeerneuerung. Aber das ist nicht dasselbe, sondern richtet sich eher an die, die ohnehin dabei sind. Mittlerweile ist man in verschiedenen Großstädten wieder dazu übergegangen, etwa in Lissabon, Paris, Wien und Budapest, die Stadtmission in neuer Form wiederzubeleben, und – wie ich höre – mit beträchtlichem Erfolg.
Wir können nicht nur „Komm-her-Seelsorge" betreiben, wir brauchen auch und zuerst eine „Geh-hin-Seelsorge". Doch

> diese „nachgehende Seelsorge“ ist sehr in Vergessenheit geraten. Als ich Ende der fünfziger Jahre Vikar in Stuttgart war, habe ich alle Neuzugezogenen besucht. Da musste man Klinken putzen, auch wenn man nicht immer überall gleich willkommen geheißen wurde. Immerhin hat man auf diese Weise bekundet: Ihr seid bei uns willkommen; wir interessieren uns für euch.

Heute wären die meisten Gemeinden nicht nur über einen Vikar froh, der Klinken putzen ginge.

> Bei der heutigen Zahl der Priester kann die „nachgehende Seelsorge“ nicht allein Aufgabe des Priesters oder hauptamtlicher Mitarbeiter sein. Man kann ja auch Besuchsdienste in der Gemeinde einrichten, die vor allem in schwierigen Situationen „Kirche-sein-für-die-anderen“ zum Ausdruck bringen. Eine Kirche, die nicht wachsen will, nimmt ab und stirbt schließlich ab.

Dietrich Bonhoeffer hat schon im Jahr 1944 in seinen Briefen aus dem Tegeler Gefängnis geäußert, dass die westliche Moderne Züge einer „Welt ohne Gott“ annimmt. Er schreibt: „Was mich unablässig bewegt, ist die Frage, was das Christentum oder auch wer Christus heute für uns eigentlich ist ... wir gehen einer völlig religionslosen Zeit entgegen; die Menschen können einfach, so wie sie nun einmal sind, nicht mehr religiös sein ... Unsere gesamt 1900-jährige christliche Verkündigung und Theologie baut auf dem ‚religiösen Apriori‘ der Menschen auf ... ‚Christentum‘ ist immer eine Form (vielleicht die wahre Form) der ‚Religion‘ gewesen. Wenn nun aber eines Tages deutlich wird, dass dieses ‚Apriori‘ gar nicht existiert, sondern eine geschichtlich bedingte und vergängliche Ausdrucksform des Menschen war ... Wie kann Christus der

Herr auch für die Religionslosen werden? Gibt es religionslose Christen?“

Der Jesuit Alfred Delp hat in der Gestapohaft angesichts seiner Hinrichtung durch die Nazi-Schergen ähnliche Gedanken geäußert, die nachdenklich machen müssen, die aber weder im Sinn von Dietrich Bonhoeffer noch im Sinn von Alfred Delp besagen, dass es heute aussichtslos ist, Jesus Christus zu bezeugen. Ganz im Gegenteil! Bonhoeffer ging es darum zu sagen, dass man Gott nicht als Lückenbüßer-Gott verkünden kann, der als allmächtiger Deus ex machina dort eingreift, wo wir als Menschen am Ende sind. Für ihn hat die moderne Entwicklung mit diesem falschen Gottesbild aufgeräumt und damit Platz gemacht für den Gott der Bibel, der in seiner Ohnmacht in der Welt Macht und Raum gewinnt.
Bonhoeffer verweist auf das Kreuz, wo Gott in der Schwäche und Ohnmacht seine helfende und heilende Macht für uns zur Geltung gebracht hat. Er ist wie Delp der Überzeugung, dass der „Gott für uns” und das demütige stellvertretende Christsein und Kirchesein „für die anderen” die einzige Chance für das Christentum in der Welt von heute ist. „Das Leben Jesu Christi ist auf dieser Erde noch nicht zu Ende gebracht. Christus lebt es weiter in dem Leben seiner Nachfolger.“
Es ist lohnend, darüber nachzudenken, was dies für eine neue Sozialgestalt einer demütig sich darstellenden und einer dienenden Kirche bedeutet, die nicht durch weltliche Pracht und Macht, sondern durch ihren Dienst überzeugt.

IX. An der Kurie – im Dienst der Ökumene

Im Frühjahr 1999 hatte das Leben des Rottenburger Bischofs Kaspers eine ungeahnte Wendung genommen.

Der Apostolische Nuntius in Deutschland, der jetzige Kardinal Giovanni Lajolo, ließ mich zu sich nach Bonn rufen, um mir zu eröffnen, der Papst habe die Absicht, mich zum Sekretär des Päpstlichen Einheitsrates in Rom zu ernennen. Dass ich später auch Präsident dieses Rates werden könne, wurde erwähnt. Erst aber solle ich darüber nachdenken und bis in etwa zwei Wochen Bescheid geben.

Ein Römer?

Kasper hat nie in Rom studiert, kennt dort so gut wie niemanden, seine Italienischkenntnisse sind bescheiden.

Der Ruf ist ehrenvoll und auch verlockend, aber als alter Tübinger kann man sich nicht so recht vorstellen, ein „Römer" oder gar ein „Kurialer" zu werden. Die Antwort des Papstes auf meine Bedenken war kurz und bündig: „Diese Schwierigkeiten kann man überwinden."

Nachdem in der Diözese alles, was noch geregelt werden musste, geregelt ist, und an Pfingsten 1999 in Rottenburg und Stuttgart Abschied gefeiert wurde, geht's vom Neckar an den Tiber.

Eine Umstellung ist es schon, wenn man das Bischofshaus am Rand von Rottenburg, mit Sekretär und Assistent, zwei Sekretärinnen sowie den eigenen Dienstwagen samt Fahrer hinter sich lässt, um zunächst in einem Zimmer in der

„Villa Mater Dei", dem Haus der deutschen Bischöfe in Rom, Wohnung zu nehmen, morgens ins Büro zu gehen und auch am Samstag Dienststunden abzuleisten, was für die meisten Deutschen fast schon ein Sakrileg ist.

Die Dienstwohnung gleich gegenüber dem Petersplatz muss erst hergerichtet werden; die vielen Bücher können dort nur mit Not Platz finden. Zum Glück sind die Räume in Rom hoch, so dass hohe Regale eingebaut werden können.

Einen Garten und etwas Grün um das Haus, wie seit Kindertagen gewöhnt und auch in Tübingen und Rottenburg selbstverständlich, gibt es nicht. Dafür gibt es in Rom freilich, weiß Gott, viele Sehenswürdigkeiten.

Ein Umzug über die Alpen stellt auch noch vor andere und ganz praktische Probleme: Wer macht in Zukunft den Haushalt? Der Sekretär des Päpstlichen Einheitsrats lernt zwei amerikanische Schwestern kennen, die ihm von dem im gleichen Haus lebenden Kardinal Ratzinger und von Karl Lehmann empfohlen werden.

Die beiden „Sisters of Mercy" haben einige Jahre in Deutschland gearbeitet und sprechen gut deutsch, kochen aber – zum Glück – nicht amerikanisch, sondern italienisch. So kann wenigstens zu Hause neben englisch und italienisch vor allem deutsch geredet werden. Die beiden, die auch als Krankenschwestern arbeiten, tun alles, um „ihren Kardinal" – wie es bald heißt – von den alltäglichen Dingen zu entlasten. Bald bildet sich eine Familienatmosphäre heraus, in der auch die beiden leiblichen Schwestern immer herzlich willkommen sind.

Dafür, dass auch das schwäbische Idiom nicht ganz vergessen wird, sorgt der Privatsekretär Oliver Lahl, der als letzter Rottenburger Sekretär Kasper nach Rom begleitet hat und neben den dienstlichen Aufgaben die Kontakte mit der Heimatdiözese aufrechterhält.

Es kommen Besucher aus Deutschland, ich bin im Urlaub fast immer zu Hause und zu persönlicher Einkehr und zu Festtagen gerne bei den Benediktinern in Beuron im Donautal. Dazu kommen viele Einladungen, die ich längst nicht alle annehmen kann, zu Festgottesdiensten, zu Vorträgen, zu Katholikentagen und Jubiläen.

Besonders gefreut haben mich zwei Initiativen, die von Deutschland ausgingen. Da ist einmal die Vereinigung Unità dei Cristiani, welche meine Arbeit in Rom finanziell und auch moralisch unterstützt; ein rühriger oberschwäbischer Unternehmer, Andreas Maier, hat bei einem Rombesuch ökumenisch Feuer gefangen und hat sie daraufhin gegründet.

Später hat mein letzter Doktorand, George Augustin, eine Stiftung gegründet, die meinen Namen trägt, und welche von der Hochschule Vallendar aus nicht nur meine Gesammelten Werke beim Verlag Herder neu herausgibt, sondern auch versucht, Ideen und Geist meiner Theologie weiterzutragen und weiterzuentwickeln.

Eine tiefe Zäsur im Leben des 66 Jahre alten Bischofs ist der Umzug nach Rom gleichwohl.

Trotz dieses guten Umfelds war es mir anfangs fast zum Heulen, als ich sonntags keine Gemeindegottesdienste mehr feiern konnte. Sie hatten mir zuvor als Bischof soviel bedeutet. Auch sonst ist die priesterlich-seelsorgerliche Tätigkeit für Nichtitaliener in Rom sehr reduziert. Daran hoffe ich mich auch in Zukunft nie ganz gewöhnen zu können. Da schätzte ich mich glücklich, als Kardinal keine der altehrwürdigen Kirchen Roms als Titelkirche zu bekommen, sondern eine Pfarrkirche, Ognissanti an der Via Appia Nuova, mit einer sehr lebendigen Gemeinde, wo ich immer wieder willkommen bin.

Als Sekretär unter dem australischen Kardinal Edward I. Cassidy heißt es für den deutschen Bischof zunächst, ins Glied zurückzutreten.

Cassidy war ein sehr sympathischer Vorgesetzter, der als Nuntius schon auf vielen Auslandsposten tätig war. Ich fand gute und erfahrene Mitarbeiter vor. Mein Vorgänger, der verdienstvolle Pierre Duprey, führte mich kurz ein; im Untersekretär Eleuthero Fortino fand ich einen kundigen und erfahrenen Fachmann für die Fragen der Ostkirchen. Capo ufficio, Büroleiterin, war eine Dame, Paola Fabrizi; sie war seit dreißig Jahren im Einheitsrat tätig, mit Fortino zusammen dessen lebendes Gedächtnis und Tag und Nacht einsatzbereit. Sekretäre wurden später kurzfristig Marc Ouellet, inzwischen Erzbischof und Kardinal in Québec (Kanada), dann der Ire Brian Farrell. Über Ökumene wusste Farrell anfangs so gut wie nichts, aber er hat sich in kurzer Zeit formidabel eingearbeitet und ist ein absolut verlässlicher, umsichtiger und von allen geschätzter Mitarbeiter geworden.

Der Einheitsrat besteht aus 23 Mitarbeitern, die aus den verschiedensten Ländern und Kontinenten kommen und mehrere Sprachen sprechen, einer auch fließend russisch und einer fließend neugriechisch. Die Atmosphäre ist familiär.

Wie alle Räte, die in den vergangenen Jahrzehnten neu eingerichtet wurden, ist der Einheitsrat kein Organ der Administration, sondern der Promotion: Er soll nicht etwas schon Bestehendes verwalten, sondern das Wachstum von etwas Künftigem fördern. Die Tatsache, dass die Sachbearbeiter (officiali) mehrfach im Jahr zu Dialogen mit anderen Christen in alle Welt reisen, bewirkt, dass im Einheitsrat von selbst ein offener, dialogfreudiger Geist herrscht. So ist der Rat einem Schnellboot vergleichbar, das den großen und manchmal schwerfälligeren Tanker Kurie begleitet und unterstützt.

Die Kurie

Als Institution ist die römische Kurie die älteste noch bestehende Behörde der Welt.

Die römische Kurie ist nicht, wie man oft meint, ein seelenloser Apparat; sie besteht aus Menschen. Das heißt, dass es auch dort im doppelten Sinn des Wortes menschlich zugeht. Nicht wenige tun dort jahrzehntelang, ohne Aufhebens davon zu machen, selbstlos und hingebungsvoll nach besten Kräften ihren Dienst. Dass dies nicht von allen gleichermaßen gilt, dass manche gar sehr karrierebewusst sind, andere nicht unbedingt zu der Hälfte gehören, von denen Johannes XXIII. scherzhaft sagte, er hoffe, dass sie arbeiteten, ist überall so. Man kann nur staunen, wie die römische Kurie mit ungleich weniger Mitarbeitern als jede Regierungsbehörde, weniger auch als die großen deutschen Diözesen, dennoch effektiv arbeitet. Auch die manchmal belächelte Langsamkeit und das „sopra sedere“ kann sich positiv auswirken, wenn man sich Zeit nimmt und die Dinge reifen lässt, anstatt alles hektisch zu erledigen. Auf diese Weise hat die römische Kurie in ihrer langen Geschichte schon viele mächtige Reiche und politische Systeme überlebt.

Einen kritischen Blick auf die Kurie hat sich Kasper dennoch bewahrt.

Neben viel Erfahrungsweisheit haben sich auch Traditionen angesammelt, die nicht mehr in unsere Zeit passen. Papst Paul VI. hat bei der nachkonziliaren Kurienreform viele alte Zöpfe abgeschnitten und manchen barocken Pomp abgeschafft, von dem man hoffen kann, dass er nicht aus wirklichkeitsfremder Nostalgie wieder hervorgeholt wird. Doch noch immer herrscht um den Papst die Atmosphäre eines Hofes, was vermutlich auch der Papst, selbst wenn er will, nicht leicht ändern kann; denn gerade das ist es, was viele Besucher fasziniert und nicht wenige an der Kurie verinnerlicht haben. Doch anderen macht es Schwierigkeiten, darin die apostolische Gestalt des Petrusdienstes zu entziffern. Etwas mehr apostolische Einfachheit könnte man sich vorstellen.
Ein von vielen empfundener und beklagter Missstand ist der Mangel an Information, Koordination und Kooperation zwischen den einzelnen Dikasterien und der Informationsfluss zum Papst. Er geht – von einigen Kongregationen abgesehen – weithin durch den Flaschenhals des Staatssekretariats. Das bedingt eine Bürokratisierung der Abläufe, bei der oft die linke Hand nicht weiß, was die rechte tut. Dem könnte leicht durch regelmäßige gemeinsame Beratungen aller Leiter der einzelnen Dikasterien abgeholfen werden, wie es nicht nur in jeder Regierung und in jedem Unternehmen, sondern auch in den Bischöflichen Ordinariaten und Generalvikariaten in Deutschland ganz selbstverständlich ist. Der Papst hätte nach Anhörung der Meinung aller an einer Frage Beteiligten eine umfassende Informationsgrundlage, um seine Entscheidung zu treffen.
Von weit grundsätzlicherer Bedeutung scheint mir die Erneuerung des synodalen Prinzips in der Kirche zu sein. Es entspricht der bischöflich-kollegialen Wesensverfassung der Kir-

che und hat mit Demokratisierung nichts zu tun. Der Papst soll also keineswegs in die Rolle eines konstitutionellen Monarchen gedrängt werden, der repräsentiert, aber nicht regiert. Nein, er hat vom Herrn die Schlüsselgewalt erhalten und soll sie persönlich ausüben und souverän entscheiden können. Aber er soll – nach alter römischer Tradition wie nach der weisen Regel des hl. Benedikt – entscheiden nach Anhörung der Meinung seiner Mitbrüder. Einzelaudienzen von Bischöfen etwa bei den Ad-limina-Besuchen können eine solche gemeinsame Beratung mit offenem Meinungsaustausch über das Für und Wider einer Sache nicht ersetzen. Durch synodale Prozesse ließe sich auch die Gefahr einer Bürokratisierung vermeiden, bei der sich die Kurie als Kirchenregierung zwischen Papst und Episkopat schiebt, was als ekklesiologische Anomalie bezeichnet werden müsste.

An schönen Seiten des Lebens herrscht in Rom kein Mangel.

Woche für Woche kann man durch die zahllosen Pilger, Gäste und Touristen „Weltkirche life" erleben. Im Einheitsrat vergeht keine Woche, oft kein Tag, an dem nicht Bischöfe aus aller Welt, katholische Bischöfe wie Bischöfe anderer Kirchen, beim Hl. Stuhl akkreditierte Botschafter, Gruppen von katholischen und nicht-katholischen Pfarrern, Studenten und andere Interessierte zum Gespräch kommen und Nuntiaturberichte aus aller Welt eintreffen. Zwischendurch hört man auch schwäbische Töne, wenn als angenehme Abwechslung und manchmal als Überraschung gelegentlich Besucher aus Rottenburg vorbeischauen.

Ein Signal

Was 1999 besonders zählt, ist das Signal, das der zunehmend gebrechlicher werdende Papst Johannes Paul II. setzt: Die Berufung eines Ökumene-Fachmanns, der mit den aus der Reformation hervorgegangenen Kirchen wohlvertraut ist und als Theologe international Ansehen genießt, ist ein Signal, dass er ungeachtet aller Widerstände und Rückschläge an der Ökumene festhalten und ihr weiterhin Vorrang geben will.

Dieses Signal wurde in Rom auch so verstanden.

Ökumene-Kardinal

Am 22. Februar 2001, dem Fest Petri Stuhlfeier, erhebt der Papst den Sekretär des Einheitsrates zum Kardinal ernennt ihn gleich darauf zum Präsidenten des Einheitsrates. Souverän setzte sich der Papst über Bedenken wegen der andauernden Kontroverse über Universal- und Ortskirche hinweg. Unter den neuen Kardinälen sind auch Kaspers Lehrer Leo Scheffczyk und der langjährige Weggefährte Karl Lehmann.

Am Vorabend dieses wunderschönen Tages fand im Campo Santo Teutonico ein Empfang für die aus Deutschland angereisten Verwandten, Freunde und ehemaligen Kollegen aus dem Rottenburger Domkapitel und der Tübinger Fakultät statt. In Abwandlung eines bekannten Bibelwortes sagte ich in einer kurzen Begrüßungsansprache: „Was nützt es, Kardinal zu werden und dabei seine Seele zu verlieren?“ Ich wollte Mensch und Priester bleiben. Dass man in Rom als „Eminenz“ angeredet wird, muss man sich eben gefallen lassen. Die römischen Taxifahrer wissen es besser, wenn sie einen einfach als „padre“ anreden. Auch in der römischen Kurie setzt sich allmählich durch, „Signore Cardinale“, „Herr Kardinal“ zu sagen. Die wenig zeitgemäße barocke Farbenpracht der offiziellen Kleider wird eines Tages hoffentlich ebenfalls etwas bescheidener und einfacher werden.

Kardinal zu werden ist nicht nur eine Auszeichnung und Würde, sondern bringt eine besondere Verpflichtung zur Treue zu Jesus Christus und zur Kirche mit sich, besonders zum Nachfolger des Petrus und seinem Dienst der Einheit. Für einen „Ökumene-Kardinal", dem es um die größere Einheit der Kirche geht, setzt das letztere nochmals einen besonderen Akzent.

An dem römischen Lebensstil ändert sich nach der Kardinalsernennung kaum etwas. Aber die Verantwortung und die Verpflichtungen nehmen zu. Zur Arbeit im Einheitsrat kommt die Mitgliedschaft in anderen Dikasterien hinzu: der Glaubenskongregation, der Ostkirchen-Kongregation, den Räten für den interreligiösen Dialog, für die Kultur, für die Interpretation der Gesetzestexte, sowie in der Signatur, dem höchsten Verwaltungsgerichtshof.

Hinzu kamen auch bald zahllose Reisen in alle Welt. Sie sind anstrengend aber lohnend. Man kann Ökumene nicht nur am Schreibtisch oder nur bei Fachdialogen machen. Die ökumenischen Dokumente sind gewiss wichtig; aber sie sind Papier. An Pfingsten kam der Hl. Geist nicht in Form von Papieren, sondern in Form von Feuer. Das Entscheidende in der Ökumene sind neben dem Feuer des Hl. Geistes persönliche Beziehungen, persönliches Vertrauen und persönliche Freundschaft.
So hat sich mein Leben nochmals ziemlich radikal verändert. Es ist auf neue Weise interessant und spannend geworden. Es hat eine neue Dimension und Weite gewonnen. Ich durfte das Bewusstsein haben, mit meinen schwachen Kräften mitzubauen an der Zukunftsgestalt der Kirche und mitzuwirken an der Verwirklichung des Testaments, das Jesus uns am Abend vor seinem Leiden und Sterben hinterlassen hat, „dass alle eins seien."

X. Versöhnte Verschiedenheit? – Ökumene im 21. Jahrhundert

Nicht alle Facetten der Ökumene am Beginn des 21. Jahrhunderts sind Kasper von Beginn an vertraut. Im Dialog mit den orthodoxen und orientalisch-orthodoxen (vorchalzedonensischen) Kirchen hatte er noch keine Erfahrungen gesammelt. Dagegen war er mit der internationalen ökumenischen Diskussion mit den aus der Reformation hervorgegangenen Kirchengemeinschaften gut vertraut.

1967 hatte Kasper, noch als Münsteraner Dogmatiker, in Zürich den damaligen niederländischen Prälaten Jan Willebrands, den späteren Sekretär und Kardinal Präsidenten des Päpstlichen Einheitssekretariats (1988 zum Einheitsrat umbenannt) kennengelernt. Damals wurde der Dialog mit dem Lutherischen Weltbund eingeleitet. Kasper wurde katholischer Vorsitzender der ersten Dialogphase, welche 1971 mit der Erarbeitung des sogenannten Malta-Berichts „Das Evangelium und die Kirche" zu Ende ging.

> Dieser Bericht war, bei allen Schwächen, die einem solchen Anfang fast notwendigerweise anhaften, ein erster Durchbruch und ein Markstein im Dialog zwischen der katholischen Kirche und dem Lutherischen Weltbund.

Später arbeitet Kasper an den Dokumenten „Das Herrenmahl" (1978) und „Das Geistliche Amt in der Kirche" (1981) mit. 1979 wird der nunmehr in Tübingen lehrende Dogmatiker in den Kreis der Berater des Einheitsrates aufgenommen und Mitglied der „Kommission für Glaube und Kirchenverfassung" des Ökumenischen Rates der Kirchen. In dieser Eigenschaft unternimmt er 1982 seine erste Reise nach Lateinamerika, um in Lima (Peru) an der Schlussberatung und Schlussabstimmung über eines der wichtigsten ökumenischen Dokumente, der Konvergenzerklärung „Eine Taufe, eine Eucharistie, ein Amt" (Lima-Erklärung) teilzunehmen.

Im Jahr 1980 jährt sich zum 450. Mal der Reichstag zu Augsburg. Damals hatte Melanchthon mit dem Augsburger Bekenntnis nochmals einen Versuch unternommen, die Einheit der Kirche zu retten.

> So kam jetzt der Gedanke auf, ob nicht 450 Jahre später in einer völlig anderen Situation dieses Anliegen neu aufgegriffen und das Augsburger Bekenntnis als Bekenntnis des einen und gemeinsamen Glaubens ausgelegt werden könne. Man kam sich damals erstaunlich nahe.

Gemeinsame Erklärung

Eine neue Phase des ökumenischen Dialogs wird während des ersten Deutschlandbesuchs von Papst Johannes Paul II. im Herbst 1980 eingeleitet. In Mainz kommt es zu einer Begegnung zwischen dem Papst und Repräsentanten der EKD sowie der Deutschen Bischofskonferenz. Landesbischof Eduard Lohse, der Vorsitzende des Rats der EKD, trägt dem Papst einige konkrete Wünsche vor; Kardinal Ratzinger, damals Erzbischof von München und Freising, schlägt vor, die Kontroverslehren aus einer grundsätzlichen Perspektive anzugehen und die evangelischen Bekenntnisschriften und die Lehre des Trienter Konzils daraufhin zu befragen, ob und inwiefern die gegenseitigen Verwerfungen des 16. Jahrhunderts die heutigen Kirchen noch treffen. Der Papst stimmt zu. Die Arbeit wird dem Ökumenischen Arbeitskreis, wie der 1947 gegründete Jaeger-Staehlin-Kreis mittlerweile heißt, übertragen, dem auch Walter Kasper angehört. Aus diesem Kreis geht durch Einbeziehung reformierter Theologen eine „Gemeinsame ökumenische Kommission" hervor. Wissenschaftlicher Leiter von katholischer Seite ist Karl Lehmann, von evangelischer Seite Wolfgang Pannenberg.

Nach intensiver Arbeit kommen die evangelischen und katholischen Theologen 1986 zu dem Ergebnis: Vor allem die Verwerfungen in der Rechtfertigungslehre, die für die Kontroversen des 16. Jahrhunderts zentral war, treffen den heutigen Partner nicht mehr. Der Malta-Bericht, der 1972 veröffentlicht wurde, wird damit bestätigt. Ein Dokument des katholisch/lutherischen Dialogs in den Vereinigten Staaten, „Rechtfertigung durch den Glauben" (1983), war bereits zuvor zu demselben Ergebnis gekommen. Der Erarbeitung einer „Gemeinsamen Erklärung zur Rechtfertigungslehre" steht damit theologisch prinzipiell nichts mehr im Weg.

Der Weg zur Gemeinsamen Erklärung ist trotz allem noch lang und steinig. Walter Kasper, nun Bischof in Rottenburg, ist an der Arbeit nicht direkt beteiligt. Als der Text einer Gemeinsamen Erklärung nach intensiver Arbeit vorliegt, muss er durch die vatikanische Glaubenskongregation gebilligt werden. Deren Votum enthält nach einem generellen positiven Urteil im zweiten Teil viele kritische Einschränkungen.

Die Einlassung der Glaubenskongregation löste bei ökumenisch Engagierten helles Entsetzen aus. In der lutherisch-katholischen Dialog-Kommission, die in der Nähe von Oppeln (Schlesien/Polen) auf Einladung des Oppelner Bischofs Alfons Nossol unter meinem Vorsitz tagte, fiel die Stimmung auf den Nullpunkt und darunter.

Umgehend überbringt Bischof Nossol, der mit Papst Johannes Paul befreundet war, ein Memorandum, das Kasper erarbeitet hatte.

> Der Papst wurde sich der Tragweite der Situation bewusst und bat Kardinal Ratzinger, gewissermaßen an der Kongregation vorbei, um Vermittlung. Zusammen mit dem ihm gut bekannten bayerischen Landesbischof und früheren Präsidenten des LWB Johannes Hanselmann suchte er nach einem Weg, um die Gemeinsame Erklärung zu retten.

Binnen Jahresfrist wird mit dem Lutherischen Weltbund ein Zusatzdokument, die „Gemeinsame offizielle Feststellung" mit einem erläuternden Anhang erarbeitet, welche die nach katholischer Meinung erforderlichen „Präzisierungen" enthält und auch den Vorbehalten aus dem LWB Rechnung trägt.

> Man muss die „Gemeinsame Erklärung" genau lesen. Sie stellt Übereinstimmung in Grundfragen der Rechtfertigungslehre fest, so dass die historischen gegenseitigen Verwerfungen nicht mehr zutreffen. Es handelt sich also nicht um einen vollen, sondern um einen differenzierten Konsens, der Grundwahrheiten, nicht jedoch „die" Grundwahrheiten betrifft. Fortbestehende Unterschiede werden als Unterschiede in der Sprache, der theologischen Ausgestaltung und der Akzentsetzung und als „tragbar" bezeichnet. Ausdrücklich wird gesagt, dass unter anderem das Verhältnis von Wort Gottes und Kirche, die Lehre von der Kirche und der Autorität in ihr, von ihrer Einheit und vom Amt weiterer Klärung bedürfen.

Besiegelt wird der „magnus consensus" am Reformationsfest, dem 31. Oktober 1999, in der Augsburger St. Annakirche. Nach der Unterzeichnung durch Kardinal Edward I. Cassidy und Landesbischof Christian Krause, dem Präsidenten des LWB, und ihrer eigenen Unterschriftsleistung umarmen sich der Generalsekretär des LWB, Ismael Noko, und Bischof Walter Kasper, seit wenigen Monaten Sekretär des Einheitsrates. Die Spannung löst sich, Beifall brandet auf. Das Fest in der Kirche setzt sich auf den Straßen der Stadt als Volksfest fort.

Die Unterzeichnung der Gemeinsamen Erklärung ist ein Höhepunkt und zugleich der Punkt, an dem der Zenit der bisherigen Entwicklung überschritten wird.
Sie war Höhepunkt, weil sie das wichtigste Ergebnis der bisherigen Dialoge verbindlich zusammenfasste. Das Verhältnis von Lutheranern und Katholiken erhielt dadurch eine neue Qualität, beide waren sich nun, mehr als das bei anderen reformatorischen Gemeinschaften der Fall ist, freundschaftlich zugetan. Man kann also nicht sagen, die Gemeinsame Erklärung habe zu nichts geführt. Sie hat bewirkt, dass die Beziehungen zwischen Katholiken und Lutheranern enger und intensiver wurden.

In einer Pressekonferenz hatte Kardinal Ratzinger darauf bestanden, dass die Einigung zwischen dem Lutherischen Weltbund und der katholischen Kirche nicht alle Fragen, sondern nur Grundfragen umfasse. Er sprach auch die unterschiedliche Kirchenverfassung an, aufgrund derer man sich nicht sicher sein könne, wie weit der „synodale Konsens" innerhalb des Lutherischen Weltbundes trage.

Beide Einschränkungen waren und sind in der Sache richtig. Der LWB ist keine Kirche und kann nur insoweit handeln, als er durch die Synoden seiner Mitgliedskirchen ermächtigt ist. So konnte der Weltbund einen „magnus consensus" feststellen, doch die auf die Unterzeichnung folgenden Einwände von lutherischer Seite zeigten, wie fragil dieses Fundament ist.

Bald nach der Unterzeichnung machte sich auf evangelischer Seite auch Enttäuschung breit.

> Nicht nur die in der Sache berechtigten Einschränkungen von Kardinal Ratzinger trugen dazu bei. Enttäuscht war man vor allem darüber, dass aus der Gemeinsamen Erklärung keine ekklesiologischen Konsequenzen, vor allem nicht die offene Kommunion wenigstens in bestimmten Fällen folgten.
> Während für Lutheraner die Rechtfertigung das Kriterium des Ganzen ist, ist sie nach katholischer Auffassung im Zusammenhang anderer Kriterien zu sehen. Der alte Verdacht kam wieder auf, dass es sich im katholischen-protestantischen Dialog nicht nur um Einzelunterschiede, sondern um eine Fundamentaldifferenz handele. Viele evangelische Theologen distanzieren sich öffentlich von der Erklärung.

Die katholische Kirche steht nach wie vor zu der Gemeinsamen Erklärung. Papst Benedikt XVI. hat sich seit seiner Wahl im April 2005 mehrfach auf dieses Dokument bezogen und von einem Meilenstein auf dem Weg zur Einheit der Christen gesprochen.

> Auch wenn wir die Grenzen des erreichten Konsenses klar sehen, rücken wir von dem einmal Erreichten nicht ab. Freilich erlitten die ökumenischen Hoffnungen auch von katholischer Seite einige kräftige Dämpfer.

Wachsende Verstimmung

Mitten im Jubiläumsjahr 2000, das von Seiten des Papstes ganz auf Bekundung ökumenischer Gemeinsamkeit ausgerichtet war, veröffentlicht die Glaubenskongregation am 30. Juni eine „Erklärung zum Begriff der ‚Schwesterkirchen'. Am 6. August erscheint das Dokument „Dominus Jesus“.

Hauptanliegen von „Dominus Jesus" war die Betonung der Einmaligkeit und Universalität Jesu Christi. Das war gegen Tendenzen im interreligiösen Dialog gerichtet, welche die einmalige und universale Bedeutung Jesu Christi relativierten. Da beides auch ein fundamentales evangelisches Anliegen ist, hätte aus dem Dokument ein willkommenes ökumenisches Dokument werden können.
Doch sprach es nicht nur von der Einmaligkeit Jesu Christi, sondern auch von der Einmaligkeit der Kirche Jesu Christi, die in der katholischen Kirche „subsistiert". Die aus der Reformation hervorgegangenen Kirchen wurden als Kirchen „nicht im eigentlichen Sinn und als kirchliche Gemeinschaften" eingestuft. Das hat zu erheblicher Verstimmung und zur Abkühlung der ökumenischen Beziehungen geführt.

Der christliche Orient

Nicht weniger schwierig stellte sich für den neuen Sekretär und bald darauf Präsidenten des Einheitsrates die Situation im Dialog mit den Ostkirchen dar. Für Walter Kasper ist das zunächst Neuland.

Ich musste mich erst in Geschichte, Theologie und Spiritualität des christlichen Orients einarbeiten, was mich bereicherte und innerlich immer mehr gefangen nahm.

Die ersten Kontakte mit den orthodoxen Kirchen wurden während des Konzils mit den orthodoxen Konzilsbeobachtern geknüpft. Im Januar 1964 treffen sich nach vielen Jahrhunderten in Jerusalem wieder ein Papst und ein ökumenischer Patriarch, Papst Paul VI. und der Ökumenische Patriarch Athenagoras. Die Briefe, die zwischen ihnen ausgetauscht wurden, werden 1971 unter dem bezeichnenden Titel „Tomos agapis" („Buch der Liebe") veröffentlicht.

Am vorletzten Tag des Konzils waren die gegenseitigen Exkommunikationen von 1054 aus dem Gedächtnis der Kirche getilgt worden. Nach Vorgesprächen und dem Besuch von Papst Johannes Paul II. in Konstantinopel im November 1979 findet 1980 schließlich die erste Plenarsitzung der Gemischten theologischen Kommission auf Patmos und Rhodos mit prächtigen Feiern statt.

Die Beziehungen verbessern sich so sehr, dass der Ökumenische Patriarch Bartholomäus I. auf Einladung von Papst Johannes Paul II. am Karfreitag des Jahres 1994 am römischen Kolosseum die Kreuzweg-Meditation hält. Im selben Jahr äußert Johannes Paul in dem Apostolischen Schreiben „Tertio millennio adveniente" die Hoffnung, dass bis zur Jahrtausendwende die Einheit erreicht oder wenigstes nahe sei. In der Enzyklika „Ut unum sint" (1995) zieht er eine positive Bilanz des Gesprächs mit der Orthodoxie.

Doch in der Zwischenzeit hatte sich auch in den Dialogen mit dem Osten die Stimmung gedreht. Die politische Wende von 1989/90, die den orthodoxen Kirchen Osteuropas die Freiheit brachte, brachte auch Freiheit für die katholischen Ostkirchen, die unter dem kommunistischen Joch besonders gelitten haben. Alte Wunden und Feindseligkeiten brachen neu auf. Besonders in der Ukraine und in Rumänien forderten die griechisch-katholischen Kirchen die von den Kommunisten enteigneten und an die Orthodoxen übergegangenen Kirchen zurück, manchmal leider auch mit Gewalt. Viele griechisch-katholische Christen, die zwischenzeitlich bei den Orthodoxen Unterschlupf gefunden haben, kehren zur griechisch-katholischen Kirche zurück. Die Orthodoxen reagierten empört und sprachen von einem neuen Uniatismus, also dem Versuch, Teile der orthodoxen Kirchen von ihren Mutterkirchen zu lösten und in Gemeinschaft mit Rom zu bringen. Ausgerechnet die neue Freiheit führt nun nicht zur Verbesserung, sondern zur Krise der ökumenischen Beziehungen.

Streitfall Uniatismus

Mitten in diesen dramatischen Umbrüchen findet in Freising 1991 eine Sitzung der internationalen Kommission statt.

Ein bereits für die Diskussion vorbereitetes Papier musste zur Seite gelegt werden, um die entstandene Situation zu diskutieren. Es ging heiß her.

Zwei Jahre später verständigt sich die Kommission in Balamand (Libanon) auf eine pragmatische Einigung in der Frage des sogenannten Uniatismus; doch sie wird nicht von allen orthodoxen Kirchen angenommen. Sie verlangen, die ekklesiologischen und kirchenrechtlichen Konsequenzen weiter zu klären. Als es in Baltimore-Emmitsburg im Jahr 2000 endlich wieder zu einer gemeinsamen Sitzung kommt, gerät diese zum Fiasko.

Es war die erste Sitzung, an der ich, damals noch als Sekretär, teilnahm. Sie wurde zur schlimmsten ökumenischen Erfahrung, die ich je gemacht habe. Von Dialog konnte keine Rede sein. Eine Übersetzerin, eine mir von vielen früheren Konferenzen bekannte Lutheranerin, kam auf mich zu und sagte, sie wolle nicht länger übersetzen. Man rede heutzutage doch nicht mehr von Papisten.
Inmitten einer solchen Stimmung war an ein klärendes neues Dokument zu der schwierigen Frage des Uniatismus nicht zu denken. Der Dialog wurde nicht abgebrochen, aber auch keine Fortführung beschlossen. Die beiden Delegationen sagten nur, sie wollten ihren Kirchen berichten. Bis zu einem Neuanfang sollten fünf Jahre vergehen.

Auch um die Beziehungen zu den orientalisch-orthodoxen Kirchen steht es am Anfang der römischen Zeit Kaspers alles andere als gut. Vorausgegangen waren freundliche Besuche koptischer, syrischer und armenischer Patriarchen in Rom; die christologischen Kontroversen, die im 5. Jahrhundert zur Trennung geführt hatten, waren nach Vorarbeit durch die von Kardinal Franz König ins Leben gerufene Stiftung „Pro Oriente" in Wien durch gemeinsame Erklärungen des Papstes und des koptischen wie des syrischen Patriarchen ausgeräumt.

Nach rund 1500 Jahren Trennung war das ein großer Schritt nach vorne. Doch dann kam es zu persönlichen Missverständnissen mit der koptischen Kirche. Die Dialoge gerieten ins Stocken; es lief nichts mehr.

Die Bilanz des von Papst Johannes Paul II. ökumenisch angelegten Jubiläumsjahres 2000 ist trotz der großartigen Eröffnungsfeier in St. Paul vor den Mauern am Ende negativ. Ein Neubeginn ist nötig, sowohl mit den Kirchen des Ostens als auch mit der Christenheit, die aus der Reformation hervorgegangen ist.

Papst Johannes Paul II. lässt sich durch die Schwierigkeiten nicht entmutigen.

Er wusste, dass es mit einer bloßen ökumenischen Diplomatie nicht getan ist, schon gar nicht mit einer Wischiwaschi-Ökumene.

Der Dogmatiker und Bischof Walter Kasper soll es richten.

Bis zu meiner Berufung nach Rom hatte ich zwar vielfältige ökumenische Kontakte geknüpft und viele Gespräche geführt, aber ich hatte bis dahin nie grundsätzlich und systematisch über ökumenische Theologie und ihre Methode nachgedacht. Das musste jetzt nachgeholt werden.

Je katholischer, desto ökumenischer

Die frühe Beschäftigung mit Johann Adam Möhlers „Symbolik" (1832) war dafür eine vorzügliche Vorbereitung.

Möhler war kein Mann der alten Polemik und Kontroverstheologie, war aber ebenso kritisch gegen einen Irenismus, der die bestehenden Unterschiede verharmloste oder „vergleichgültigte". Das letztere wäre für ihn keine Vereinigung im Glauben gewesen, sondern im Unglauben. Er wollte sich nicht mit privaten theologischen Meinungen auseinandersetzen, sondern den Dialog auf der objektiven Grundlage der Symbole, also der verbindlichen Glaubensbekenntnisse der anderen Kirchen führen. Daher trägt sein Hauptwerk den Titel „Symbolik".

In seinem Frühwerk „Die Einheit in der Kirche" (1825) hatte Möhler im Anschluss an seinen Lehrer Johann Sebastian Drey eine Perspektive entwickelt, die mir heute wieder neu und bedenkenswert erscheint. Vereinfacht ausgedrückt: Die Häresie ist nicht einfach bare Unwahrheit; sie enthält eine Teilwahrheit; häretisch wird diese erst, wenn sie aus dem Ganzen herausgerissen, einseitig herausgestellt und verabsolutiert wird. Umgekehrt steht aber auch die Kirche, welche die Häresie bekämpft, in der Gefahr, ihrerseits einseitig zu werden, wenn sie das Legitime, das in der Häresie steckt, nicht mehr sieht und ausschließlich den Gegensatz zur Häresie herausstellt. Katholischsein heißt dann: nicht evangelisch sein, Evangelischsein: nicht katholisch sein. In diesem Sinn hat es in der alten Kontroverstheologie Verengungen gegeben, die das II. Vatikanische Konzil wieder aufzulösen begonnen hat,

indem es berechtigte Anliegen der Reformatoren aufgegriffen und wieder ins Ganze des katholischen Glaubens aufgenommen hat. Die katholische Kirche ist dadurch nicht ärmer, sondern reicher, nicht protestantisch, sondern mehr katholisch geworden.
Die ökumenische Theologie des 20. Jahrhunderts geht also nicht mehr, wie die alte Polemik und Kontroverstheologie, vom Trennenden aus, sondern von dem weit größeren Gemeinsamen. Sie betrachtet die anderen als Brüder und Schwestern im gemeinsamen Glauben. Auf der Grundlage des Gemeinsamen will sie die Unterschiede nicht verharmlosen, sondern sie erst einmal richtig einordnen, Missverständnisse abbauen, die jeweils anderen Position erst einmal verstehen und versuchen, die Unterschiede konstruktiv zu überwinden, indem man Einseitigkeiten abbaut und das an der anderen Position Berechtigte in die eigene Position zu integrieren versucht. Im Bild gesprochen: Die Brücken zwischen den Konfessionen sind weitgehend zerstört, aber die Pfeiler, auf denen man aufbauen und von denen aus man aufeinander zu bauen kann, sind stehengeblieben. Da gilt es anzusetzen.

Gemeinsames Bekenntnis, Unterschiede im Glauben

Kaspers Projekt trägt bald einen Namen: Bekenntnisökumene, die in einen Konsens der Bekenntnisse mündet.

Es geht in der Ökumene also nicht darum, sich auf einem niedrigen gemeinsamen Nenner zu beschränken. Das wäre für alle Beteiligten ein Verarmungsprozess. Um ein Bild aus der Musik zu gebrauchen: Das Ergebnis wäre keine Symphonie, kein Zusammenklang, sondern eine langweilige Dudelmusik.
So schwebte mir immer deutlicher eine Bekenntnisökumene vor, die auf dem gemeinsamen Bekenntnis aufbaut, die

sich gegenseitig Bekenntnis gibt vom je eigenen Glaubensbekenntnis und so im Dialog auf einen künftigen Konsens im Bekenntnis hinarbeiten will. Ich sehe nicht, wie es zu einer so verstandenen Konsensökumene eine Alternative geben kann. Wenn es nicht um Konsens gehen soll, worum sonst? Wir sollen ehrlich sowohl zu unserem gemeinsamen Bekenntnis zu Jesus Christus wie zu unseren Unterschieden im Glauben stehen; auf der gemeinsamen Grundlage sollen wir einander Zeugnis geben von unserem katholischen, evangelischen oder orthodoxen Glauben. Es geht also weder um ökumenische Gleichmacherei, noch um eine Ökumene der Profile oder um eine Differenzökumene. Auf der Basis des Gemeinsamen sollen und können wir einander ein Segen sein und so zur ganzen Fülle des Katholischen heranreifen. Das ist keine Rückkehrökumene, sondern Ökumene nach vorne.

Für eine so verstandene Bekenntnisökumene sind ökumenisch und katholisch keine Gegensätze, sondern gehören zusammen.

Das Ökumenischsein ist ein wesentliches und unabdingbares Element des Katholischseins. Es gilt: Je katholischer, umso ökumenischer, aber auch: je ökumenischer umso katholischer.

Diese Haltung hat Folgen für die Theologie.

Wenn katholisch und ökumenisch so zusammengehören, dann kann die ökumenische Theologie kein Sondergebiet neben der übrigen Theologie sein; sie ist dann eine durchgängige Dimension jeder Rede von Gott. Theorie und Methode des ökumenischen Dialogs sind darum keine anderen als die der Theologie insgesamt. Darum gelten für die ökumenische Theologie die gleichen strengen wissenschaftlichen Anforderungen wie für die Theologie überhaupt. Das Neue an der ökumenischen Theologie ist, dass sie die Konsensprozesse, die für die katholische Theologie insgesamt maßgebend sind, auf die anderen Kirchen und Kirchen-gemeinschaften ausweitetet und sie in den theologischen Diskurs einbezieht. In diesem Sinn ist Ökumene eine Baustelle für die Kirche von morgen.

Einheit und Vielfalt
Kircheneinheit wirkt auf manche abschreckend. Sie sehen darin Freiheit und Vielfalt in Gefahr.

Die eine Kirche von morgen wird keine Einheitskirche sein. Katholizität bedeutet „Fülle", in dem Sinn, wie Paulus die Einheit der Kirche als Einheit in der Fülle unterschiedlicher Geistgaben sieht. So kann die Einheit der Kirche nur eine Einheit in der Vielfalt und eine Vielfalt in der Einheit sein.
Will man dies als versöhnte Verschiedenheit bezeichnen, dann kommt alles darauf an, wie man das Wort Verschiedenheit versteht. Es ist keine ehrliche Lösung, Gegensätze, die Widersprüche sind, einfach nebeneinander stehenzulassen. Versöhnung geschieht jedoch dort, wo ursprüngliche Gegensätze in einem gemeinsamen Bekenntnis aufgehoben werden, indem man sie als Aspekte desselben einen Glaubens begreift, der letztlich in ein Geheimnis mündet. Nur wenn jeder im Glauben des anderen auch den eigenen Glauben erkennen kann, ist wahre Versöhnung geschehen.
Diese Einheit kann man nicht „machen", man kann sie weder geschickt organisieren noch durch diplomatische Verhandlungen erreichen; man kann sie auch nicht in theologischen Gesprächen ausklügeln. Sie ist nur als Geschenk des Geistes Gottes und durch ein erneuertes Pfingsten möglich.

Das Herz der Ökumene ist darum die geistliche Ökumene wie sie vor allem der Lyoner Abbé Paul Couturier (1881–1953) grundgelegt hat. Dazu gehört zweierlei: zum ersten innere und äußere Umkehr, mit der jeder einzelne und jede Kirche bei sich selbst anfangen muss. Ohne Umkehr keine Einheit. Zum anderen gehört dazu das Gebet um die Einheit, das sich das Gebet Jesu am Abend vor seinem Tod zu eigen macht, dass alle eins seien. Als Gebetsbewegung und in Gebetsgruppen hat die ökumenische Bewegung schon am Ende des 18. Jahrhunderts begonnen, nur als solche kann sie im 21. Jahrhundert Zukunft haben.

Ungleiche Geschwister

Für Kardinal Kasper sind das nicht nur abstrakte Überlegungen; als Sekretär und Präsident des Einheitsrats muss er ihnen Taten folgen lassen. Dabei muss er sich auf den Konsens in der Kirche stützen und sich um solchen Konsens immer wieder bemühen.

Abstimmung ist zunächst innerhalb der Kurie notwendig. Die Apostolische Konstitution „Pastor bonus" (1988) schreibt vor, dass der Päpstliche Einheitsrat in Lehrfragen in enger Zusammenarbeit mit der Glaubenskongregation zu arbeiten hat. Das ist von der Sache her notwendig, denn selbstverständlich können Kirche und Kurie in Glaubensfragen nur mit einer Stimme sprechen. Trotzdem ist diese Zusammenarbeit und diese Abstimmung nicht immer leicht.

Die Kurie ist nicht der einheitliche Block, als den man sie sich oft vorstellt, wenn man „den Vatikan" von außen betrachtet. Es gibt in der Kurie nicht nur – was natürlich und selbstverständlich ist – Akteure, mit verschiedenem persönlichen und kulturellen Hintergrund, aus unterschiedlichen theologischen Schulen, mit unterschiedlichen Meinungen darüber, was hier und heute pastoral und kirchenpolitisch das Richtige ist, es gibt auch unterschiedliche, institutionell bedingte Gesichtspunkte unter den einzelnen Dikasterien.

Vor allem zwischen der Glaubenskongregation und dem Einheitssekretariat und späteren Einheitsrat gibt es seit dessen Gründung im Jahr 1960 immer wieder Spannungen.

Das liegt weniger an den Personen als in der Natur der Sache: Beide Dikasterien haben den einen und denselben Glauben zu bezeugen, beide haben dabei jedoch unterschiedliche Aufgaben und setzen unterschiedliche Akzente. Die Glaubenskongregation denkt und spricht lehrmäßig, der Einheitsrat dialogisch. Die Unversehrtheit und Reinheit des Glaubens zu bewahren ist eine Seite, den Glauben mit anderen kirchlichen Traditionen lebendig ins Gespräch zu bringen, die andere. Beides ist kein Gegensatz, sondern es handelt sich um unterschiedliche Akzente und unterschiedliche Betrachtungsweisen.
Sie können und sollen sich ergänzen, können aber auch miteinander in Konflikt geraten, entweder wenn der Dialog nicht hinreichend auf die verbindliche Lehre Rücksicht nimmt oder sie gar verletzt, oder wenn auf der anderen Seite kein Verständnis für die Eigengesetzlichkeit und Eigendynamik des Dialogs, keine Erfahrung mit der ökumenische Problematik und keine Offenheit dafür gegeben sind. Da den rechten Weg zu finden, geht oft nur über Auseinandersetzungen.

Die beiden Dikasterien sind nicht auf gleicher Augenhöhe.

Der Einheitsrat ist gehalten, in Glaubensfragen mit der wesentlich älteren Schwester, der Glaubenskongregation, zusammenzuarbeiten, Diese versteht sich noch immer als die

Suprema Congregatio und ist nicht gerne bereit zu einer institutionellen Zusammenarbeit, welche über die Mitgliedschaft des Präsidenten des Einheitsrates in der Glaubenskongregation hinausgeht. Dort hat der Präsident des Einheitsrates eine, aber eben nur eine Stimme neben anderen.
Während des Pontifikats von Johannes Paul II. hatte ich immer kurzfristig Zugang zum Papst und konnte die ökumenischen Gesichtspunkte direkt vortragen. Manche ökumenisch nachteilige Entscheidung konnte dadurch aufgehalten oder abgemildert werden. Umgekehrt haben Anmerkungen der Glaubenskongregation auch schon öfters zu Verbesserungen oder zu größerer Ausgewogenheit von Texten geführt. Das Gespräch und die Auseinandersetzung lohnen sich also.

Geistliche Ökumene

Das für den Päpstlichen Einheitsrat vor allem zuständige und entschei-dende Gremium ist ebenfalls nach „Pastor bonus" die Vollversammlung (Plenaria). Sie setzt sich zusammen aus vom Papst ernannten Kardinälen und Bischöfen aus aller Welt, darunter auch die Leiter der Dikasterien, mit denen der Einheitsrat in engster Verbindung steht: der Glaubens-kongregation, der Ostkirchenkongregation und dem Rat für den inter-religiösen Dialog.

Die Vollversammlung tritt in der Regel alle zwei Jahre zusammen. Dann wird über die geleistete Arbeit berichtet und die künftige Ausrichtung beraten. Am Schluss würdigt der Papst die getane Arbeit und gibt grundsätzliche Orientierung für den weiteren Weg.

Mir ging es von Anfang an darum, in der Plenaria die ökumenische Arbeit auch theologisch zu klären. So lautete das Thema der ersten Vollversammlung unter meiner Leitung im Jahr 2001: Communio. Dieser Begriff hatte sich in allen Kirchen und kirchlichen Gemeinschaften als ökumenischer

Schlüsselbegriff durchgesetzt; Einheit wird als communio-Einheit verstanden. Doch darunter wird Unterschiedliches verstanden. Es ging also darum, das katholische communio-Verständnis klarzustellen, das sich von dem in der evangelischen Ökumene gängig gewordenen Verständnis von Kirchengemeinschaft unterscheidet. Die katholische Zielbestimmung der ökumenischen Bewegung lautet: Communio im einen Glauben, denselben Sakramenten und im einen apostolischen Amt.

Zwei Jahre später geht es um das – wie das Konzil sagt – Herz der Ökumene, die geistliche Ökumene.

Dieses Thema wurde vom Jahr 2003 an zentral für die Arbeit des Einheitsrates; es strahlte zunehmend aus auf die ökumenischen Partner und den Weltrat der Kirchen. Besonders wurde es anlässlich des 100. Jahrestages des Weltgebetstags für die Einheit der Kirche im Januar 2008 aufgegriffen. Nach und nach wird man sich wieder bewusst, dass die ökumenische Bewegung letztlich einem spirituellen Impuls entspringt und nur aus ihm heraus fruchtbar werden kann.

Im Jahr 2004 begeht der Einheitsrat den vierzigsten Jahrestag des Ökumenismusdekrets „Unitatis redintegratio" mit einem großen akademischen Symposium. Neben den Mitgliedern der Vollversammlung sind alle Vorsitzenden der Ökumenekommissionen der Bischofskonferenzen der Welt, ökumenische Fachleute sowie ökumenische Partner nach Grottaferrata in der Nähe Roms eingeladen.

Es wurden Licht und Schatten der ökumenischen Entwicklung der zurückliegenden 40 Jahre bilanziert, Perspektiven für die Zukunft entworfen und ganz allgemein die Theologie der Ökumene vertieft. Besonders ergreifend war es, wie der bereits sehr geschwächte Papst während des abschließenden Vespergottesdienstes in St. Peter mit letzter Kraft sein ökumenisches Vermächtnis vortrug. Da war absolut nichts von Resignation oder Skepsis zu spüren, ein mutiger Blick nach vorne bestimmte seine Predigt.

Die beiden jüngsten Vollversammlungen, in den Jahren 2006 und 2008, beschäftigen sich mit den neuerlichen Umbrüchen in der Ökumene und suchen in der veränderten Situation einen gangbaren und verantwortlichen Weg nach vorne.

2006 geschah das noch tastend und zögernd, weil bei den meisten Mitgliedern das entsprechende Problembewusstsein noch nicht vorhanden war, 2008 dann sehr realitätsbezogen-nüchtern und vorwärtsweisend.

Die Vollversammlung 2008 steht im Zeichen einer Anregung des überaus angesehenen evangelischen Ökumenikers Harding Mayer. Eine sogenannte „In-via-Erklärung“ soll vorbereitet werden, die das glücklich Erreichte wie die offenen, in Zukunft noch zu behandelnden Fragen festhält.

So wollen wir in diesem Harvest-Projekt, wie es intern genannt wird, wie mit einem großen Erntewagen die Früchte der wichtigsten internationalen Dialoge einfahren und dann das Dreschen und Mahlen des Korns nicht vergessen, d.h. jeweils die noch offenen Fragen herausarbeiten. Auf diese Weise hoffen wir zu einer klaren Ortsbestimmung zu kommen und die Frage beantworten zu können: Wo stehen wir? Und: Wie kann es weitergehen?
Auch in Zukunft gilt: Die Kunst ökumenischer Praxis besteht darin, die grundsätzlichen Überlegungen wie Samenkörner

auf dem Boden der vielgestaltigen Realität auszustreuen, damit sie dort gute Früchte hervorbringen können. Nur: Wir können den Samen ausstreuen und die zarten Pflänzchen auch etwas begießen, aber – wie schon der Apostel Paulus schrieb – das Wachstum muss ein anderer geben.

Weltweite Kontakte

In die Zeit zwischen solchen Konsultationen fallen vielfältige Kontakte mit den Ortskirchen, sei es durch zahlreiche Reisen, sei es durch die ebenso zahlreichen Besucher aus aller Welt. An erster Stelle unter den Besuchern stehen die Bischöfe, die regelmäßig alle fünf Jahre zu den Ad-limina-Besuchen nach Rom kommen.

Zuvor schicken sie jeweils einen ausführlichen schriftlichen Bericht, den sie dann mündlich erläutern und ergänzen; anschließend wollen die Bischöfe vom Einheitsrat wissen, was er tut und wie er die ökumenische Situation einschätzt. Aus beidem ergibt sich meist ein lebendiges brüderliches Gespräch und eine gegenseitige Ermutigung.

Nimmt man die Berichte der Nuntien über aktuelle Ereignisse sowie die Gespräche mit vielen Besuchern und die vielen Dialoge, zu welchen die Mitarbeiter regelmäßig in alle Welt reisen, zusammen, dann darf man ohne Überschätzung sagen, dass der Einheitsrat über die ökumenischen Vorgänge in der Weltkirche insgesamt gut informiert ist. Das manchmal geäußerte Urteil, er lebe und rede fernab der Realitäten, ist ein Vorurteil, das selbst fernab der Realität ist.

Die wichtigste und prominenteste dieser Konsultationen findet während einer Versammlung aller Kardinäle (Konsistorium) am 23. November 2007 statt. Auf Anregung von Papst Benedikt XVI. soll ein halber Tag dem Thema Ökumene gewidmet werden. Am Ende nehmen die Beratungen fast einen ganzen Tag in Anspruch.

Gleich zu Beginn stellte der Papst klar, es gehe nicht um die Frage „Ökumene: Ja oder Nein?“, der Auftrag Jesu und die Aussagen des letzten Konzils seien klar. Zur Debatte könne nur das Wie und der konkrete Weg der Ökumene stehen.
In einem ausführlichen Bericht konnte ich einen Überblick über den Stand der verschiedenen Dialoge geben: den Dialog mit den östlichen Kirchen, den Dialog mit den Kirchengemeinschaften, die direkt oder indirekt aus der Reformation kommen, und den Dialog mit den neueren charismatischen und pfingstlerischen Bewegungen. Der Bericht wurde von den Kardinälen dankbar aufgenommen. Das Vertrauen und der Wille zum ökumenischen Engagement wurden bestärkt, die ökumenische Option des Konzils bestätigt. Der Einheitsrat erhielt die Rückendeckung, Bestätigung und Unterstützung durch das weltweite Kardinalskollegium. Die Arbeit kann also weitergehen.

XI. Liebe und Wahrheit – das katholisch-orthodoxe Gespräch

Nach der Krise der neunziger Jahre, in die der Dialog sowohl mit den orthodoxen wie mit den orientalisch-orthodoxen Kirchen geraten war, gilt es für den neuen Präsidenten des Einheitsrates, mit viel Geduld und Überzeugungskraft die Kontakte wiederherzustellen und verlorenes Vertrauen wiederzugewinnen.

Das ist weit mehr als ökumenische Diplomatie, es ist eine zutiefst geistliche Aufgabe, bei der es gilt, den Sinn für das, was wir als Kirchen gemeinsam haben und was weit mehr ist als alles, was uns trennt, neu zu wecken und das Ziel der Einheit, das uns Jesus Christus vorgegeben hat, neu einladend und verpflichtend vor Augen zu stellen.
Wer sich dieser Aufgabe stellt, der merkt schnell: Der christliche Osten ist eine faszinierende, aber auch eine andere Welt. Yves Congar hat es so formuliert: „Alles, oder fast alles, ist gleich, und doch ist alles verschieden." Man teilt die Glaubensbekenntnisse des ersten Jahrtausends, feiert dieselben Sakramente, verehrt dieselben Heiligen des ersten Jahrtausends und hat eine gegenseitig anerkannte bischöfliche Kirchenverfassung. Dennoch sind nicht nur der Ritus der Liturgie, sondern auch Theologie und Spiritualität, Kultur und Mentalität und vor allem die Geschichte des zweiten Jahrtausends verschieden.
Wer die Welt des Ostens verstehen will, muss dessen Geschichte und die aus der Geschichte kommenden Belastungen und Sensibilitäten kennen. Die Ostkirchen haben ein viel längeres Gedächtnis als wir, die wir meist viel zu kurzatmig und kurzfristig denken und handeln. Man darf auch

das Selbstbewusstsein der Orientalen nicht unterschätzen. Lateinische Überheblichkeit und Besserwisserei hat da schon viel Porzellan zerschlagen. Wie in jedem Dialog kommt man auch im Dialog mit den Orientalen nur weiter, wenn man die ihnen gebührende Wertschätzung ehrlich zum Ausdruck bringt. Geschieht dies, dann kann ein warmherziges, freundschaftliches, menschliches Verhältnis entstehen, ohne das ein fruchtbarer Dialog über die Probleme, die zwischen uns stehen, nicht möglich ist.

Das II. Vatikanische Konzil hat klar gesagt, dass die Kirchen des Ostens und des Westens das von den Aposteln übernommene Erbe von Anfang an auf verschiedene Weise aufgenommen und ausgelegt haben; trotzdem bestand Kirchengemeinschaft. Doch dann setzte aus Mangel an gegenseitigem Verständnis und Liebe ein Prozess der gegenseitigen Entfremdung ein. Weltliches Denken zog ein und gewann die Vorherrschaft. So gab es trotz Kirchengemeinschaft schon im ersten Jahrtausend vielerlei Spannungen und Spaltungen.

Das Schisma des Jahres 1054 war zunächst eines von vielen; es wurde damals nicht als Bruch zwischen der Kirche des Ostens und des Westens verstanden. Aber der Prozess geistiger und politischer Entfremdung zwischen Ost und West war inzwischen so weit fortgeschritten, dass daraus ein bis heute fortdauerndes Schisma wurde.

Viel einschneidender als die Ereignisse des Jahres 1054 war die Eroberung und Zerstörung von Konstantinopel während des vierten Kreuzzugs im Jahr 1204 und die Einsetzung eines Lateiners als Patriarch. Papst Johannes Paul II. hat sich bei seinem Besuch in Athen im Jahr 2001 für die damaligen Greueltaten entschuldigt.

In jener Zeit kam der Spruch auf: Lieber der Turban der Türken als die Mitra der Lateiner.

Das IV. Laterankonzil (1215) und das II. Konzil von Lyon (1274) zeigten, dass die Beziehungen zwischen Ost und West nicht abgebrochen waren; aber von einem gegenseitigen Verständnis konnte kaum mehr die Rede sein.

Ein weiterer Einschnitt war das Konzil von Florenz (1439–45). Die Griechen brauchten die Unterstützung der Lateiner. So stimmten sie nach eingehenden Beratungen einem Primat Roms zu, wenn dabei auch die Rechte der Patriarchen gewahrt würden. Doch das Volk war auf diese Einigung nicht vorbereitet und wies sie zurück. Immerhin feierten Griechen und Lateiner gemeinsam die letzte Eucharistie in der Hagia Sophia vor der Eroberung Konstantinopels durch die Osmanen und dem dadurch besiegelten Untergang des oströmischen Reiches im Jahr 1453.
In Einzelfällen gab es sakramentale Gemeinschaft bis ins 18. Jahrhundert. Doch nach dem Konzil von Trient wurde die westliche Kirchenspaltung zunehmend analog auch auf das Verhältnis zwischen Ost- und Westkirche übertragen. Auf beiden Seiten kam es zu einem exklusiven Kirchenverständnis. Als sich Teile der orthodoxen Kirchen von ihren Mutterkirchen lösten, um in eine Gemeinschaft mit Rom zu treten, säte dieser sogenannte Uniatismus vollends Misstrauen, Abneigung und Hass. Das I. Vatikanische Konzil schien mit der Dogmatisierung des Jurisdiktionsprimats und der Unfehlbarkeit des Bischofs von Rom den Bruch endgültig zu dogmatisieren.

Bande der Brüderlichkeit

Der „Dialog in der Liebe und in der Wahrheit" nach dem II. Vatikanum will den Prozess der zunehmenden Entfremdung umkehren und einen Prozess der Annäherung und Wiederversöhnung einleiten. Doch nach Anfangserfolgen ist 1989/90 das Problem des „Uniatismus“ wieder da und alte Wunden brechen wieder auf.

So gilt es, den Dialog nochmals neu aufzunehmen.

Das ökumenische Patriarchat spielt dabei eine herausragende Rolle. Die jährlichen gegenseitigen Besuche durch hohe Delegationen zum Fest der Apostel Petrus und Paulus in Rom und zum Fest des hl. Andreas in Konstantinopel lassen den Gesprächsfaden nicht abreißen.

1995 kommt der Ökumenische Patriarch Bartholomäus I. selbst zu einem Besuch nach Rom, ist beim Gottesdienst in St. Peter anwesend, spricht gemeinsam mit dem Papst auf griechisch das Glaubensbekenntnis, tauscht den Friedensgruß aus und zeigt sich anschließend mit dem Papst zusammen auf der Loggia von St. Peter.

Johannes Paul II. wird nicht müde, Pastoralbesuche in Ländern mit orthodoxer Mehrheit zu machen. Der Besuch in Rumänien im Jahr 1999 bildet den aufsehenerregenden Auftakt.

Papst und Patriarch nahmen gegenseitig am Gottesdienst des anderen teil. Am Schluss ruft die Menge: „Unitade, unitade.“ Es folgten Georgien, das Hl. Land, Syrien, Armenien, die Ukraine, Griechenland und Bulgarien. Der Präsident des Einheitsrats begleitet den Papst jeweils.

Allen diesen Ländern gelten im Anschluss eigene Besuche des Präsidenten des Einheitsrates, der außerdem Russland und Serbien besucht. Umgekehrt kommen orthodoxe und orientalisch-orthodoxe Patriarchen und Metropoliten zu Besuch nach Rom.

Man mag dies als Besuchsdiplomatie bezeichnen; in Wirklichkeit ist es ein geistlicher Prozess, in dem mit viel Geduld die Bande der Brüderlichkeit neu gefestigt werden und die Bereitschaft, ja die Sehnsucht zur Wiederaufnahme des Dialogs geweckt wird.

Kardinal Kasper versucht immer wieder klar zu machen, dass ein isoliertes Gespräch über den Uniatismus (ein Begriff, den die mit Rom unierten Kirchen ohnedies als Schimpfwort verstehen) nicht weiterführt.

Ich habe immer dafür geworben, dieses Problem im größeren ekklesiologischen Zusammenhang zu behandeln. Die mit Rom unierten Ostkirchen haben sich ja von den orthodoxen Mutterkirchen getrennt, um mit Rom in voller Gemeinschaft zu stehen. Deshalb ist die Frage des sogenannten Uniatismus zutiefst mit der Frage des Primats verbunden.
Zunächst muss man daher fragen, was volle kirchliche communio meint und welche Rolle dabei dem Petrusamt zukommt. Nur in diesem größeren Zusammenhang kann man auch die Frage des ekklesiologischen Status der mit Rom verbundenen Ostkirchen klären.

Eine ganz normale Familie

Kurz nach dem Pontifikatswechsel im Jahr 2005 gelingt es dem Ökumenischen Patriarchat, die anderen orthodoxen Kirchen von der Möglichkeit und der Notwendigkeit einer Wiederaufnahme des theologischen Dialogs zu überzeugen. Das Pontifikat Benedikts XVI. wird auch von den orthodoxen Kirchen als Chance zu einem neuen Anfang begriffen.

Der Dialog mit den orientalisch-orthodoxen Kirchen war schon früher wieder in Gang gekommen. Nach den vorausgegangenen Verstimmungen und Verletzungen brachte ein Besuch Kaspers in der neuen Funktion des Sekretärs des Einheitsrates bei Papst-Patriarch Schenuda III. und bei der koptischen Kirche in Kairo den Durchbruch.

Auch mit dessen „rechter Hand“, dem Metropoliten Anba Bishoi, konnte ich in persönlichen Begegnungen ein Verhältnis des Vertrauens, ja allmählich sogar der Herzlichkeit aufbauen. Der Besuch des Papstes in Kairo im Jubiläumsjahr 2000 auf dem Weg zum Sinaikloster tat ein weiteres. Aber es dauerte noch bis 2003, bis der Dialog wirklich beginnen konnte, diesmal in einer neuen Konstellation. Kopten, Syrer, Armenier, Äthiopier und Eritreer verstehen sich jetzt als eine Familie von altorientalischen Kirchen; sie wollten den Dialog mit der katholischen Kirche gemeinsam führen. Aber wie in einer normalen Familie ist die Einmütigkeit nicht immer perfekt.

Die theologischen Gespräche gehen anfangs mühsam voran; manchmal ist die Verständigung nicht nur sprachlich schwierig.

Manchmal müssen geradezu groteske Missverständnisse überwunden werden. Da muss man sich mit einer guten Portion Geduld wappnen. Doch allmählich wächst Vertrauen und Vertrautheit. Dann zeigen sich in den meisten Fragen des Glaubens überraschende Gemeinsamkeiten.

Nach neun Sitzungen, einige davon in Rom, außerdem in Kairo, Etchmiadsin (Armenien) und Damaskus, zeichnen sich die Konturen eines gemeinsamen Dokumentes über die Kirche als communio ab: „Nature, Constitution and Mission of the Church“.

Für mich sind diese Begegnungen bewegend. Seit eineinhalb Jahrtausenden sind wir als Kirchen voneinander getrennt;

isoliert und unter vielerlei Verfolgungen und Schwierigkeiten lebten diese orientalisch-orthodoxen Kirchen – von uns aus gesehen – am Rand, aber manche von ihnen in den Ursprungsländern der Christenheit. Die Syrer sprechen in der Liturgie die Sprache Jesu, aramäisch. Heute haben diese Kirchen im vorderen und mittleren Orient kein leichtes Leben und sind dringend auf unsere Hilfe und unser Gebet angewiesen.
Aber sie haben in all diesen Schwierigkeiten über die Jahrhunderte hinweg den apostolischen Glauben und die sakramental-bischöfliche Verfassung bewahrt. Darauf sind sie mit Recht stolz. Sie sind in ihrer Kultur und ihrer Sprache sehr verschieden und machen auf den ersten Blick einen archaischen Eindruck. Aber schnell entdeckt man: es sind lebendige Kirchen. Die Wüstenklöster in Ägypten etwa sind voll von jungen Mönchen, von denen die allermeisten zuvor akademische Grade erworben haben. In der Jugend-, Sozial- und kulturellen Arbeit entfalten die orientalischen Kirchen heute vielfältige Aktivitäten.

So verschieden die Kirchen, so verschieden auch die Stellung in ihrer jeweiligen politischen und religiösen Umwelt.

Das Verhältnis zu den Muslimen ist in Ägypten und neuerdings im Libanon gespannt. In Syrien geht es völlig entspannt und friedlich zu. Als im Juni 2008 in Damaskus das Paulusjahr eröffnet wurde, hat ausgerechnet der Großmufti Ahmad Badr-ed-din Hassoun die begeisterndste, allerdings auch die längste Rede gehalten.
Nicht weniger spannend ist es, wenn man den Thomaschristen in Kerala (Indien) begegnet, besonders wenn man an dem Dialog teilnimmt zwischen der syro-malankarischen orthodoxen Kirche einerseits und der syro-malankarischen katho-

lischen Kirche sowie der weit größeren syro-malabarischen Kirche, die in Gemeinschaft mit Rom steht, aber mit der lateinischen Kirche in Indien nicht immer harmoniert. In dieser Zerstückelung der indischen Christen begegnen wir unserer eigenen europäischen Geschichte, nämlich den Folgen der portugiesischen Kolonialisierung, die mit verständnislosen, die Menschen zum Widerstand reizenden Latinisierungsversuchen verbunden war und in Spaltungen endete.

Gegenwärtig redet man viel von Globalisierung; doch die wird meist unter den reichen Nationen ausgemacht. In der Ökumene dagegen findet eine Globalisierung der Herzen im gemeinsamen Glauben statt. In diesem Sinn kann man die Ökumene auch als eine Art von Friedensbewegung bezeichnen. Dass sie nach so langer Zeit der Unabhängigkeit dieser altehrwürdigen Kirchen nicht rasch vorangehen kann ist selbstverständlich. Dennoch, wenn man sich mit viel Geduld wappnet und sich in verstehender Liebe übt, ist Hoffnung angebracht.

Russische Vorbehalte

Der Dialog mit den orthodoxen Kirchen steht unter dem Vorbehalt, dass die Beziehungen zwischen dem Vatikan und zum russisch-orthodoxen Patriarchat und damit zur numerisch größten orthodoxen Kirche auf eine neue Grundlage gestellt werden. Seit 1990/91 waren sie durch die Uniatismusfrage in der Ukraine schwer belastet, doch es sollte noch schlimmer kommen.

Als Papst Johannes Paul II. im Februar 2002 auf Bitten der katholischen Bischöfe in Russland die vier auf dem Boden der russischen Föderation bestehenden Apostolischen Administraturen zu Diözesen erhob und sie zu einer Kirchenprovinz zusammenfasste, eskalierte die Krise.

Von Rom aus gesehen handelte es sich um einen reinen Ver-

waltungsakt, der faktisch nichts änderte und den russischen katholischen Christen außer einer formalen Rangerhöhung pastoral nichts brachte. Doch das Moskauer Patriarchat konnte darin nur katholischen Expansionismus, den Versuch zu Proselytismus und die Verletzung seines kanonischen Territoriums erkennen und reagierte entsprechend hart. Auch der Ökumenische Patriarch Bartholomaios sah darin eine Verletzung der kanonischen Ordnung.
Im Nachhinein wird man sagen müssen, dass man die Sache auch besser und rücksichtsvoller ins Werk hätte setzen können und sollen. Vorhergehende Konsultationen und eine zeitigere Information wäre besserer ökumenischer Stil gewesen, der wohl manches erspart hätte.

Am meisten haben die katholischen Gemeinden in Russland zu leiden.

Im ganzen Land wurde eine antikatholische Kampagne entfacht mit öffentlichen Beschimpfungen, Demonstrationen und sogar Vandalismus. Einem Bischof und vier Priestern wurde während dieser Zeit das Visum entzogen. Meine für den 21. Februar 2002 geplante und mit dem Patriarchat fest abgesprochene Reise nach Moskau, meine erste als Präsident des Einheitsrates, war nicht mehr willkommen und musste abgesagt werden.

Nur informell kann Kasper fortan mit dem Leiter des Außenamtes des Moskauer Patriarchats, Metropolit Kyrill, in Rom, Genf und Aachen in Kontakt treten.

Die Gespräche waren alles andere als leicht. Die unterschiedlichen Standpunkte konnten nicht überwunden werden; aber immerhin halfen diese Gespräche, den Kontakt nicht abbrechen zu lassen und den Standpunkt des jeweils anderen besser zu verstehen.

Besuch in Moskau

Der neue Nuntius in Moskau, Erzbischof Antonio Mennini, erreicht, dass die russische Bischofskonferenz für Februar 2004 eine mit dem Patriarchat abgesprochene Einladung zu einem Besuch in Moskau aussprechen kann.

Zunächst war es mir eine Freude, in der erneuerten katholischen Kathedrale in Moskau Immaculata Conceptio zu zelebrieren. Meine frühere Diözese Rottenburg-Stuttgart hatte einen beträchtlichen Beitrag zu ihrer Sanierung geleistet. Aber das Gespräch mit den katholischen Bischöfen war nicht leicht. Als ich die in der vatikanischen Erklärung „Pro Russia" enthaltenen Grundsätze des Hl. Stuhls über die Aufgabe der katholischen Kirche in Russland darlegte, die Pastoral für Katholiken und Zusammenarbeit mit der orthodoxen Kirche, gegenüber Orthodoxen aber respektvolle Zusammenarbeit und keine direkte Mission vorsahen, herrschte betretenes Schweigen. Die Verheißung von Fatima, Russland werde sich bekehren, war öfters in dem Sinn missverstanden worden, Russland werde sich zum Katholizismus bekehren.

Ob es zu einer Begegnung mit dem Moskauer Patriarchen Alexij II. kommen würde, ist zunächst nicht klar.

Als es dann dazu kam, erwartete mich eine Überraschung. In dem Empfangsraum, der mir von zwei früheren Begegnungen, das erste Mal als Bischof von Rottenburg-Stuttgart, das zweite Mal zusammen mit Kardinal Edward I. Cassidy, bekannt war, warteten etwa 20 Journalisten. Das war nicht abgesprochen. Nach einer kurzen Begrüßung konfrontierte mich der Patriarch in Gegenwart der Journalisten in russischer Sprache mit den bekannten Vorwürfen wegen der Errichtung der Diözesen, aber auch mit einer Tatsache, von der ich erst einen Tag zuvor flüchtig gehört hatte, dass nämlich ein katholischer Priester die Errichtung eines Karmels für Schwestern plante. Die klausurierten Schwestern wollten nur beten, aber der Patriarch sah auch darin einen Versuch des Proselytismus.

Als er nach gut 20 Minuten mit seiner „Begrüßung" fertig war, wollte ich antworten, doch man schickte sogleich die Journalisten aus dem Raum; sie sollten die Anklage, aber nicht meine Antwort hören. Obwohl innerlich nicht nur befremdet, sondern sehr erregt, versuchte ich ruhig zu bleiben. Ursprünglich wollte ich mich aus dem Italienischen übersetzen lassen, doch um in der schwierigen Situation präzis sein zu können, sprach ich deutsch; mein Mitarbeiter konnte mühelos aus beiden Sprachen ins Russische übersetzen. Punkt für Punkt ging ich auf die Vorwürfe ein. Am Schluss sprach der Patriarch immerhin von einer Zusammenarbeit in Europa gegen laizistische Strömungen und von einer möglichen Zusammenarbeit im akademischen Bereich.

Ich war danach tief enttäuscht, doch der Moskauer Erzbischof Kondrusiewicz und Nuntius Mennini, die mich begleitet hatten, beurteilten die Lage realistischer. Sie werteten in die Tatsache positiv, dass überhaupt ein Gespräch auf dieser Ebene zustande gekommen war; die Tatsache, dass Metropolit Kyrill am Abend zusammen mit Mitarbeitern zu einem Empfang in die Nuntiatur kam, war sogar ein positives Signal dafür, dass die Konfrontation zu Ende ging.

Zwischen allen Stühlen

Für Kardinal Kasper soll die Reise nach Moskau ein Nachspiel in Rom haben.

Als ich nach Hause kam, wurde ich von Ukrainern der griechisch-katholischen Kirche mit Vorwürfen überschüttet. Selbstverständlich hatte ich die Reise mit dem Papst und dem Staatssekretariat abgesprochen; unmittelbar vor Reiseantritt hatte ich Kardinal Lubomir Husar in einem einstündigen persönlichen Gespräch ausführlich informiert. Trotzdem wurde nun der Vorwurf geäußert, ich hätte über den Kopf der griechisch-katholischen Kirche hinweg mit Moskau verhandelt. Sogar die Studenten des ukrainischen Kollegs in Rom erlaubten sich, einen unfreundlichen, um nicht zu sagen ungehörigen Protestbrief zu schreiben. Im Hintergrund stand der Verdacht, ihre Kirche würde auf dem Altar der Ökumene geopfert.
Die Vorwürfe waren barer Unsinn. Ich hatte mir zwar die Vorwürfe Moskaus über die „Unierten" in der Ukraine anzuhören, dann aber ihr Existenzrecht verteidigt, also wie immer für sie gesprochen. Später hat Kardinal Husar sein Bedauern über diese Reaktionen ausgedrückt. Man war falschen Informationen aus Moskau auf den Leim gegangen.

Der Vorgang zeigte, dass nicht nur zwischen Rom und Moskau ein Konflikt schwelte, sondern auch innerhalb der katholischen Kirche.

Ich befand mich zwischen den Stühlen – ein Platz, der im Licht des Evangeliums nicht der schlechteste ist.

Im Gefolge des Besuches des Papstes in der Ukraine im Juni 2001 hatte Kardinal Husar Papst Johannes Paul II. im Namen der Bischöfe der griechisch-katholischen Kirche gebeten, in der Ukraine ein griechisch-katholisches Patriarchat zu errichten.

Der Papst hatte die Leidenszeit dieser Kirche in der Zeit der stalinistischen Verfolgung und Unterdrückung nicht verges-

sen und war der Meinung: Sie haben es verdient, ja, sie haben ein Recht darauf.
Am 6. Februar 2003 wurde zu diesem Thema eine Versammlung aller Kardinäle an der Kurie anberaumt. Kardinalstaatssekretär Sodano legte das Problem dar und deutete am Schluss an, der Papst habe den Ukrainern praktisch schon ein diesbezügliches Versprechen gegeben. Unmittelbar darauf wurde ich um meine Stellungnahme gebeten. Eine nicht gerade einfache Aufgabe nach dieser Vorrede. Auch mir stand das Martyrium, das diese Kirche durchgemacht hatte, lebendig vor Augen. Doch nach Abwägung aller Gesichtspunkte war ich zu dem Schluss gelangt, dass ein solcher Schritt nicht nur das Verhältnis zu Moskau, sondern zu allen orthodoxen Kirchen belasten und beschädigen, ja vermutlich sogar auf lange Zeit zum Stillstand bringen würde. Außerdem würde die Erhebung zum Patriarchat den Ukrainern außer einem teuer erkauften Prestigegewinn nichts bringen; denn Kardinal Husar verfügte als Großerzbischof über alle Möglichkeiten und Rechte, die er auch als Patriarch haben würde.

Einige Kardinäle signalisieren Zustimmung, andere sind gegenteiliger Meinung, einer ist empört, dass Kardinal Kasper es wagt, eine Meinung zu äußern, die nicht mit der des Papstes übereinstimmt.

Kardinal Ratzinger äußerte sich in der Versammlung nicht, schrieb aber nachträglich einen Brief, in dem er die Geschichte der Patriarchate kurz darlegte und indirekt zu einem ablehnenden Urteil kam.

Am Mittagstisch des Papstes geht es noch einige Male hoch her.

Der Papst erkannte, dass er durch die Errichtung eines Patriarchats alles, was er bisher ökumenisch aufgebaut hatte, in Gefahr bringen würde.

Eine Entscheidung fällt Johannes Paul II. zunächst nicht.

In dieser Situation habe ich eine Unvorsichtigkeit begangen: Ich habe im März 2003 einen informellen Brief an Metropolit Kyrill geschrieben und ein paar allgemeine Überlegungen zum Problem der Patriarchate beigelegt, die sachlich mit denen von Kardinal Ratzinger übereinstimmten. Ich war naiv genug zu meinen, ich könne damit die Diskussion versachlichen. Doch Moskau sah darin bzw. machte daraus einen kirchenpolitischen Schachzug. Der Text wurde an alle orthodoxen Kirchen gesandt mit der Aufforderung, die russische Position in Rom zu unterstützen.
Die Briefe, die daraufhin eintrafen, waren alle kritisch gegenüber der Errichtung eines Patriarchats, doch sie waren im Ton gemäßigt. Schlimm war der unter dem Datum des 29. November an den Papst gerichtete Brief von Patriarch Bartholomaios. Ich war zum Andreasfest in Konstantinopel, man war wie immer freundlich; von dem Brief, der nach Rom unterwegs war, verlor man kein Wort. Doch noch bevor er nach meiner Rückkehr auf meinem Schreibtisch ankam, stand er schon im Internet.
Als Wissenschaftler ist man es gewohnt, gelegentlich auch kritische Rezensionen zu erhalten; doch das war ein Totalverriss – und das in einem Brief an den Papst.

Die Sache erledigt sich bald: Der Papst lädt Bartholomaios nach Rom ein. Der Patriarch nimmt die Einladung an.

Meine Ungeschicklichkeit hatte wenigstens eines bewirkt: Nach diesen Briefen war in der Kurie jedem klar, was auf dem Spiel stand. Es fiel keine Entscheidung, sie wurde stillschweigend aufgeschoben. So bleibt es trotz des Drängens der griechisch-katholischen Hierarchie bis zum Ende des Pontifikats.

Die „Kazanskaja"

Wegen des schlechten Gesundheitszustands des Papstes wird 2004 die Frage nach der Rückgabe der Ikone der Gottesmutter von Kazan aktuell. Noch immer möchte der Papst die Ikone, die sich in seinem Appartement befand, als Geste des guten Willens persönlich nach Russland zurückbringen.
Das Moskauer Patriarchat sieht für einen Besuch von Papst Johannes Paul II. die Voraussetzungen nicht gegeben und winkt ab.

Die Ikone der Gottesmutter von Kazan, die „Kazanskaja", wie die Russen sie nennen, ist die berühmteste Ikone Russlands. Die Geschichte der als wundertätig geltenden Ikone ist von einem Geheimnis umgeben. 1579 soll sie ein Mädchen nach einem verheerenden Brand in Kazan, heute der Hauptstadt von Tatarstan, einer autonomen Provinz Russlands, entdeckt haben. Sie hat für Russland eine nationale Bedeutung. Während der Revolution kam sie auf nicht geklärte Weise in den Westen. Stalin ließ die „Kazaner Kathedrale", die 300 Jahre lang auf dem Roten Platz gestanden hatte, 1930 sprengen.
Nach einer Irrfahrt im Westen taucht die Ikone 1960 in den Vereinigten Staaten auf und wird bei der Weltausstellung in New York gezeigt und verehrt. Mitglieder der katholischen Bewegung „Blaue Armee" kaufen sie und bringen sie an den Marienwallfahrtsort Fatima. Dort wird das von orthodoxen Christen so verehrte Gnadenbild auch von katholischen Betern verehrt und angerufen; es wird für sie zu einem Symbol, das Ost und West verbindet.

1993 war die Ikone Johannes Paul II. übergeben worden: Sollten die Umstände es erlauben, möge er sie an Russland zurückgeben.

Der Papst ließ die Ikone in seine Privaträume bringen und betete oft davor für Russland. Seine Absicht ist es, sie persönlich zurückzubringen.

Doch je gebrechlicher der Papst und je unwahrscheinlicher es wird, dass das Moskauer Patriarchat seinem Wunsch nachkommt und einer Reise nach Russland zustimmt, desto mehr drängt sich eine andere Lösung auf.

So erhielt ich ein Jahr vor dem Tod des Papstes den ehrenvollen Auftrag, die Ikone an der Spitze einer vatikanischen Delegation nach Russland zu bringen und sie Patriarch Alexij zu übergeben.

Ob es sich um das Original handelte oder eher um eine Kopie aus dem 18. Jahrhundert, war von Fachleuten eingehend untersucht worden.

Das Wort „Original" hat für uns aus dem Westen nicht dieselbe Bedeutung wie für die orthodoxen Gläubigen. Um als „originale Ikone" zu gelten, muss sich der Ikonenmaler einfach an den Prototyp der Ikone halten. Ausschlaggebend ist, dass es sich um eine Ikone handelt, die viel verehrt wurde. Dafür zeugt die wertvolle ‚riza', der barocke Silberrahmen, der die Ikone bedeckt, die reiche Ausstattung mit Preziosen und andere Spuren der Verehrung. Jedenfalls handelte es sich um die älteste und beachtlichste noch erhaltene Ikone der Gottesmutter von Kazan.

In feierlicher, gottesdienstlicher Form wird die Ikone in der Peterskirche verabschiedet. Während der Generalaudienz am Mittwoch, dem 25. August 2004, sagt der Papst: „Wie oft habe ich … die Muttergottes von Kazan angerufen und sie gebeten, sie möge das russische Volk, von dem sie so sehr verehrt wird, beschützen und leiten und bald den Zeitpunkt herbeiführen, an dem alle Jünger ihres Sohnes sich als Brüder anerkennen und die verletzte Einheit vollkommen wiederherstellen.“ Am Schluss vertraut der Papst die Ikone Kardinal Kasper an.

Das Vermächtnis Johannes Pauls II.
An der Spitze einer vatikanischen Delegation reist der deutsche Kurienkardinal nach Moskau und übergibt Patriarch Alexij am Ende einer langen feierlichen Liturgie in der Verkündigungskathedrale im Moskauer Kreml die wundertätige Muttergottes von Kazan. Man schreibt den 28. August 2004, den orthodoxen Festtag der Entschläfnis (Dormitio) Mariens, das in der lateinischen Kirche dem Fest der Aufnahme Mariens in die himmlische Herrlichkeit entspricht.

> Ich hatte auch einen Brief des Papstes im Gepäck, den ich dem Patriarchen während der feierlichen Übergabezeremonie am Ende meiner kurzen Ansprache übergab.

Der Brief ist das letzte persönliche Lebenszeichen Johannes Pauls II. an den russischen Patriarchen, sein Vermächtnis: „Vor nicht allzu langer Zeit hat die göttliche Vorsehung gewährt, dass das Volk und die Kirche in Russland ihre Freiheit wiedergefunden habe und dass die Mauer, die Ost- und Westeuropa getrennt hat, gefallen ist. Trotz der Spaltung, die es leider unter den Christen noch immer gibt, erscheint diese heilige Ikone als eines der Symbole für die Einheit der Jünger des eingeborenen Sohnes Gottes, Symbol für Ihn, zu dem sie uns alle führt. Der

Bischof von Rom hat vor dieser heiligen Ikone innig dafür gebetet, dass der Tag kommen möge, an dem wir alle vereint sind und der Welt mit einer Stimme und in sichtbarer Einheit das Heil unseres einzigen Herrn und seinen Sieg über alle bösen und gottlosen Kräfte verkünden können, die unserem Glauben und unserem Zeugnis der Einheit Schaden zufügen."

Es ist mir unvergesslich, wie ich die Ikone während der vorhergehenden Nacht in meinem Zimmer im Moskauer Danilov-Kloster, Sitz und Gästehaus des Patriarchats, bei mir hatte. Lange habe ich sie innig angefleht, mit ihrer mächtigen Fürsprache mitzuhelfen, dass es zur Versöhnung und Einheit zwischen Rom und Moskau kommen möge.
Als ich im Mai 2008 von Moskau aus eine Wallfahrt nach Kazan machte, wo sich die Ikone in der Zwischenzeit befindet, war es eine herzliche Wiederbegegnung, die mich tiefinnerlich berührte, wie ich es kaum beschreiben kann.

Die Übergabe der „Kazanskaja" ist ein Ereignis von nationaler Bedeutung und wird im russischen Fernsehen landesweit übertragen.

Als wir die Kathedrale verließen, bedankten sich einfache Gläubige ganz spontan und herzlich. Patriarch Alexij wirkte beim anschließenden festlichen Essen, typisch russisch mit Tischreden, anschließendem Anstoßen mit Wodka und Gesang, sehr entspannt. Ich habe ihn dabei zum ersten Mal lächeln gesehen. Vor dem Abflug nach Rom ließ er mir im Flughafen einen überaus freundlich formulierten Brief an den Papst überbringen. Ich hatte den Eindruck: Die Gottesmutter ist mit ihrer Fürsprache schon kräftig am Werk.
Der greise Papst konnte freilich die Früchte seines jahrelangen Bemühens in diesem Leben nicht mehr erfahren.

Die theologischen Gespräche mit allen orthodoxen Kirchen, einschließlich der russisch-orthodoxen Kirche, werden erst nach dem Tod Johannes Pauls II. wieder aufgenommen.

Das Eis schmilzt

Die Wahl von Papst Benedikt XVI. lässt neue Hoffnung auf einen Dialog mit den orthodoxen Kirchen aufkommen.

Der neue Papst war den Orthodoxen als vorzüglicher Kenner der Kirchenväter bekannt, einige der heutigen orthodoxen Metropoliten hatten bei ihm in Bonn und Regensburg studiert. Aus Sicht der russisch-orthodoxen Kirche war er nicht durch die Vorgänge in der Ukraine belastet, die man Johannes Paul II. zur Last legte, schließlich schätzte man ihn als gegenüber liberalen Tendenzen im Westen „konservativ" und damit als den orthodoxen Positionen nahestehend ein.

Eine erste Begegnung mit Delegierten der orthodoxen Kirchen kommt unmittelbar nach der Amtseinführung des neuen Papstes im April 2005 zustande. Metropolit Kyrill wird in persönlicher Audienz empfangen. Um die Lage zu sondieren und den Boden für neue Gespräche zu bereiten, reist Kardinal Kasper schon im Juni 2005 nochmals nach Moskau.

Unterdessen erwirkt das ökumenische Patriarchat die Zustimmung aller orthodoxen Kirchen zur Fortführung des theologischen Dialogs. Im Herbst 2005 trifft sich die Koordinierungskommission der gemeinsamen Dialogkommission in Rom, um die Sitzung der Vollversammlung vorzubereiten. Man kommt überein, als Grundlage der Beratungen den Text zu nehmen, den man in Freising 1991 auf die Seite legen musste: „Kirchliche und kanonische Konsequenzen der sakramentalen Natur der Kirche". Man knüpft an die bisherigen

Ergebnisse an und stellt nunmehr die Frage der Ekklesiologie, insbesondere der kirchlichen communio in den Mittelpunkt. In diesem Kontext soll dann auch die schwierige Frage des Primats Roms behandelt werden.

Mit Freude wird die Einladung der serbisch-orthodoxen Kirche angenommen; eine solche Einladung ist in Anbetracht der eher zurückhaltenden Art der Serben gegenüber ökumenischen Annäherungen alles andere als selbstverständlich und wird als ein zusätzliches positives Zeichen gewertet.

Der Vorrang Konstantinopels

Die Besuche Kardinal Kaspers in Serbien und die zweimalige Einladung serbischer Journalisten nach Rom haben ihre Wirkung nicht verfehlt.

Im September 2006 kommt die Dialogkommission in Belgrad zusammen. Die Gastfreundschaft der Serben ist überwältigend.

Der greise Patriarch Pavle begrüßte uns während eines eröffnenden Vespergottesdienstes in seiner Residenz. Die Beratungen und die Überarbeitung des Textes von Freising gingen ohne größere Schwierigkeiten gut und einvernehmlich voran. Im Vergleich mit Baltimore ein erfreulich neuer Geist!

Doch am Schluss kam doch noch ein Problem auf – nicht zwischen der katholischen und der orthodoxen Delegation, sondern zwischen den Orthodoxen selbst, näherhin zwischen Konstantinopel und Moskau.

Alles drehte sich um einen Satz, in dem zum Ausdruck gebracht wurde, dass nach der Trennung Rom für die katholische Kirche und in anderer Weise (!) Konstantinopel für die orthodoxen Kirchen einen Primat wahrnahmen. Die Russen wollten diese Formel nicht akzeptieren. Sie wussten zwar, dass Konstantinopel in der Rangfolge (taxis) der orthodoxen

Patriarchate vor Alexandrien, Antiochien und Jerusalem den ersten Platz einnimmt und Moskau erst an fünfter Stelle steht. Doch aus dem ersten Platz konnte nach Moskauer Meinung kein Vorrang abgeleitet werden.

Als auf Anregung des orthodoxen Ko-Moderators, des Metropoliten John (Zizioulas) von Pergamon, alle orthodoxen Kirchen einzeln um ihre Meinung gebeten werden, bleibt Moskau mit seiner Position allein.

Prompt kamen die beiden Vertreter des Moskauer Patriarchats nach der Sitzung zu mir, da ich die Sitzung turnusgemäß geleitet hatte, und legten Protest ein, weil ich eine solche Befragung zugelassen hatte. Vergeblich versuchte ich den Unterschied zwischen der Erstellung eines Meinungsbildes unter den orthodoxen Delegationen und einer Abstimmung, welche auch die katholische Delegation einbeziehen müsste, klar zu machen. Grundsätzlich habe ich den orthodoxen Gesprächspartnern in Belgrad gesagt, dass es sich hier um eine innerorthodoxe Auseinandersetzung handele, in die sich der Vatikan nicht einmischen wolle. Wir gingen von der altkirchlichen „taxis" der Patriarchate aus. Doch was der Ehrenprimat innerorthodox konkret bedeutet, sei nicht von uns zu entscheiden. Für uns sei Konstantinopel jedoch als Koordinationsinstanz unter den orthodoxen Kirchen wichtig.

In der Redaktions-Kommission, die die Aufgabe hat, aufgrund der Diskussion von Belgrad den Text für die nächste Vollversammlung zu überarbeiten, arbeitet der Vertreter der russisch-orthodoxen Kirchen zunächst konstruktiv mit. Das nächste Treffen findet auf Einladung von katholischer Seite im Oktober 2007 in Ravenna statt, …

… einem Ort, der mit seinen großartigen, mosaikgeschmückten Kirchen aus der byzantinischen Zeit wie kaum ein anderer symbolisch ist für die Zusammengehörigkeit von Ost und West. Die Gastfreundschaft des Erzbischofs, der Erzdiözese Ravenna wie der Kommune ist überwältigend.

Weg aus der Isolation

Ehe die Kommission in die Beratungen eintritt, flackert der Streit zwischen Konstantinopel und Moskau wieder auf. Konstantinopel hatte dieses Mal auch die vom ökumenischen Patriarchat anerkannte Kirche von Estland eingeladen, deren autonomer Status jedoch von Moskau nicht anerkannt ist. Wegen dieser Frage war es 1996 vorübergehend zum Abbruch der „communio" zwischen Moskau und Konstantinopel gekommen.

Der Streit wurde damals nur mühsam durch einen Kompromiss beigelegt, wonach es in Estland zwei konkurrierende Jurisdiktionen geben sollte. Jetzt wurde kurzfristig keine Lösung gefunden.

Die beiden russisch-orthodoxen Delegierten reisen auf Weisung aus Moskau aus Ravenna ab. Die anderen Delegationen bleiben. Die Russen sind ein zweites Mal isoliert.

Sowohl in Moskau wie in Konstantinopel machte ich klar, dass wir daran interessiert sind, den Dialog mit der gesamten Orthodoxie unter Einschluss der russisch-orthodoxen Kirche weiterzuführen. Ich sagte, die Lösung der Autonomiefrage sei nicht Sache der Kommission und könne nicht in diesem Kontext gelöst werden. So drängte ich beide Seiten mehrfach, für die Dialogkommission einen Kompromiss zu finden.
Vermutlich wird eine Lösung nicht leicht sein, denn der Konflikt hat eine lange Vorgeschichte. Hinter der Verschlechte-

rung des Klimas zwischen Konstantinopel und Moskau stehen kirchenpolitische Positionen und Interessen, die über die kleine Kirche von Estland hinausgehen und die Zukunft der Orthodoxie in der Ukraine und ihre Autokephalie betreffen. Kiew ist ja seit der Taufe des Kiewer Rus im Jahr 988 die Wiege der russischen Orthodoxie. Kiew hatte seinerseits den christlichen Glauben von Konstantinopel erhalten und war jahrhundertelang von Konstantinopel abhängig. Erst in der Zarenzeit kam Kiew unter die Vorherrschaft Moskaus. Heute ist die Orthodoxie in der Ukraine in einen Moskauer und in zwei sich autonom erklärende ukrainische Flügeln gespalten.

Die Politik der nach dem Zusammenbruch der Sowjetunion unabhängig gewordenen Ukraine dringt auf eine nationale Lösung. Das Moskauer Patriarchat befürchtet, Konstantinopel könnte der Ukraine die Autokephalie gewähren und dadurch die gespaltene orthodoxe Kirche in der Ukraine zu einen versuchen.

Das wäre für Moskau ein schwerwiegender Verlust, nicht nur wegen der historischen und symbolischen Bedeutung Kiews, sondern auch, weil etwa die Hälfte der Pfarreien des russisch-orthodoxen Patriarchats in der Ukraine liegen – und zwar die lebendigsten. Zum Glück ist es gelungen, dass es anlässlich der Jubiläumsfeier von 1020 Jahren seit der Taufe des Kiewer Rus im Juli 2008 nicht, wie viele befürchteten, zum Konflikt, sondern zu einer gemeinsamen Feier des Ökumenischen Patriarchen und des Moskauer Patriarchen kam. Das lässt hoffen, dass eine einvernehmliche kanonische Lösung möglich wird. Außer der Mahnung, Augenmaß zu bewahren und auf Einheit bedacht zu sein, kann Rom dazu wenig beitragen. Für eine aktive Vermittlerrolle, wie sie dem

Petrusamt an sich anstehen würde, scheint die Situation im Augenblick noch nicht reif.

Der kirchenpolitische Konflikt wird von einem theologischen überlagert. Dieser betrifft nur vordergründig die Stellung beziehungsweise den Ehrenprimat Konstantinopels. Zur Debatte steht die orthodoxe Ekklesiologie als solche.

Etwas zugespitzt lautet die Frage: Gibt es die eine orthodoxe Kirche, in der Konstantinopel eine hervorgehobene, näher zu bestimmende Rolle hat, oder gibt es nur einzelne orthodoxe Orts- bzw. Landeskirchen im nationalen Rahmen beziehungsweise auf dem Boden eines kanonischen Territoriums, das im Sinne Moskaus der alten Sowjetunion (mit Ausnahme Armeniens und Georgiens) entspricht?
Konstantinopel hat sich, wie in Belgrad und Ravenna nochmals sichtbar wurde, in der Zwischenzeit von der „nationalistischen Häresie", wie der ökumenische Patriarch Bartholomäus einmal sagte, gelöst und für eine Sicht geöffnet, die das Bestehen einer universalen Dimension der Kirche anerkennt. Umgekehrt wirft auch Moskau ukrainischen Autokephalie-Bestrebungen nationalistisches Denken vor, setzt dem aber seine Konzeption vom kanonischen Territorium entgegen. Hier bewegt man sich offenkundig politisch wie theologisch auf vermintem Gelände.

Durchbruch in Ravenna
Als die Dialogkommission nach einwöchiger Beratung Ravenna verlässt, ist von einem „Durchbruch" die Rede.

Zu Recht, denn einmütig konnte ein Dokument beschlossen werden, das fortan „Dokument von Ravenna" heißt. Zehn Jahre zuvor wäre ein solches Dokument undenkbar gewesen;

noch kurz zuvor hatten es wohl nur wenige für möglich gehalten. Dieses Dokument ist nicht der Sieg einer Seite; es ist – wenngleich nur ein Zwischenergebnis – ein Sieg für die Sache der Einheit. Als solches enthält es Anfragen und erheblichen Zündstoff für beide Seiten.

Das Dokument unterscheidet drei Ebenen der Kirche: Die lokale Ebene, das heißt die Diözese als Ortskirche, die regionale Ebene, also das Patriarchat und analog die nationalen und übernationalen Bischofskonferenzen, und die universale Ebene. Auf jeder dieser Ebenen muss es sowohl Synodalität beziehungsweise Kollegialität wie auch Autorität, das heißt einen Protos geben – was auf lateinisch nichts anderes heißt als einen Primas. Das Ravenna-Dokument beruft sich dafür auf den berühmten Kanon 34 der aus dem vierten Jahrhundert stammenden Apostolischen Canones.

Es war die geniale Idee von Metropolit John (Zizioulas) von Pergamon, diesen Kanon zum ökumenischen Königsweg und zur ökumenischen goldenen Regel zu machen. So wendet das Dokument das, was damals für den regionalen Bereich (genauer: den Bereich einer Ethnie, bzw. eines Volkes) gesagt wird, auch auf die beiden anderen Ebenen an und sagt, dass es auf allen drei Ebenen jeweils einen Protos geben muss, der ohne die Zustimmung der anderen nichts tun kann, ohne dessen Zustimmung aber auch die anderen in wichtigen Angelegenheiten nicht handeln können. Das gibt dem „Ersten“ nicht nur einen Ehren-, sondern einen Jurisdiktionsvorrang. Allein er kann die anderen zusammenrufen, und er kann jede Entscheidung der anderen entweder bestätigen oder auch blockieren.

Was folgt daraus für die römisch-katholische Kirche?

Auch für uns enthält das Dokument eine Herausforderung: in der katholischen Ekklesiologie sind nur die ortskirchliche und die universale Ebene, Bischof und Papst, „göttlichen Rechts". Die mittlere Ebene aber ist ziemlich unterentwickelt. Besonders auf der universalen Ebene ist das synodale Element schwach entwickelt.

Und für die Orthodoxie?

Sie muss grundsätzlich die Existenz einer universalen Ebene und grundsätzlich die Notwendigkeit eines Protos auf der universalen Ebene anerkennen. Dabei ist allen klar, dass dieser Protos nach altkirchlicher Tradition nur der Bischof von Rom sein kann.
Im Text von Ravenna bleibt aber völlig offen, was diese grundsätzliche Überlegung für einen Primat Roms konkret bedeutet. Um es in einem Bild zu sagen: Es wird eine Tür aufgemacht, aber die Schwelle wird nicht überschritten, und es ist auch noch offen, wohin und wieweit der Schritt über die Schwelle führen wird.

Ein solides Fundament

So ist allen Beteiligten klar, dass Ravenna nur ein erster Schritt ist und dass es bis zur vollen Kirchengemeinschaft noch ein längerer und nicht einfacher Weg sein wird. Aber mit diesem Dokument ist ein solides Fundament gelegt, auf dem man weiterbauen kann.

Auf der kommenden Vollversammlung wollen wir den nächsten Schritt tun und auf die Basis das erste Stockwerk aufsetzen. Wir wollen vom ersten, uns gemeinsamen Jahrtausend ausgehen und es als Grundlage für weitere Bauabschnitte nehmen, die am Ende zu einem gemeinsamen Haus führen.

Das Thema soll lauten: „Die Rolle des Bischofs von Rom in der Kirche im ersten Jahrtausend".

Mit diesem Vorhaben ist eine Anregung aufgegriffen, die der damalige Professor Joseph Ratzinger 1976 bei einem Vortrag in Graz gemacht hatte. Ratzinger stellte damals fest, dass Rom von den orthodoxen Kirchen heute nicht mehr an Primatslehre verlangen dürfe als im ersten Jahrtausend formuliert und gelebt wurde. Als Kardinal hat er diese Maxime bekräftigt, indem er den Grazer Vortrag 1982 in seine „Theologische Prinzipienlehre" aufnahm.

Allerdings hat er seine Aussage auch etwas relativiert, wie mir scheint zu Recht. Denn es gab schon im ersten Jahrtausend unterschiedliche Entwicklungen und Tendenzen, auch zahlreiche Schismen. Das erste Jahrtausend gibt uns deshalb nicht einfach ein Rezept an die Hand. Im Übrigen können wir im dritten Jahrtausend auch nicht einfach ins erste Jahrtausend zurück. Wir können aber auf der Grundlage des ersten Jahrtausends unter Einbeziehung der Entwicklungen im zweiten Jahrtausend eine Lösung für das dritte Jahrtausend zu finden suchen.

Der neue Petrusdienst

Es wird also am Ende um die Antwort auf die Frage gehen, die Papst Johannes Paul II. 1995 gestellt hat, als er zu einer Diskussion über eine neue Form der Ausübung des Petrusdienstes eingeladen hat.

Wie diese Antwort aussehen wird, ist im Augenblick noch nicht abzusehen. Grundsätzlich kann es sich nach katholischer Vorstellung nur um den Petrusdienst handeln, den Jesus für seine Kirche gewollt hat, dessen konkrete Gestalt sich aber in der Geschichte schon mehrfach gewandelt hat.

Es wird also ein Petrusdienst in neuer geschichtlicher Gestalt sein müssen, und er wird in Ost und West wohl in unterschiedlicher Weise ausgeübt werden.

Soweit sind wir im Augenblick noch nicht. Immer deutlicher wird im Augenblick jedoch: Es gibt nicht nur ein Dokument, sondern auch einen Geist von Ravenna. Das auf Ravenna folgende Zusammentreffen in Konstantinopel zum Fest des hl. Andreas – ein Jahr nach dem Besuch von Papst Benedikt XVI. dort – war von einer Offenheit und Freundschaftlichkeit gekennzeichnet wie nie zuvor. Die Tatsache, dass der Ökumenische Patriarch im Jahr 2008 gleich drei Mal nach Rom kommt, deutet in dieselbe Richtung; dass er dabei im Oktober erstmalig sogar vor der Weltbischofssynode spricht, ist ein weiteres bemerkenswertes, ja ein als historisch zu wertendes ökumenisches Zeichen. Es gibt also Grund, mit Hoffnung in die Zukunft zu schauen. Der Wille zum Weitermachen ist auf allen Seiten da.

Ökumene der zwei Geschwindigkeiten?

Selbst im Verhältnis Roms zu Moskau hat sich die Situation in der ersten Hälfte des Jahres 2008 zum Positiven gewandelt.

Bei meiner Russlandreise, die ich im Mai 2008 auf Einladung von Metropolit Kyrill unternommen habe und die mich außer nach Moskau nach Smolensk, Kazan, Nishnij-Nowgorod und Diveevo, wo die Reliquien des in Russland hochverehrten hl. Seraphim von Sarov verehrt werden, führte, werde ich überall vom Patriarchen und von Bischöfen, von Professoren und Studenten unerwartet freundlich, wohlwollend und warm aufgenommen. Das Interesse an Kontakten und Informationen ist unübersehbar. Es ist – wie Metropolit Kyrill sagte – eine neue Situation.

Unübersehbar ist auch, dass sich die russisch-orthodoxe Kirche – ähnlich wie die Kirche in Griechenland und anders als es bei uns weit verbreiteten Vorurteilen entspricht – inzwischen nicht mehr nur eine Kirche großartiger feierlicher Liturgie ist, sondern sich für pastorale Aktivitäten, Jugend- und Familienpastoral, Beratungsdienste, Bildungsarbeit und vieles andere öffnet. Sie ist sich der schweren gesellschaftlichen Probleme und Krisen des nachkommunistischen Russlands bewusst und will zu ihrer Überwindung beitragen.

Ich gewann den Eindruck, dass man erkannt hat, dass die zweifellos anerkennenswerte große äußere Aufbauarbeit nach 1990 – neue Diözesen, Klöster, Pfarreien, Kirchenrennovationen u.a. – nicht ausreicht, dass vor allem eine Restauration der vorrevolutionären Zustände völlig ausgeschlossen ist, dass vielmehr eine innere Erneuerung nottut. Patriarch Alexij sagte mir: „Es genügt nicht, die Mauern der Kirchen zu erneuern, wir brauchen eine geistliche Erneuerung." Die Bischofssynode der russisch-orthodoxen Kirche hat sich im Juni 2008 diese Einsicht ausdrücklich zu eigen gemacht.

Nicht leicht hat es weiterhin die kleine Schar der Katholiken in Russland. Noch immer wird die Klage wegen angeblichem Proselytismus laut, obwohl viele Vorwürfe durch die Arbeit einer kleinen gemeinsamen Arbeitsgruppe, die auf Anregung von Kardinal Kasper im Jahr 2002 eingesetzt wurde, geklärt werden konnten. Aber manche orthodoxe Bischöfe zeigen sich nach wie vor abweisend und verschlossen.

Alte Klagen besonders wegen der Situation in der Ukraine werden von orthodoxer Seite fortwährend wiederholt. Die katholisch/russisch-orthodoxen Beziehungen hinken gegenüber denen zu den anderen orthodoxen Kirchen hinterher. Das wird schon dadurch deutlich, dass es bisher, trotz des grundsätzlichen Willens dazu, zu keiner Begegnung zwischen Papst und Patriarch – nicht in Moskau, nicht in Rom und auch nicht an einem dritten Ort – gekommen ist und dass es dafür bisher auch keine Agenda gibt. Bezüglich des Erfolgs der theologischen Gespräche ist man in Moskau skeptischer als in Konstantinopel; in Moskau setzt man mehr auf Zusammenarbeit in sozialen, kulturellen und ethischen Fragen.

Wie es konkret weitergeht, hängt von vielen Faktoren, auch von der weiteren Entwicklung innerhalb der orthodoxen Welt, besonders in der Ukraine, ab. Mag sein, dass die Beziehungen mit Moskau vorübergehend in unterschiedlicher Weise weitergehen und sich eine Ökumene der zwei Geschwindigkeiten beziehungsweise der zwei Wege entwickelt. Weitergehen sollen sie nach römischer wie nach orthodoxer Vorstellung auf jeden Fall.

Nicht zuletzt mein Besuch bei der Ikone der Gottesmutter von Kazan hat mich innerlich und persönlich in der Zuversicht bestärkt. Da mögen im einzelnen vielerlei einander widerstreitende persönliche und politische Interessen im Spiel sein und manchmal auch das Spiel zu verderben drohen. Da mögen Superkluge immer wieder Haare in der Suppe entdecken, und solche Haare gibt es in der Tat. Doch der Impuls des Geistes Gottes, der auf Einheit dringt, wird stärker sein und Maria wird sich ein weiteres Mal als starke Frau und als Helferin der Christenheit erweisen.

Im Paulusjahr

Mitte des Jahres 2008 beginnt das von Papst Benedikt XVI. zur Erinnerung an die Geburt des Apostels Paulus vor zweitausend Jahren ausgerufene„Paulusjahr“.

> Dessen Eröffnung am 29. Juni, dem Fest Peter und Paul, hat mich vollends überzeugt, dass trotz aller Schwierigkeiten, die es mit Sicherheit auch in Zukunft geben wird, und trotz mancher „Unebenheiten“, die es auch bei dieser Feier gegeben hat, im Verhältnis zur Orthodoxie eine neue Zeitrechnung begonnen hat.

Schon vor dieser Feier haben der Ökumenische Patriarch wie auch der Patriarch von Antiochien, Ignatios IV. Hazim, sich die Initiative des Papstes zueigen gemacht und ihrerseits ein paulinisches Jahr ausgerufen. Die 2000-jährige Geburtsfeier des Apostels begeht Kardinal Kasper im Juni 2008 in Tarsus, dem Geburtsort des Paulus, unter Beteiligung aller in der Türkei vertretenen Kirchen.

Bei der Eröffnung in Rom feiern Papst Benedikt und der Ökumenische Patriarch Bartholomaios gemeinsam einen Gottesdienst in St. Paul vor den Mauern. Am anderen Tag feiern sie den Wortgottesdienst in St. Peter gemeinsam. Sie predigen beide und sprechen, nachdem zuvor das Evangelium lateinisch und griechisch gesungen worden war, gemeinsam das Glaubensbekenntnis in seiner ursprünglichen Form ohne das „filioque“ in griechischer Sprache. Nach dem Wortgottesdienst entfernt sich der Patriarch aus dem Altarraum, um auf einem eigens errichteten Ehrenplatz Platz zu nehmen; aber zum Friedensgruß umarmen sich Papst und Patriarch wiederum am Altar, und am Ende steigen sie beide hinab zum Petrusgrab, dort wo alles, auch der Petrusdienst, seinen Ursprung nahm und von woher der Weg zur vollen Einheit ausgehen muss.

Das sind kraftvolle Symbole, die das Fernsehen in alle Welt ausstrahlt, aber eben nicht nur Symbole. Das sind Realsymbole, die nach Jahrhunderten der Trennung Wiederversöhnung anzeigen und – hominum confusione, sed Dei providentia – Zukunft in versöhnter Verschiedenheit vorwegnehmen. Wie, wann und wo – das zu bestimmen ist nicht unsere Sache. Wir können dazu nur nach besten Kräften den Weg bereiten. Doch der Weg ist vorgezeichnet.

XII. Wider einen neuen Konfessionalismus – Die Kirchen der Reformation

In der westeuropäischen, vor allem deutschen Öffentlichkeit ist immer wieder die Einschätzung zu hören, die intensive Beschäftigung des Vatikans mit den Kirchen des Ostens habe den Dialog mit den aus der Reformation hervorgegangenen Kirchengemeinschaften in den Hintergrund treten lassen.

Dieser Eindruck ist falsch. Schon gar nicht kann von einer ökumenischen Eiszeit die Rede sein.

Keine ökumenische Eiszeit

Dass es manchmal sogar sehr heiß hergeht, geht alleine aus dem Kalender des Präsidenten des Einheitsrates hervor. Zahlreiche Reisen führten ihn zu den reformatorischen Kirchen auf allen Kontinenten, zahlreiche Begegnungen fanden in Rom statt.

Wie könnte ich den katholisch-protestantischen Dialog aus den Augen verlieren? Ich bin ja in einem Land aufgewachsen, das vom katholisch-protestantischen Unterschied bestimmt ist, und darunter schon unsäglich gelitten hat. Ich weiß um die Not vieler bekenntnisverschiedener Ehen und Familien. Ökumenische Fragen sind für mich keine theoretischen Fragen, sondern existenzielle, die jedem Seelsorger bei uns jeden Tag begegnen. So stehen mir bei diesen Fragen jeweils konkrete Menschen und Situationen vor Augen.
Sowohl in meiner Zeit als Hochschullehrer wie als Bischof habe ich erfahren, wie bereichernd Beziehungen und Begegnungen mit evangelischen Christen sein können. Zum Glück

läuft die Ökumene bei uns im deutschen Südwesten nach wie vor gut, sowohl auf der Ebene der Gemeinden als auch auf der Ebene der Kirchenleitungen. Das soll auch so bleiben.

Aus der Sicht des Vatikans könnte Deutschland mit 25 Millionen Protestanten und 26 Millionen Katholiken (von 1,1 Milliarden weltweit) nur ein Land unter vielen sein.

Man sollte nicht den Fehler machen und die ökumenische Konstellation in Deutschland zum Maßstab für die weltweite Ökumene machen. Die deutsche Situation ist in weltweiter Perspektive nicht die Regel, sondern die Ausnahme. Deutschland ist das Ursprungsland der Reformation; das bringt sowohl historische Belastungen wie die Verpflichtung mit sich, in besonderer Weise auf die Überwindung der Probleme hinzuwirken. Andererseits gibt es kaum andere Länder, wo sich das Verhältnis von evangelischen und katholischen Christen etwa die Waage hält. Das kann ein Vorteil sein. Anderswo sind entweder die Katholiken oder die Protestanten in der Mehrheit beziehungsweise in der Minderheit; man denke etwa an die skandinavischen oder in anderer Hinsicht an die südeuropäischen Länder; oder aber wir haben es mit einer völlig pluralistischen Situation zu tun wie in den Vereinigten Staaten.

Freikirchen, Pfingstkirchen, Sekten

Auf Weltebene hat es der Päpstliche Rat zur Förderung der Einheit der Christen nicht nur mit „historischen" Kirchen der Reformation zu tun, sondern mit einer Vielzahl von zum Teil ebenfalls schon historischen Freikirchen.

Neben den „historischen" Kirchen der Reformation, also Anglikanern, Lutheranern und Reformierten, gibt es eine Vielzahl von Freikirchen; sie sind in Deutschland kleine Minderheiten, zählen weltweit aber viele Millionen Mitglieder und sind teilweise sehr aktiv. Wenn in Lateinamerika von Protestanten die Rede ist, dann sind damit nicht Lutheraner gemeint, mit denen inzwischen auch dort gute Beziehungen bestehen, sondern die neuen sogenannten Pfingstkirchen und sektenhaften Gruppierungen, die oft recht aggressiv auftreten und mit dubiosen Versprechungen neue Mitglieder gewinnen.

Die unterschiedlichen regionalen und lokalen Konstellationen werfen unterschiedliche Fragen auf.

So ist die Frage der Abendmahls- bzw. Eucharistiegemeinschaft, die in Deutschland so in den Vordergrund gestellt wird, nicht das einzige Problem. Der Fortschritt der Ökumene kann nicht allein an der eucharistischen Gastfreundschaft und gemeinsamen Gottesdiensten an Sonn- und Feiertagen gemessen werden, so dringend auch diese Anliegen sind.

Besonders erfreulich ist, dass 2006 in Seoul die Mitgliedskirchen des World Methodist Council der Gemeinsamen Erklärung zur Rechtfertigungslehre zustimmten. Neben den „historischen" Kirchen und den Methodisten kamen in den vergangenen Jahren Dialoge mit verschiedenen Freikirchen zustande (Baptisten, Disciples of Christ, Mennoniten, Adventisten), der Dialog mit den Altkatholiken wurde wiederaufgenommen, die Pfingstkirchen verlangten große Aufmerksamkeit. Auch die Heilsarmee kam zu Gesprächen. Dazu waren einzelne Gespräche mit hochkirchlichen anglikanischen und lutherischen Gruppierungen notwendig. Insgesamt führt der Päpstliche Einheitsrat gegenwärtig 14 bilaterale Dialoge, mehr als jede andere Kirche.

Der Ökumenische Rat der Kirchen

Die bilateralen Dialoge werden ergänzt durch die Beziehungen zum Ökumenischen Rat der Kirchen. Die katholische Kirche ist zwar nicht Mitglied dieses Rates; eine Mitgliedschaft ist auch in naher Zukunft nicht zu erwarten. Die katholische Kirche ist aber Vollmitglied in der Kommission „Glaube und Kirchenverfassung" und in der Kommission „Mission und Evangelisierung". Außerdem besteht zur gegenseitigen Information und zur wechselseitigen Abstimmung eine „Gemeinsame Arbeitsgemeinschaft".

Wir nehmen aktiv an Vollversammlungen (zuletzt 2006 im brasilianischen Porto Alegre) und Weltmissionskonferenzen (zuletzt 2005 in Athen), am „Konziliaren Prozess für Gerechtigkeit, Frieden und Bewahrung der Schöpfung" teil und sind von Genf zu allen wichtigen Versammlungen eingeladen. Wichtig ist uns vor allem, dass der jährliche Gebetstag für die Einheit gemeinsam mit dem Ökumenischen Rat der Kirchen vorbereitet wird. Daneben bestehen vielfältige freundliche, persönliche Kontakte auf allen Ebenen.

Auf europäischer Ebene wichtig sind die Ökumenischen Versammlungen in Basel (1989) und Graz (1997). Aus letzterer geht die Charta oecumenica hervor, die 2001 in Straßburg unterzeichnet wird. Im September 2007 treffen sich die Repräsentanten der europäischen Kirchen erstmals in einem ehemaligen Ostblock-Land, noch dazu in einem Land mit mehrheitlich orthodoxer Bevökerung: in Sibiu/Hermannstadt (Rumänien).

Damals fiel mir die nicht leichte Aufgabe zu, die Gemüter nach den etwas zu kurz und schroff geratenen „Antworten" der Glaubenskongregation „auf Fragen zu einigen Aspekten bezüglich der Lehre über die Kirche" (2007) zu beruhigen und zu versichern: „Wir haben uns die Hände gereicht und lassen einander nicht wieder los."

Alles in allem ist in den vergangenen Jahren vieles auf den Weg gebracht worden. Von einer Eiszeit kann somit wirklich nicht die Rede sein. Realistischerweise muss aber doch von einer Ernüchterung gesprochen werden.

Enthusiasmus und Ernüchterung

Nach dem II. Vatikanischen Konzil gab es eine Zeit, die von großem ökumenischem Enthusiasmus erfüllt war. Man konnte relativ schnell Missverständnisse überwinden und Kontakte knüpfen. Vieles war durch die ökumenische Theologie der ersten Hälfte des 20. Jahrhunderts vorbereitet. So haben wir binnen weniger Jahre mehr erreicht als in fünf Jahrhunden zuvor. Vor diesem Hintergrund wuchs die Hoffnung, dass das Tempo der Annäherung beibehalten werden könnte und dass es noch zu unserer Lebzeit zur Abendmahls- beziehungsweise Eucharistiegemeinschaft kommt.

Diese Erwartungen haben sich nicht erfüllt. Bald stellt man fest, dass die verbleibenden Fragen schwieriger und tiefreichender sind, als man in der ersten Begeisterung meinte. Es meldeten sich in allen Kirchen auch kritische Stimmen zu Wort. Der bisherige Höhepunkt, die Gemeinsame Erklärung zur Rechtfertigung (1999), wird zugleich zum Wendepunkt. Die Differenzen im Kirchen- und Amtsverständnis mit ihren Konsequenzen für das Abendmahls- und Eucharistieverständnis erweisen sich als kurzfristig nicht überwindbar. Neue Unterschiede, vor allem in ethischen Fragen, sind hinzugekommen.

Um die offenen Probleme recht zu verstehen, muss man sehen, dass wir auch hinsichtlich des Kirchenverständnisses nicht auf verschiedenen Sternen leben. Auch hier sind we-

sentliche Fortschritte zu verzeichnen. Wir können, wie die Dialogpapiere eindeutig zeigen, über die Frage nach dem Wesen der Kirche heute viel Gemeinsames sagen, was wir so in der Vergangenheit meist nicht getan haben.
Keine andere Gemeinschaft fasst die Kirche als eine bloß soziologische Größe auf; alle wissen, dass die Kirche als Volk Gottes, Leib Christi und Bau im Hl. Geist durch die Verkündigung des Wortes Gottes und die Feier der Sakramente (Taufe und Abendmahl) aufgebaut wird. An einigen Ländern ist es zur gegenseitigen Taufanerkennung gekommen.

Kirche und kirchliche Gemeinschaften

So wird in Deutschland auf Anregung des Einheitsrates am 23. April 2007 im Dom zu Magdeburg eine förmliche gegenseitige Anerkennung der Taufe besiegelt.

Das ist nicht wenig, denn sie besagt: Die anderen Christen sind uns nicht Fremdlinge oder Konkurrenten, durch die eine Taufe gehören wir zum einen Leib Christi; wir sind Brüder und Schwestern in Christus.
Die offene Frage ist: Wo ist diese Kirche Christi? Wo ist sie konkret verwirklicht und auffindbar? Die evangelischen Christen sagen mit dem Augsburger Bekenntnis: Kirche ist überall dort, wo das Evangelium rein verkündet und die Sakramente evangeliumsgemäß verwaltet werden. Die Glaubenskongregation hat in der Erklärung „Dominus Jesus“ (2000) und mit ihren „Antworten auf Fragen zu einigen Aspekten bezüglich der Lehre über die Kirche“ (2007) diese Aussage nicht verneint. Aber sie hat sie ergänzt und auf die Aussage des Konzils verwiesen, wonach die Kirche Christi in der Gemeinschaft mit dem Nachfolger des Petrus und der Bischöfe in Gemeinschaft mit ihm „subsistiert“.

Dieses „subsistiert“ ist nicht einfach zu interpretieren.

Es macht eine doppelte Aussage. Es sagt zunächst, dass die Kirche Christi in der katholischen Kirche bleibend da ist. Gleichzeitig stellt das „subsistit“ eine Art Öffnungsklausel dar; es schließt nämlich ein, dass es auch außerhalb der institutionellen Grenzen der katholischen Kirche Elemente der wahren Kirche gibt, Elemente, durch die Jesus Christus in diesen Gemeinschaften heilswirksam gegenwärtig ist. Das „subsistit“ nimmt also das Positive des evangelischen Kirchenverständnisses, die heilwirksame Gegenwart Christi durch Wort und Sakrament, auf; es vertritt keinen exklusiven Heilsanspruch. Die evangelischen Christen gehören zum Leib Christi. Die evangelischen Kirchen sind aber nicht in dem Sinn Kirche, wie die katholische Kirche ihr eigenes Kirchesein versteht, und sie wollen es bewusst auch nicht sein.
Deshalb spricht die Glaubenskongregation von Kirchen nicht im eigentlichen Sinn und unterscheidet zwischen Kirchen und kirchlichen Gemeinschaften.

Diese Unterscheidung sorgt immer wieder für Verstimmung.

Sicher hätte man das Gemeinte besser verständlich machen und auch freundlicher sagen können; aber in der Sache wird ein Unterschied bezeichnet, der sinnvollerweise nicht bestritten werden kann. Die reformatorischen Kirchen wollen nicht Kirchen im katholischen Sinn sein. Das wurde durch den Text bestätigt, den die EKD als Antwort auf „Dominus Jesus“ veröffentlicht hat: „Kirchengemeinschaft nach evangelischem Verständnis. Ein Votum zum geordneten Miteinander bekenntnisverschiedener Kirchen“ (2001). Dieser Text ist nicht weniger schroff formuliert; im Vergleich mit ihm ist

„Dominus Jesus“ sogar ein ökumenisch geradezu freundliches Dokument.

Die Differenzen im Kirchenverständnis schlagen sich auch in unterschiedlichen Bestimmungen des kirchlichen Amtes nieder.

Was die VELKD in dem Text „Ordnungsgemäß berufen“ (2006) deutlich zum Ausdruck gebracht hat: Das unterschiedliche Amtsverständnis zeigt sich in der Praxis auch daran, dass in vielen Landeskirchen auch Nichtordinierte (etwa nicht ordinierte Vikare) dem Abendmahl vorstehen können. Schließlich bringt die Frauenordination, die inzwischen in den meisten protestantischen Kirchen anerkannt ist, ein Amtsverständnis zum Ausdruck, das nicht das der katholischen Kirche ist.
Ich erinnere mich noch gut, wie mir der allseits angesehene bayrische Landesbischof Hermann Dietzfelbinger (er war eine Zeitlang auch Ratsvorsitzender der EKD) bei einem spätabendlichen Spaziergang auf dem Gelände des Berliner Reichstags (damals noch unmittelbar an der Berliner Mauer) seine diesbezüglichen Gewissensprobleme dargelegt hat. Es waren auch die Probleme des hoch angesehenen lutherischen Theologen Peter Brunner, und es sind noch heute die Probleme vieler in der anglikanischen Gemeinschaft.

Ein erster Schritt zur Überwindung dieser Unterschiede waren die Lima-Dokumente „Glaube und Kirchenverfassung“ sowie „Eine Taufe, eine Eucharistie, ein Amt“ (1982) einschließlich der Weiterführung dieser Themen in „Nature and Mission of the Church“ (2005).

Das letzte lutherisch/römisch-katholische Dialogdokument „Die Apostolizität der Kirche“ (2007) hat wichtige Annäherungen, aber noch keinen tragfähigen Konsens erbracht.

Kirchengemeinschaft – Abendmahlsgemeinschaft

Die Unterschiede im Kirchenverständnis haben Folgen für das Abendmahls- und Eucharistieverständnis. Sowohl nach katholischem als auch nach traditionell lutherischem Verständnis gehören Kirchen- und Abendmahlsgemeinschaft untrennbar zusammen.

Der Zusammenhang wird schon bei Paulus hergestellt, der sagt, dass die Teilnahme am einen Leib Christi in der Eucharistie auch Teilnahme an dem einen Leib Christi bedeutet, der die Kirche ist. Ein rein individualistisches Verständnis ist darum unseren beiden Traditionen fremd. Es gilt die Regel: Man gehört zu der Kirche, bei der man zur Eucharistie geht, und man geht in der Kirche zur Eucharistie, zu der man gehört. Zum Glück hat es in der Eucharistiefrage in den vergangenen Jahrzehnten erhebliche Annäherungen gegeben. Die Frage der Realpräsenz Jesu Christi in der Eucharistie ist zwischen Katholiken und Lutheranern (aber nicht unbedingt mit den Reformierten) in der Sache nicht mehr umstritten; auch in der Frage des Opfercharakters der Messe, über die der Streit im 16. Jahrhundert besonders heftig war, kann man sich durch die gemeinsame Rückbesinnung auf das biblische Verständnis von „Gedächtnis“ (memoria, anamnesis) inzwischen dahingehend verständigen, dass in der Eucharistie das eine und einzige Opfer Jesu Christi am Kreuz real präsent wird.

Das kann, wer will in allen ökumenischen Konsenstexten der vergangenen Jahrzehnte nachlesen.

Und nicht nur das. Ich war im angelsächsischen Raum mehrfach bei Abendmahlsfeiern zugegen und musste jeweils sehr genau aufpassen, um der feinen Unterschiede in den liturgischen Texten und Riten gewahr zu werden. Wem da Luthers kräftige Worte in den „Schmalkaldischen Artikeln“ (1537) von der Messe als „päpstlicher Abgötterei“ oder der von „vermaledeiter Abgötterei“ im Heidelberger Katechismus (1563) einfallen, der kann sich nur freuen über das, was uns inzwischen als Nähe im Glauben geschenkt worden ist.

Aber es bleiben mir doch noch Fragen: Findet sich das alles, was in den ökumenischen Texten steht, zumal in mehr reformiert geprägten Gegenden oder traditionell liturgiearmen Kirchen wie der Württembergischen Landeskirche, auch in den Köpfen und Herzen?

Wenn man zehn evangelische Pfarrer fragte, bekäme man unter Umständen zehn unterschiedliche Antworten, von denen viele auf ein rein symbolisches Verständnis der Eucharistie hinausliefen. Wie verhält es sich mit der stiftungsgemäßen Praxis bei manchen Formen des Feierabendmahls oder manchen Gemeindegottesdiensten, die auch vielen evangelischen Christen erhebliche Beschwer machen? Auch der Umgang mit den bei der Feier übriggebliebenen Gestalten von Brot und Wein wirft Fragen auf und weist auf fortbestehende Unterschiede im Eucharistieverständnis hin.

Eucharistische Gastfreundschaft?

Die Ära eucharistischer Gastfreundschaft oder gar einer allgemeinen offenen Einladung zur Eucharistie ist daher aus Sicht der katholischen Kirche noch nicht angebrochen.

Das ist – ich habe es oft genug erfahren, und es ist mir oft mit tiefem Schmerz, manchmal auch mit großer Bitterkeit gesagt worden – für viele, besonders für konfessionsverschiedene

Familien, enttäuschend. Ich habe nicht das Recht und sehe auch gar nicht die Möglichkeit, andere Regeln aufzustellen, als es meine Kirche tut. Aber ich weiß ebenso, dass man die persönliche Situation eines einzelnen nie nur unter allgemeinen Regeln betrachten kann.

Was soll man hoffen?

Der entscheidende Maßstab muss sein: Die Eucharistie ist ein Sakrament des Glaubens – nicht des individuellen, sondern des gemeinsamen Glaubens der Kirche. Eine allgemeine unterschiedslose Einladung zur Kommunion ist darum nicht möglich, und wo sie ausgesprochen wird, ist sie nicht zu verantworten.

Es kann aber Einzelsituationen geben, in denen evangelische Christen persönlich den Eucharistieglauben der katholischen Kirche teilen, bei der Doxologie am Ende des eucharistischen Hochgebets mit Überzeugung „Amen" sagen können zu dem, was in der eucharistischen Feier gesagt und geschehen ist, und die, etwa wenn die Kinder katholisch getauft wurden, praktisch in der katholischen Gemeinde zu Hause sind.

Ich konnte als Bischof nie eine pastorale Praxis tadeln, die in solchen Einzelsituationen den Zugang zur Kommunion nicht verweigert. Die brüske Verweigerung würde in solchen Fällen von den meisten Katholiken als das größere Skandalon empfunden werden.

Aus solchen Einzelsituationen kann und darf man jedoch keine allgemeine, alle Unterschiede des Glaubens einebnende Praxis machen und allgemein zur Kommunion einladen. Man kann sich vielmehr fragen, warum bei uns die in vielen anderen Ländern übliche Praxis nicht angenommen wird, wonach nichtkatholische Christen zwar bei der Austeilung der

Kommunion hinzutreten, durch über der Brust verschränkte Hände ihren Status deutlich machen und um den Segen bitten. Sie brauchen sich dann nicht ausgeschlossen zu fühlen. Sie nehmen in der Weise an der Eucharistie teil, wie es in ihrer Situation angemessen ist. Ich halte dies für die ehrlichere Praxis. Warum will man bei uns immerzu nur und partout auf einem Alles-oder-nichts-Standpunkt bestehen?

Hochschätzung des Anderen

Wandlungen, die die Ökumene nicht erleichtern, ist auch die evangelische Theologie unterworfen.

Innerhalb der evangelischen Theologie vollzog sich in den letzten Jahren eine tiefgreifende Veränderung, die das Gespräch über diese und andere Fragen leider nicht erleichtert.

Als Katholiken und Lutheraner nach dem Konzil mit dem Dialog begannen, stand die evangelische Theologie im Wesentlichen auf zwei Säulen: Die Wort-Gottes-Theologie von Karl Barth und die Rückbesinnung auf den genuinen Luther.

In beiden theologischen Richtungen hatte die katholische Seite ökumenische Gesprächspartner, die ein klares theologisches Profil aufwiesen und die zugleich begierig waren, das Katholische besser kennenlernen. Man denke etwa an Karl Barth und seinen Bericht „Ad limina Apostolorum“ (1967) oder an Edmund Schlink, der als ökumenischer Delegierter am II. Vatikanischen Konzil teilnahm. Beide waren gestandene evangelische Christen und über allen Verdacht erhaben, einen ökumenischen „Schmusekurs“ zu fahren.
Ähnlich war es mit meinem Tübinger Kollegen Eberhard Jüngel. Öfters sind wir uns auf Podien oder auf Kanzeln, zuletzt auf der Ulmer Münsterkanzel, begegnet. Niemand

konnte auf die Idee kommen, der eine sei nicht mehr richtig evangelisch, der andere nicht mehr richtig katholisch, und doch waren wir im Entscheidenden nahe beieinander; dort, wo wir unterschiedlich formulierten, geschah dies nicht nur mit gegenseitiger persönlicher Achtung, sondern auch unter Hochschätzung der anderen Position. Aus Anlass des Ökumenischen Pfingsttreffens in Augsburg im Jahr 1971, in einer Zeit, wo manches drunter und drüber ging, haben wir zwar kein Glaubensbekenntnis, aber eine kurze gemeinsame Rechenschaft unseres Glaubens verfasst.

Persönlichkeiten wie diese sind im deutschen Protestantismus rar geworden.

Teilweise erleben wir eine Renaissance von Motiven der liberalen Theologie. Friedrich Schleiermacher, gewiss ein Großer in der Theologie, den Barth überwunden zu haben meinte, vor dem er aber am Schluss nochmals den Hut zog, ist wieder „in". Ein religionsgeschichtliches und religionswissenschaftliches Verständnis der Theologie in der Spur von Ernst Troeltsch ist nicht nur im deutschen, sondern vor allem im skandinavischen und angelsächsischen Bereich überall anzutreffen. Gewiss gibt es noch wirkliche Lutheraner, aber ihre Stimme ist schwach geworden.

Der katholischen Kirche in Deutschland könnte der Partner für das ökumenische Gespräch abhanden gekommen sein.

Ich möchte nicht soweit gehen zu sagen, dass der katholischen Kirche der Partner abhanden gekommen ist. Aber es ist nicht zu übersehen, dass der Bekenntnisstand auf evangelischer Seite undeutlicher und vielfältiger geworden ist.

Worte, Tage, Taten

1989 nehmen die Deutsche Bischofskonferenz und der Rat der Evangelischen Kirche in Deutschland (EKD) gemeinsam zu Fragen des Lebensschutzes in Deutschland Stellung. An dem Dokument „Gott ist ein Freund des Lebens" wirkt Walter Kasper noch als Professor mit. Als Bischof ist er an der Erarbeitung des „Gemeinsamen Worts" der Kirchen zur wirtschaftlichen und sozialen Lage in Deutschland beteiligt, das 1997 erscheint.

> Das Wort zur wirtschaftlichen und sozialen Lage hatte in der Öffentlichkeit ein großes Echo. Leider ist die Gemeinsamkeit in der Frage der Stammzellenforschung in der Zwischenzeit abgebröckelt. Das tut dem gemeinsamen Zeugnis in unserer weithin säkularisierten Gesellschaft nicht gut. Freilich darf man nicht übersehen, dass die Zusammenarbeit im sozialen und politischen Bereich in Deutschland insgesamt noch immer erfreulich gut ist.

Als ökumenischer Meilenstein gilt in Deutschland der Erste Ökumenische Kirchentag. Er findet 2003 in Berlin unter dem Thema „Ihr sollt ein Segen sein" statt; etwa 200 000 Menschen nehmen teil.

> Der Kirchentag als solcher war ein Erfolg. Offiziell waren sich beide Seiten einig, dass die Zeit für ein gemeinsames Abendmahl noch nicht reif sei. Dass ein solches außerhalb des offiziellen Programms dennoch stattfand, hat nachträglich sehr geschadet und den Erfolg verdunkelt.

Der zweite gemeinsame Kirchentag soll 2010 in München unter dem Thema „Christsein in der Gesellschaft – Christsein für die Gesellschaft" stattfinden.

Es ist zu hoffen, dass sich die guten Erfahrungen von Berlin wiederholen, auf die negativen können wir gerne verzichten. Es ist weiter zu hoffen, dass beiden Kirchen ein überzeugendes Wort der Orientierung in die verbreitete Orientierungslosigkeit hinein gelingt.

Gemeinsame Stellungnahmen von Bischofskonferenz und EKD sind mittlerweile seltener als in den neunziger Jahren. Hinter vorgehaltener Hand heißt es, ein „Gemeinsames Wort“, in dem es um lebensethische Fragen wie Abtreibung, Patientenverfügung oder Embryonenschutz ginge, käme heute nicht mehr zustande.

Über Jahrhunderte, ja bis in die jüngste Vergangenheit hinein gab es zwischen Katholiken und Protestanten keine signifikanten Unterschiede in den moralischen Überzeugungen. In der Zwischenzeit haben sich die katholische Kirche und die meisten protestantischen Kirchen in diesen Fragen leider auseinanderentwickelt. Bei der anglikanischen Gemeinschaft ist das gegenwärtig ganz offenkundig; es zeigt sich aber auch bei den traditionell konservativen Lutheranern.
Als ich im Sommer 2003 bei der Vollversammlung des Lutherischen Weltbundes in Winnipeg (Kanada) war, konnte nur mit Mühe eine Beschlussfassung zugunsten gleichgeschlechtlicher Lebensgemeinschaften verhindert werden. Es gibt zu dieser Frage im lutherischen Bereich keine gemeinsame Position. In Schweden fand auf Einladung des lutherischen Erzbischofs 1998 im Dom zu Uppsala eine Ausstellung „Ecce homo“ statt, die Jesus im Kreis von Homosexuellen zeigte. Viele empfanden das zu Recht als unerträglichen Skandal; auch der Papst drückte sein Missfallen aus.

Christliches Menschenbild?

Die beliebte Rede von dem „christlichen Menschenbild" wird dadurch nicht plausibler.

Die Fragen, um die es geht, sind im eigentlichen Sinn das Wortes Lebens-Fragen: Empfängnisregelegung, Abtreibung, aktive Sterbehilfe, die ethische Bewertung der Embryonenforschung, gleichgeschlechtliche Lebensgemeinschaften und manches andere. In allen diesen Fragen ist das Spektrum der Meinungen auf evangelischer Seite erheblich und die Differenz zur katholischen Position deutlich.

Man mag einwenden, diese Themen beträfen nicht das Zentrum des Glaubens. Das ist richtig, dennoch werfen sie Fragen auf, die ins Zentrum gehen. Außerdem handelt es sich um Fragen, die emotional erhebliche Sprengkraft für die Einheit besitzen. Es sind keine isolierte Fragen, sondern Fragen, die es mit dem christlichen Menschenbild zu tun haben. Das biblische Zeugnis scheint uns in den meisten dieser Fragen eindeutig zu sein. Deshalb muss man die evangelischen Partner fragen, wie ernst sie es mit der Verbindlichkeit der Schrift und dem Sola-Scriptura-Prinzip nehmen.

Bewegungen und Flügel

Die Fragmentierung und Fraktionierung vieler Kirche aus dem Spektrum der Reformation hat ungeachtet vieler Warnungen in den vergangenen Jahren eher zu- als abgenommen.

Es gibt nicht nur – wie auch bei uns – einen mehr „rechten" und einen mehr „linken" Flügel und dazwischen eine breite Mitte. Es gab schon bisher auch hochkirchliche anglikanische (Oxford-Bewegung) und lutherische Kreise und Bewegungen (Una-sancta-Kreise, Berneuchener Bewegung, Michaels-Bruderschaft, Hochkirchliche Vereinigung Augsburger Bekenntnisses und andere). Sie stehen fest auf dem Boden der Schrift und ihrer Bekenntnisse, sind uns in den gottesdienstlichen Formen sehr nahe, mit vielen innerevangelischen Entwicklungen unzufrieden und suchen Kontakt mit uns. Der Zahl der Mitglieder nach sind sie nicht groß. Das kann jedoch kein Grund sein, sie nicht zu beachten.

Daneben melden sich verstärkt evangelikale Bewegungen zu Wort. Sie wenden sich gegen liberale Tendenzen in der Schrift- und Bekenntnisauslegung und sind mit mancher Politisierung in der Kirche nicht einverstanden. Ihre Mitglieder bemühen sich um persönliche Heiligung des Lebens, verstehen sich als bibel- und bekenntnistreu und nehmen das biblische Zeugnis wie das christologische Bekenntnis im gemeinsamen Credo ernst. Nicht alle sind deswegen gleich als fundamentalistisch einzustufen.

Mit ihnen ist bei allen Unterschieden im Kirchen- und Sakramentsverständnis ein gemeinsames öffentliches Zeugnis über christliche Grundwerte möglich. Wir sollten darum die leider bei vielen noch immer verbreiteten Berührungsängste überwinden und die neuen Möglichkeiten ökumenischer Kontaktaufnahme nicht versäumen.

Pfingstkirchen und Sekten

Während die westlich geprägten traditionellen „Großkirchen" in Europa wie in den Vereinigten Staaten dramatisch schrumpfen und klassische Freikirchen wie die Baptisten eine erstaunliche Stabilität aufweisen, schießen vor allem in Lateinamerika, aber auch in Afrika wie in Asien sogenannte „pentecostal and charismatic churches" wie Pilze aus dem Boden.

Mittlerweile werden sie als dritte Welle der Christentumsgeschichte bezeichnet – nach den Kirchen des ersten Jahrhunderts, Katholiken und Orthodoxen, sowie den Gemeinschaften, die im zweiten Jahrtausend direkt oder indirekt aus der Reformation hervorgegangen sind.

Die wichtigsten von ihnen, die „Pfingstkirchen", verstehen sich als Neuausgießung des Pfingstgeistes. Sie sind sehr verschieden, nicht oder ganz wenig institutionell miteinander verbunden oder international organisiert. Die klassischen Pfingstkirchen haben einen festen Lehrbestand, bei dem die Geisttaufe eine zentrale Rolle spielt; mit vielen von ihnen ist inzwischen ein seriöser Dialog möglich geworden.
Dagegen haben die neueren Pfingstkirchen (Neopentecostals) keine verbindlichen Lehren, sie sind oft synkretistisch und neigen zu einem Evangelium innerweltlicher Prosperität. Sie finden sich – in den Großstädten oft in riesigen Mega-Churches – zu Gottesdiensten mit ekstatischen Elementen, mit Heilungen und Segnungen zusammen. Dabei entfalten sie, oft von amerikanischen Geldgebern unterstützt, einen ungenierten Proselytismus, verbunden mit teilweise billiger, aber gehässiger anti-katholischer Polemik. Die Ausbildung ihrer Prediger funktioniert wie eine Schnellbleiche und ist nicht vergleichbar mit dem langen Ausbildungsweg eines katholischen Geistlichen. Ein eigentlicher Dialog, außer einem Dialog des Lebens, ist hier kaum möglich.

Spiegel katholischer Defizite

Die Religiosität der meisten neopentekostalen Gruppen mag westlichen Beobachtern seltsam irrational vorkommen. Aber mit – nach einigermaßen seriösen Schätzungen – gut 400 Millionen Mitgliedern weltweit haben sie nicht nur die etablierten evangelischen Groß- und Freikirchen hinter sich gelassen. Sie finden auch in katholisch geprägten Ländern Lateinamerikas viele Anhänger Cláudio Hummes, der vormalige Erzbischof von São Paolo und derzeitige Präfekt der vatikanischen Kongregation für den Klerus, hat jüngst vorgerechnet, dass die katholische Kirche in Brasilien in jedem Jahr ein Prozent ihrer Mitglieder an neopentekostale Gruppen verliere.

Für westlich-europäisch geprägte Christen pflegen diese Gruppen eine wenig rationale Form der Religiosität. Sie versuchen, Menschen für sich einzunehmen, indem sie Emotionen wecken, in den großen Mega-churches ein neues Gefühl der Zugehörigkeit (belief as belonging) wecken, innerweltliche Prosperität verheißen. Manchmal werden die Armen mit solchen Verheißungen auch einfach „abgezockt", sie wandern dann enttäuscht von einer Gemeinde zur anderen.
In anderen Fällen geht die „Bekehrung" mit einem anderen, ja besseren Leben einher: Männer schlagen ihre Frauen nicht mehr und bleiben auch bei ihren Frauen, schwören dem Alkohol ab, die Kinder profitieren von den stabileren Familienverhältnissen – sozialer Aufstieg ist möglich.
Ursprünglich haben sich vorwiegend Arme und Marginalisierte wie die Schwarzen zu diesen Gruppen hingezogen gefühlt. Mittlerweile sind diese „Kirchen" bei der Mittelklasse angekommen, die in vielen Gegenden der Welt in eine wirtschaftliche Krise geraten und verunsichert ist.

Mittlerweile fasst der Pentekostalismus auch in Europa Fuß.

Der Päpstliche Einheitsrat hat die neuen Herausforderungen aufgegriffen und Symposien für Bischöfe und Theologen in Lateinamerika (São Paolo, Buenos Aires), Afrika (Nairobi, Dakar) und Asien (Seoul, Manila) organisiert. Die letzte Versammlung des Lateinamerikanischen Bischofsrats (CELAM) in Aparecida (Brasilien) hat sich ausführlich mit dem Problem befasst und gute pastorale Ratschläge entwickelt.

Es genügt nicht, die Pfingstkirchen als Sekten zu kritisieren. Man muss nicht nur fragen, was bei ihnen falsch ist, sondern vor allem wo es bei uns fehlt. Warum verlassen so viele Christen unsere Kirche? Was erwarten sie dort, was bei uns fehlt? Was können wir pastoral ändern und besser machen? In mancher Hinsicht ist die Attraktivität der neopentekostalen Gruppen ein Spiegel der Defizite der katholischen Kirche.

...was sich die katholische Kirche nicht überall klarzumachen scheint.

Papst Johannes Paul II. hat zu Recht darauf aufmerksam gemacht, dass man nicht nur die negative Seite des Phänomens sehen darf; er sah als eine Ursache der neuen charismatischen und pflingstlerischen Religiosität das seelische Vakuum und den Hunger und Durst nach geistlicher Kost. Die wichtigste Antwort auf die Situation ist also, dieser geistlichen Sehnsucht in der Predigt und bei der Gestaltung des Gottesdienstes auch emotional mehr zu entsprechen, statt – wie es in der lateinamerikanischen Befreiungspastoral leider oft der Fall war – Predigt und Gottesdienst einseitig zu politisieren.
Noch ein zweiter Gesichtspunkt scheint mir wichtig zu sein. Ich habe in den Elendsvierteln Lateinamerikas Pfarreien mit hunderttausend und mehr Mitgliedern angetroffen. Kein Wunder, dass sich da viele, besonders wenn sie in Not sind, verlassen fühlen und leicht zur Beute von Sekten werden.
Als sich ein Bischof bei Johannes Paul II. beklagte und sagte: „Wenn irgendwo eine Notsituation ist, sind die Sekten zur Stelle," bekam er zur Antwort: „Warum sind Sie nicht da?" „Sie" – das meint nicht den Bischof persönlich, sondern Basisgruppen und Basisgemeinden, die – zumal bei dem dort herrschenden Priestermangel – von dafür geschulten Laien

„moderiert“ werden. Mir wurde gesagt: Wenn da nur irgendwo eine kleine Kapelle, ein Kreuz oder ein Bildstock ist, wo die Leute sich abends treffen, beten, singen, etwas aus der Hl. Schrift lesen, ihre sozialen Probleme diskutieren und einander helfen, dann haben die Sekten nichts zu bestellen.

Das Wort „Basisgemeinde“ hat über die Auseinandersetzung mit der Befreiungstheologie bei vielen einen negativen Beigeschmack bekommen. Noch in Aparecida gab es Streit über die Frage, ob das Wort „Basisgemeinde“ überhaupt im Abschlussdokument auftauchen dürfe.

Schon Paul VI. fand für Basisgemeinden, die wirklich kirchlich sind, sehr anerkennende Worte. In Afrika spricht man von „little communities“ und hat damit beste Erfahrungen gemacht.

Die Zukunft der Ökumene

Auf dem Feld der Ökumene steht der Vatikan vor vielen neuen Aufgaben.

Viele haben es leider noch immer nicht gemerkt: Wir stehen heute nicht mehr dort, wo wir vor 40 Jahren angefangen haben. Es zeichnen sich neue Problemstellungen, eine neue ökumenische Situation und eine neue Konfiguration der ökumenischen Szene ab. Wir müssen unsere Arbeit auf diese neue Situation einstellen. Viele haben sich in den alten Schützengräben nur allzu gut eingerichtet. Ökumene aber heißt immer wieder neu aufbrechen.

Noch stärker treffen die Veränderungen den Ökumenischen Rat der Kirchen (ÖRK).

Als der ÖRK 1948 in Amsterdam unter dem Eindruck der Verheerungen des Zweiten Weltkriegs gegründet wurde, stellte das einen großen Fortschritt dar, der hohe Erwartungen nach sich zog. Der Eintritt der katholischen Kirche als der weltweit größten Kirche in die ökumenische Bewegung hat den Dialog verändert. Gegenüber dem multilateralen Dialog im ÖRK bevorzugt die katholische Kirche den bilateralen Dialog. Der ÖRK war zunächst argwöhnisch und sah darin die Gefahr, dass die eine ökumenische Bewegung gespaltet werde. Inzwischen haben sich die Vorbehalte aufgelöst. Der bilaterale Dialog kann präziser und konzentrierter sein, während im multilateralen Dialog mit manchmal allzu vielen Bällen gleichzeitig jongliert werden muss. Beide Formen des Dialogs können und sollen sich darum ergänzen.

Nicht nur die Form des Dialogs, auch das Niveau scheint Schwankungen zu unterliegen.

Besonders in der Kommission „Glaube und Kirchenverfassung" arbeiteten anfangs viele angesehene evangelische Theologen mit. Sie verliehen dem Gespräch hohes Niveau und moralische Autorität. Als dann immer mehr Gesichtspunkte der „political correctness" und des Nord-Süd- und Mann-Frau-Proporzes maßgebend wurden, ging es mit dem Niveau bergab; viele namhafte Leute verließen die Kommission, und das Prestige des Ökumenischen Rates nahm zum Schaden der ökumenischen Sache zusehends ab.

Dogma trennt, Praxis eint?

Mit Verlust an theologischem Niveau ging eine Politisierung der ÖRK sondergleichen einher.

Seit der Vollversammlung des ÖRK in Uppsala im Jahr 1968 ging man von den an sich richtigen Vorstellungen „Kirche für die anderen“ und „Kirche für die Welt“ aus. Einseitig wurde es freilich, als nicht mehr das Evangelium, sondern „die Welt“ die Tageordnung setzen sollte. Man erwartete sich die Kircheneinheit nicht mehr von der Theologie und Lehrgesprächen, sondern von gemeinsamer Praxis. „Dogma trennt, Praxis eint“, hieß die Parole. Auch daran ist etwas Richtiges. Doch bald zeigte sich, dass man sich über Fragen der rechten Praxis ebenso streiten kann wie über die rechte Lehre. Das Verhältnis zum kommunistischen Ostblock, zum Apartheid-Regime in Südafrika, zur Befreiungstheologie in Lateinamerika – all das trennte fortan die Kirchen. Es fehlten die gemeinsamen lehrhaften Grundlagen, auf deren Basis man das Für und Wider überhaupt erst sinnvoll erörtern kann.
Die Politisierung hat, neben wirtschaftlichen Problemen, den ÖRK in eine Krise gestürzt. Er muss sich grundsätzlich neu ausrichten und seine Arbeit neu ordnen. Auch wenn die katholische Kirche nicht Mitglied ist, so ist der ÖRK auch für uns ein wichtiges Instrument der Kommunikation und Information. Wir haben immer wieder auf den Vorrang und den grundlegenden Charakter des theologischen Dialogs und auf die Bedeutung von „Glaube und Kirchenverfassung“ hingewiesen. Es scheint, dass wir damit neuerdings Gehör finden.

Übersichtlicher sind die Verhältnisse innerhalb des Weltrates in den zurückliegenden Jahren nicht geworden.

Der ÖRK versammelt inzwischen längst nicht mehr nur orthodoxe Kirchen, die historischen Kirchen der Reformation und die Freikirchen des 19. und 20. Jahrhunderts. Die Zahl neu entstandener Gemeinschaften, vor allem sogenannter autochthoner Kirchen vorwiegend aus Afrika, wächst stetig.

Diese haben kein Bekenntnis, das als Basis für den Dialog dienen könnte. Es reicht, wenn sie 50 000 Mitglieder haben. Doch mit inzwischen 348 Mitgliedskirchen aus 120 Ländern ist der ÖRK an seine Grenzen gestoßen.
Auf der anderen Seite gibt es viele, vor allem evangelikale, charismatische, und pfingstlerische Gruppierungen, die dem ÖRK und der Ökumene grundsätzlich kritisch gegenüberstehen und deshalb gar nicht Mitglied werden wollen. Um auch mit ihnen Kontakt zu halten, wurde ein informelles „Global Christian Forum" eingerichtet. Dieses hat sich als nützliches Kommunikations- und Informationsforum erwiesen. Die ökumenische Situation wird immer unübersichtlicher. Sie nimmt auf ihre Weise an dem postmodernen Pluralismus teil.

Wie soll und wie kann es in der Ökumene weitergehen?

Diese Frage wird gegenwärtig oft gestellt, teilweise in skeptischer, teilweise in zukunftsweisender Absicht. Sie lässt sich indes nur beantworten, wenn man sich zuerst die anderen Fragen stellt: Wohin soll es denn gehen? Welches ist das Ziel der ökumenischen Bewegung? Wohin steuert sie?
Es ist offensichtlich, dass es in der ökumenischen Bewegung unterschiedliche Tendenzen gibt. Das ist nicht ungefährlich. Denn wenn man sich nicht mehr über das gemeinsame Ziel einig ist, besteht die Gefahr, dass man in verschiedene Richtungen auseinanderläuft und dann am Ende weiter auseinander ist als zuvor. Die Frage der ökumenischen Zielbestimmung ist darum eine der dringendsten gegenwärtigen ökumenischen Fragen.

Nicht einmal in der katholisch-lutherischen Ökumene gibt es derzeit einen allseits anerkannten Begriff für das Ziel.

In den vergangenen Jahrzehnten sind die unterschiedlichsten Einheitsmodelle entwickelt worden. Es ist verständlich, dass die verschiedenen Kirchen je nach ihrem Kirchenverständnis unterschiedliche Zielvorstellungen haben. Die katholische Antwort lautet: Volle Kirchengemeinschaft in Einheit in Verschiedenheit im einen Glauben, denselben Sakramenten und im einen apostolischen Amt. Die evangelischen Kirchen berufen sich dagegen meist auf das Augsburger Bekenntnis, das sagt, es genüge (satis est) zur Einheit Übereinstimmung in der Predigt des Evangeliums und in der evangeliumsgemäßen Verwaltung der Sakramente. Viele leiten daraus ab, dass es nicht nur in der Frage der Ämter, sondern auch in dogmatischen Formulierungen (etwa in der Abendmahlslehre) unterschiedliche Ausgestaltungen geben kann.

Nicht nach dem Modell Leuenberg

In diesem Sinn ist auf evangelischer Seite in Europa ein Modell maßgebend geworden, das auf die „Leuenberger Konkordie" aus dem Jahr 1973 zurückgeht.

Danach ist zwischen dem verbindlichen gemeinsamen Grund des Glaubens und der kirchlichen Gestalt zu unterscheiden; bei der kirchlichen Gestalt kann es einen Pluralismus in der Ausgestaltung der Ämter, aber auch in dogmatischen Auffassungen geben. So konnten die traditionellen Unterschiede zwischen Lutheranern und Reformierten in der Abendmahlsfrage als nicht mehr länger kirchentrennend bezeichnet werden. Im Grunde ist dies auch die Grundlage der Evangelischen Kirche Deutschlands (EKD), zu der Kirchen lutherischen, reformierten Bekenntnisses und unierte Kirchen gehören.

Im Rückblick muss man sagen, dass die Leuenberger Konkordie den Protestanten geholfen hat, viele Gräben untereinander zu überwinden. Sie hat freilich auch neue Gräben geschaffen, denn nicht alle lutherischen Kirchen anerkennen Leuenberg; manche Skandinavier etwa bevorzugen die Porvoo-Erklärung (1992), welche in der Amtsfrage eine eindeutigere Stellung bezieht zugunsten der bischöflichen Verfassung.

Im weltgeschichtlichen Abseits scheinen sich die deutschen Protestanten mit ihren Zusammenschlüssen und Allianzen nicht zu fühlen. Auch in anderen Ländern haben sich evangelische Kirchen unterschiedlicher Bekenntnisse nach deutschem Vorbild zusammengeschlossen, etwa in den Niederlanden und in Australien.

Alles hat seinen Preis, auch Leuenberg. Das spezifisch lutherische und reformierte Profil verschwimmt immer mehr zugunsten eines gemeinsamen, aber oft unscharfen protestantischen Selbstverständnisses. So wird aus einem bayerischen Lutheraner, der in das reformierte Rheinland umzieht, über Nacht ein Reformierter, der sich, wenn überhaupt, an viel nüchternere reformierte Gottesdienstformen gewöhnen muss.

Ökumene der Profile

Um dieser Gefahr des Substanzverlustes zu entgehen, aber wohl auch, um neben der katholischen Kirche einen eigenen Stand zu gewinnen, hat der Ratsvorsitzende der EKD, der Berliner Landesbischof Wolfgang Huber, das Programmwort von einer Ökumene der Profile in die Debatte geworfen.

Dagegen ist solange nichts einzuwenden, als beide Konfessionen sich ihrer je eigenen Identität bewusst sind beziehungsweise diese sich wieder in Erinnerung rufen. Jeder Dialog setzt Partner mit eigenem Profil und eigener Identität voraus. Mit einer Schummelökumene und mit einem Wischiwaschi-Christentum ist niemandem gedient. Schwierig wird es freilich, wenn aus Profil Profilierung wird und Abgrenzung an die Stelle von Austausch der Gaben und Reichtümer tritt.

Kirche der Freiheit – ein großes Wort, ein hehrer Anspruch.

Wenn das evangelische Eigenprofil „Kirche der Freiheit" lautet, dann ist das gut, sofern man Freiheit im paulinischen Sinn versteht – Bindung an das Christusbekenntnis und Dasein für andere eingeschlossen. Zur Abgrenzung gegen einen angeblich autoritätsfixierten Katholizismus eignet sich der Begriff ganz und gar nicht. Ehrlicherweise wird man nämlich sagen müssen, dass sich der Protestantismus bis ins 19. Jahrhundert gegenüber Katholiken gar nicht so freiheitlich verhalten hat und bis in die erste Hälfte des vergangenen Jahrhunderts mit dem Staat „verbandelt" war. Es wäre deshalb fatal, wenn heute an die Stelle des paulinischen Freiheitsverständnisses Freiheit als Beliebigkeit treten würde. So ist es nicht gemeint, aber so kann es verstanden werden.

Kein neuer Konfessionalismus

Im Jahr 2017 wollen die Protestanten dem Beginn der Reformation vor 500 Jahren gedenken. Die Vorbereitungen sind in Gestalt einer „Reformationsdekade" in vollem Gange.

Man darf gespannt sein, in welcher Weise sich der Protestantismus beim bevorstehenden Reformationsjubiläum 2017 präsentieren wird. Lässt man die Geschichte der Reformationsjubiläen Revue passieren, dann stellt man fest, dass sie meist recht „zeitgeistlastig" waren. Eine Rückbesinnung auf den Glauben des Reformators Martin Luther, der allen heutigen liberalen Tendenzen zutiefst abhold wäre, kann man dem Protestantismus nur wünschen. Es wäre dagegen schlimm, wenn daraus am Ende ein neuer Konfessionalismus würde.

Das Reformationsjubiläum sollte nicht nur für die evangelische Kirche ein Anlass sein, sich auf ihre Wurzeln zu besinnen...

... auch für uns könnte es eine Gelegenheit sein, Luther besser kennenzulernen und ihn nicht nur von seinen polemischen Schriften her oder gar einigen herausgerissenen Sätzen zu verstehen – sie machen dem katholischen Leser verständlicherweise und zu Recht Beschwer.
Man sollte vor allem Luthers große und reiche Schriftkommentare lesen und an seine glaubensstarken geistlichen Lieder erinnern, die sich inzwischen teilweise auch in unseren katholischen Gesangbüchern finden. Dann entdeckt man einen Luther voller Glaubenskraft, den man zwar nicht einfach katholisch machen kann, der uns in vielem provoziert und fremd ist, von dem aber auch Katholiken lernen können.
Wir sollten uns also gemeinsam fragen, was bedeutet die Reformation heute für uns? Wo haben wir gemeinsam Schuld zu bekennen? Wo stehen wir heute als katholische und evangelische Christen? Wir sollten uns auf unsere gemeinsame Herkunft und auf unsere gemeinsame Verantwortung für die Zukunft besinnen. Deshalb würde ich es begrüßen, wenn es bei diesem Jubiläum auch zu gemeinsamer gottesdienstlicher Besinnung käme, so wie wir dies mit dem Lutherischen Weltbund besprochen haben.

Oben und unten

Ob das 21. Jahrhundert ein Jahrhundert der Ökumene werden wird, steht noch dahin.

Ich habe keine Patentantwort auf die Frage nach der Zukunft der katholisch-evangelischen Ökumene. Die Situationen sind viel zu verschieden, als dass man einfache Rezepte verschreiben könnte. Auch muss man sich der unterschiedlichen Ebenen – der lokalen, regionalen und universalen Ebene – bewusst sein, auf denen Ökumene geschieht. Sicherlich kann nicht alles „von oben“ dirigiert werden, vieles muss „von unten“ wachsen. Aber eine Ökumene „von unten“, die ohne das „oben“ auskommen will oder sich gar gegen „die da oben“ durchsetzen will, hat keine Zukunft. Das „oben“ und das „unten“ brauchen sich gegenseitig und müssen zusammenspielen. Manchmal wäre es schon viel, wenn die „unten“ all das täten, was die „oben“ als wichtig, richtig und wünschenswert bezeichnen; wenn allein all das geschehen würde, was „oben“ längst erlaubt und sogar empfohlen wird, dann wäre die Ökumene schon wesentlich weiter.

Man könnte die Ökumene vom Kopf auf die Füße stellen.

Es scheint mir aber einige Grundlinien zu geben, die in je eigener Weise auf allen Ebenen und an allen Orten verbindlich sind. Dabei geht es nicht um außerordentliche Aktionen und Programme. Es geht um das Alltägliche und Grundlegende und in diesem Sinn um eine Ökumene des Lebens.
Als Erstes möchte ich von einer Bekenntnisökumene sprechen. Damit sind keine großen Worte oder gar Bekenntnisfeiern gemeint, obwohl die letzten ab und zu ihre Bedeutung haben. Gemeint ist etwas viel Einfacheres. Evangelische und katholische Christen können heute das gemeinsame Bekenntnisfundament, auf dem sie stehen, nicht länger einfach voraussetzen. Vieles von dem, was im 16. Jahrhundert gemeinsam und fast selbstverständlich war, ist es heute leider nicht mehr: das Bekenntnis zum dreieinen Gott und zu Jesus Christus dem Sohn Gottes, zu seinem Tod am Kreuz zur Erlösung der Menschheit, zu seiner Auferstehung, zu unserer Hoffnung auf unsere Auferstehung und auf das ewige Leben in der seligen Gemeinschaft mit Gott.

Wenn dieses gemeinsame Fundament nicht mehr vorhanden und nicht mehr lebendig ist, hängt alles andere in der Luft und bricht in sich zusammen. Ich habe in diesem Zusammenhang auch schon von Fundamentalökumene gesprochen, weil es sich um das Fundament geht, auf der Ökumene allein aufbauen kann. Wir müssen dieses Fundament sichern und erneuern.

Bekenntnisökumene meint auch, dass wir auf dem gemeinsamen Fundament einander Zeugnis geben von unserem jeweils eigenen katholischen und evangelischen Glaubensbekenntnis, dass wir einander einfach und schlicht erzählen, was, wie und warum wir glauben und warum wir diesen unseren Glauben schön finden. Dazu gehören auch die neu aufgebrochenen ethischen Fragen: Ehe und Familie, Schutz des menschlichen Lebens und vieles andere. Auch dies geschieht nicht nur durch Worte, sondern vor allem durch das Leben, das gemeinsame Tun und das gemeinsame Zeugnisgeben. Es geschieht dadurch, dass wir uns gegenseitig zu unseren Festen einladen und einander an unserem Leben als Christen teilhaben lassen. Dann kann es zum Austausch der Gaben, zur gegenseitigen Bereicherung kommen, durch die wir zusammenwachsen und schließlich eins sein werden.

Geistliche Ökumene

Ein zweites Stichwort ist „geistliche Ökumene". Sie ist das Herz der Ökumene. Sie ist mir in den vergangenen Jahren immer mehr zum „Steckenpferd" geworden. Wir können die Einheit nicht „machen", wir können sie nicht organisieren und schon gar nicht herbeizwingen. Sie ist eine Gabe des Geistes Gottes, der sie uns schenkt wann, wie und wo er will.

Die Bedeutung der geistlichen Ökumene ist mir vollends bewusst geworden, als ich der Geschichte der ökumenischen

Bewegung nachging. Sie hat ihre Wurzeln in Gebetsbewegungen, die in der zweiten Hälfte des 18. Jahrhunderts unabhängig voneinander in verschiedenen Kirchen entstanden. Daraus ist die Gebetswoche für die Einheit der Christen hervorgegangen, die jeweils vom 18. bis zum 25. Januar eines Jahres begangen wird. Sie ist der ökumenische Höhepunkt innerhalb des liturgischen Jahres. Letztlich geht diese Gebetsbewegung bis in den Abendmahlssaal zurück, wo Jesus gebetet hat „dass alle eins seien, damit die Welt glaube". Ökumene heißt, sich dieses Gebet zu eigen machen.

Im Jahr 2006 hat der Päpstliche Rat zur Förderung der Einheit der Christen ein kleines Büchlein über geistliche Ökumene herausgebracht, den „Wegweiser Ökumene und Spiritualität". Darin kann man eine Fülle von praktischen Vorschlägen finden, was man alles tun kann, ohne gegen irgendeinen Paragraphen des katholischen Kirchenrechts zu verstoßen …

… und das ist wesentlich mehr, als die meisten ahnen.

Mittlerweile ist dieses Buch in vielen, auch nichteuropäischen Sprachen erschienen; es stellt zusammen mit dem Ökumenischen Direktorium (1993) eine Magna Charta der weltweiten Ökumene dar.

Geistliche Ökumene kann vielerlei Gestalten annehmen. Das Gebet steht im Mittelpunkt, und ich bin den vielen Betern dankbar, die mir versprochen haben, oft – manche sogar jeden Tag – für die Einheit und für meinen Dienst an der Einheit zu beten. Sie sind meine wichtigsten Mitarbeiter und Mitarbeiterinnen. Das Sprechen mit Gott ist Antwort auf Gottes Sprechen mit uns. So gehört zur geistlichen Ökumene das Hören auf das Wort Gottes und das gemeinsame oder persönliche Lesen der Hl. Schrift. Die großen Zeugen des Glaubens, die wir als Heilige bezeichnen, können uns zeigen, wie das Wort Gottes im Leben konkret ausgelegt werden kann. Dazu gehören für uns auch die neuen Märtyrer, die Zeugen, die in allen Kirchen im vergangenen und auch im kaum begonnenen neuen Jahrhundert ihr Leben für Christus gegeben haben. Wir können und sollen das Wort Gottes in der Liturgie des Wortes, in Taufgedächtnisgottesdiensten, in Advents- und Bußgottesdiensten gemeinsam feiern, und nicht zuletzt sollen wir es in der Ökumene des Lebens gemeinsam leben und im Leben bezeugen.

Bewegung und Bewegungen

Manche haben den Eindruck, die „geistliche Ökumene" habe sich bis jetzt nicht als neue Zentralperspektive etabliert. Einige äußern sogar den Verdacht, die katholische Kirche wolle damit von der eigenen Unbeweglichkeit in der Ämterfrage ablenken.

Selbstverständlich sind kirchliche Institutionen nicht von vorneherein über alle Kritik erhaben. Manchmal wünschte man sich von ihnen, dass sie weniger Bedenkenträger und Bremser wären und statt dessen mehr frischen ökumenischen Enthusiasmus an den Tag legten. Dennoch: Die geistliche Ökumene ist keine faule Ausrede und kein taktisches Ablenkungsmanöver; sie ist eine gelebte und lebendige Realität.

Eine Reihe neuerer geistlicher Bewegungen und Gemeinschaften hat mittlerweile die geistliche Ökumene zu ihrem besonderen Anliegen gemacht, darunter die Fokolar-Bewegung, Chemin Neuf, Sant' Egidio, die Arche und Cursillo. Papst Johannes Paul II. sah in ihnen ein neues Pfingsten und eine charismatische Kraft in der Kirche. Im evangelischen Raum entstanden neue

Kommunitäten und Bruderschaften wie etwa die Bruderschaft vom Gemeinsamen Leben, die Schwesternschaft vom Casteller Ring, die Christusbruderschaft Selbitz und die Jesusbruderschaft Volkenroda u.a. Die Gemeinschaft von Taizé ist inzwischen weltbekannt.

Auch ältere Ordensgemeinschaften sind zu nennen: die Trappistinnen von Vitorchiano (Viterbo), aus deren Orden die selige Schwester Maria Gabriella von der Einheit (1914–39) hervorgegangen ist. Selbstverständlich wird man Klöster wie Chevetogne, Bose, Niederaltaich und andere nennen müssen, oder Konvente im evangelischen Raum wie die Michaelsbruderschaft. Es entstehen Lebensgemeinschaften (etwa das ökumenische Lebenszentrum Ottmaring oder Loppiano in Italien). Andere knüpfen interkonfessionelle Netzwerke und schließen geistliche Bündnisse und treffen sich, wie etwa im Benediktinerkloster Neresheim, regelmäßig zu Schriftbetrachtung, Einkehr und Gebet.

In eine größere Öffentlichkeit sind diese Bewegungen durch die beiden Stuttgarter Kongresse „Miteinander für Europa“ (2004 und 2007) getreten.

Etwa 8.000 bis 10.000 meist jüngere Menschen aus mehr als 170 Bewegungen in verschiedenen Kirchen waren in die Hanns-Martin-Schleyer-Halle gekommen. Etwa 100.000 haben den Kongress über Satellit weltweit in mehr als 100 Parallelveranstaltungen miterlebt. Von Stuttgart ging ein Impuls aus, der in anderen Kontinenten zu ähnlichen Versammlungen unter den Bewegungen und Gemeinschaften geführt hat.
Beachtlich war, dass dabei auch pietistische Gruppierungen, vor allem aus dem CVJM, die bisher gegenüber der katholischen Kirche und der Ökumene eher zurückhaltend wenn

nicht ablehnend waren, teilnahmen. Einer sagte mir: „Noch vor fünf Jahren wäre ich zu keiner Versammlung gegangen, zu der ein römischer Kardinal kommt.“ Wenn das nicht hoffnungsvolle und zukunftsweisende Ereignisse sind, in denen sich etwas von einer Kirche von morgen andeutet!

Austausch der Gaben

Unabhängig vom Verlauf der theologischen Dialoge mit den Kirchen der Orthodoxie wie mit den Kirchen, die aus der Reformation hervorgegangen sind, sollte das Wort Johannes Pauls II. gelten, die Begegnung solle zu einer wechselseitigen Bereicherung führen, zu einem „Austausch der Gaben“.

An vielen Orten erlebe ich derzeit eine Transformation der Ökumene. Es sind nicht mehr ganze, inzwischen sehr pluralistisch gewordene „Kirchenkörper“ und internationale konfessionelle Zusammenschlüsse, die auf eine korporative Vereinigung zusteuern; es sind einzelne Gruppen und Gemeinschaften, die sich für ein neues ökumenisches Miteinader öffnen und in verantwortlicher Weise Ökumene leben.
So sehe und erlebe ich schmerzlich die Krisen und Verzögerungen, auch manche Rückschläge in der Ökumene. Ich nehme auch mancherlei Dummheiten und Eigenmächtigkeiten wahr, die nicht weiterhelfen, sondern schaden. Trotzdem ist meine Bilanz der Ökumene des 20. Jahrhunderts insgesamt positiv. Die volle sichtbare Einheit mag noch in der Ferne liegen – das wollen und müssen wir Gottes Vorsehung überlassen. Aber wer „life“ erleben konnte wie ich, was sich in einem halben Jahrhundert durch den Impuls des Geistes Gottes auf dem Gebiet der Ökumene entwickelt hat, dem ist gewiss, dass sich in den neuen Formen ökumenischen Miteinanders schon jetzt Grundrisse einer neuen Gestalt der Kirche abzeichnen.

XIII. In der Krise – die Anglikanische Gemeinschaft

Ende Juli 2008 präsentiert sich auf der Lambeth-Konferenz eine Anglikanische Gemeinschaft, die tief zerstritten ist. Von den großen Hoffnungen, die die katholische Kirche während des II. Vatikanischen Konzils in den Dialog mit den Anglikanern gesetzt hatte, scheint nicht mehr viel übrig zu sein.

Der Anglikanischen Gemeinschaft hatte das Konzil wegen ihrer hochkirchlichen Verfassung einen besonderen Platz zugewiesen. Traditionellerweise versteht sie sich als Mittelweg zwischen dem Katholizismus und der Reformation. Jeder, der schon einmal durch England gereist ist, die großartigen mittelalterlichen Kathedralen bewundert, dort an den wunderschönen, hinreißenden Evening Songs teilgenommen hat, die alten Colleges in Oxford und Cambridge besucht hat und das Glück hatte, dort einem der großen alten Männer englischer historischer und theologischer, mit typisch englischem Humor gewürzter Gelehrsamkeit wie Henry Chadwick zu begegnen, kann etwas erahnen von der Größe und Bedeutung der Tradition der Church of England. Sie ist aus der Geschichte der ökumenischen Bewegung des 20. Jahrhunderts nicht wegzudenken.

Hoffnungsvoller Beginn

Schon unmittelbar nach dem Konzil kommt es 1966 anlässlich des Besuchs von Erzbischof Michael Ramsey bei Papst Paul VI. zur Absichtserklärung, „einen auf die Evangelien und die gemeinsamen altkirchlichen Traditionen begründeten ernsthaften Dialog einzuleiten"; dieser möge „zu jener Einheit in der Wahrheit führen, für die Christus betete." Beschlossen wird auch die Gründung eines anglikanischen Studienzentrums mit einem ständigen Vertreter des Erzbischofs von Canterbury beim Hl. Stuhl.

Es hat sich sehr bewährt, und man kann fragen, warum bisher nicht auch andere Kirchen auf diese Idee gekommen sind.

Der Dialog mit den Anglikanern gehört neben dem Gespräch mit den Lutheranern und den Methodisten zu den ersten, die nach dem Konzil aufgenommen werden.

Die Erwartungen waren am Anfang hoch gesteckt. Nach dem vorbereitenden Malta-Bericht von 1968 wurde in demselben Jahr die Internationale Anglikanisch/Römisch-Katholische Kommission (ARCIC) gegründet, die sich in ihrer ersten Phase der Themen Eucharistie, Amt und Autorität in der Kirche annahm. Bezüglich der beiden ersten Themen konnte die Kommission in ihrem Final Report (1981) eine substanzielle Übereinstimmung, bei Amt und Autorität einen hohen Grad der Übereinstimmung feststellen.
Man war sich freilich schon damals der Probleme bewusst, die durch das Urteil von Papst Leo XIII. in „Apostolicae Curae" (1896) über die anglikanischen Weihen entstanden waren. Man wollte das Problem aber „in einen neuen Zusammenhang" stellen. Außerdem war die Kommission schon 1979 hellsichtig genug zu sehen, dass die Ordination von Frauen „ein neues schweres Hindernis in den Weg gelegt hat".

Die Antwort der Glaubenskongregation auf den Final Report lässt lange auf sich warten.

Sie kam 1991 und wirkte wie eine kalte Dusche. Unterschiede zwischen einer lehrhaften und einer dialogischen Betrachtungsweise, welche die Unterschiede der Sprach- und Denkformen anerkennt, wurden sichtbar. So anerkannte die Glaubenskongregation zwar, dass der Final Report ein bedeutender Meilenstein für die Beziehungen sei, dass aber noch immer Unterschiede in wesentlichen Fragen blieben, so dass von einem substantial agreement noch nicht die Rede sein könne. Nach nochmaligen Klarstellungen (1993) konnte Kardinal Cassidy 1994 in einem Brief feststellen, dass derzeit keine weiteren Studien erforderlich seien.

Hindernis Frauenordination

In den achtziger Jahren kommt es in der anglikanischen Gemeinschaft zu tiefgreifenden Umwälzungen aufgrund der Ordination von Frauen zum Priesteramt. Mittlerweile gibt es in den Vereinigten Staaten und in Kanada und künftig wohl auch in der Church of England Bischöfinnen.

Vor allem das letztere ist nach unserer Auffassung ein Bruch mit der apostolischen Tradition, an der alle Kirchen des ersten Jahrtausends festhalten.

Im Blick auf die Frauenordination stellten Papst Johannes Paul II. und Erzbischof Robert Runcie schon 1989 fest, dass diese Entwicklung die Versöhnung auch dort verhindert, wo anderswo Fortschritte zu verzeichnen sind. Papst Johannes Paul II. und Primas Georges Carey sagten 1996 unumwunden, dass dadurch eine neue Lage entstanden sei. Eine neue Lage entsteht auch auf dem Feld ethischer Fragen.

Zu den Fragen der Moraltheologie musste ARCIC II im Jahr 1993 in dem Dokument „Leben in Christus“ 1993 feststellen, dass die anglikanische Haltung, besonders die pastorale Praxis bezüglich einiger moralischer Gebote in der anglikanischen Gemeinschaft nicht so absolut sei wie es die katholische Lehre fordert. In der grundsätzlichen Würdigung der maßgebenden Prinzipien konnte damals jedoch noch weitgehende Übereinstimmung gefunden werden.

Fünf Jahre später konnte ARCIC II im dritten Dokument zur der Frage der Autorität „Die Gabe der Autorität" ein hohes Maß an Konvergenzen feststellen. Ihm folgte 2005 der vorläufig letzte, überraschend positive ARCIC-Bericht „Maria: Gnade und Hoffnung", an dem ich vorübergehend mitgearbeitet habe. Dass wir ausgerechnet in der Mariologie so viel Gemeinsamkeit entdecken konnten, war alles andere als selbstverständlich.

Ein hohes Maß an Konvergenzen

Der gute Fortgang von ARCIC veranlasst Kaspers Vorgänger Kardinal Cassidy, gemeinsam mit Erzbischof Carey im Jubiläumsjahr 2000 anglikanische und katholische Bischöfe aus 13 Ländern nach Toronto-Mississauga einzuladen.

Als Deutscher hatte ich bisher wenig Gelegenheit gehabt, mit Anglikanern zusammenzukommen. Für mich war es das erste Mal, dass ich an einer größeren anglikanisch-katholischen Versammlung teilnahm. Es war eine überraschend positive Erfahrung.

Bevor wir in die Beratungen eintraten, nahmen wir uns Zeit für zwei volle Einkehrtage. So waren die Beratungen von einer tiefen geistlichen Gemeinschaft getragen. Dankbar blickte man in dem Statement „Communion and Mission" auf das im Dialog Erreichte zurück und in einem „Action Plan" hoffnungsvoll auf die künftige pastorale Zusammenarbeit voraus. Es wurde beschlossen, eine Kommission – dieses Mal nicht

von Theologen, sondern von Bischöfen – zu berufen, welche die Ergebnisse zusammenfassen und Vorschläge für die weitere pastorale Zusammenarbeit machen sollten.
Diese International Anglican-Roman Catholic Commission for Unity and Mission (IARCCUM) legte im Februar 2007 als Ergebnis ihrer Arbeit den Bericht „Growing Together in Unity and Mission“ vor – ein trotz einiger Schwächen in der genauen Bestimmung der noch offenen Probleme ein erfreulicher Bericht. Die beiden Ko-Vorsitzenden stellten in ihrer Einleitung fest, dass trotz nur unvollständiger Gemeinschaft genügend Grundlage vorhanden sei, um ernsthaft eine Vertiefung der Zusammenarbeit in Betracht zu ziehen. Im ersten Teil stellt der Bericht die Gemeinsamkeiten im Glauben heraus, im zweiten Teil gibt er praktische Anregungen auf dem Weg zur Einheit und für die gemeinsame Sendung.

Die katholischen und anglikanischen Bischöfe Englands finden den Bericht hilfreich ...

... die Glaubenskongregation dagegen war alles andere als begeistert. Weihbischof Bernard Longley von Westminster musste darum von katholischer Seite einen ausführlichen Kommentar verfassen. Aber vielleicht hatte ein britischer Kommentator doch recht, der den Bericht „sadly, much exaggerated“ fand, weil die beiden Kirchen leider noch nicht so weit seien.

Rückblickend sollte sich das Jahr 2000 mit der Versammlung in Mississauga auch in den anglikanisch-katholischen Beziehungen als eine Art Wasserscheide erweisen.

Die Spaltung wird sichtbar

Die Bischofsweihe des in homosexueller Lebensgemeinschaft lebenden Pastors Gene Robinson, eines geschiedenen Ehemanns und Vaters von zwei Kindern, in der Episcopal Church, der US-amerikanischen Provinz der Anglikanischen Gemeinschaft, stürzt diese im Jahr 2003 in eine tiefe Krise.

> Die Vorstellung, dass ein praktizierender Homosexueller Bischof einer anglikanischen Diözese sein kann, ist offenbar nicht nur für Katholiken befremdlich, sondern wird auch in der anglikanischen Kirche keineswegs widerstandslos hingenommen.

Für Zwist sorgt auch die Segnung gleichgeschlechtlicher Lebensgemeinschaften. Besonders die Provinzen der südlichen Hemisphäre halten unter Führung des nigerianischen Primas Peter Akinola mit ihrer Kritik nicht hinter dem Berg. Ganze Diözesen und einzelne Pfarreien verlassen die Episcopal Church; auch einzelne anglikanische Bischöfe aus den Vereinigten Staaten stellen sich offen gegen die Mehrheitsentscheidung. Im Januar 2008 versammeln sich in Jerusalem 1148 Kirchenvertreter, darunter 291 Bischöfe, zur „Global Anglican Future Conference" (GAFCON) und veröffentlichen die „Jerusalem Declaration", in der sie den geistlichen Niedergang der meisten entwickelten Länder, den militanten Säkularismus und Pluralismus, vor allem aber die Krise der Anglikanischen Gemeinschaft beklagen. Sie sprechen von „der größten kirchlichen Krise seit der Reformation" und stellen fest, dass in anglikanischen Provinzen „ein anderes Evangelium" gelehrt wird. Um die Schwäche und das Versagen der communio-Strukturen nicht länger ertragen zu müssen, gründen sie innerhalb der anglikanischen Gemeinschaft eine Gemeinschaft (fellowship). Deren Ziel ist es, die Anglikanische Gemeinschaft zu reformieren, zu heilen, zu beleben und so ihre Sendung in der Welt auszubreiten. Dazu rufen sie eigens einen Bischofsrat ins Leben.

Primas Rowan Williams

Als der international angesehene Theologe Rowan Williams im Jahr 2002 Erzbischof von Canterbury wird, gerät er sofort in schwere Wasser.

Ich konnte ihn schon bei seinem Amtsantritt in der Kathedrale von Canterbury kennenlernen. Dogmatisch vertritt er einen neo-orthodoxen Standpunkt, in der Frage der Frauenordination und in ethischen Fragen wie der Homosexualität aber eher offene Ansichten. Persönlich habe ich ihn als einen bedeutenden Theologen, als einen sehr geistlichen und geistreichen Menschen schätzen gelernt. In der englischen und internationalen Öffentlichkeit scheut er nicht das offene und auch kritische Wort.

2005 traf ich ihn wieder, als er an den Trauerfeierlichkeiten nach dem Tod von Papst Johannes Paul II. und an der Amtseinführung von Papst Benedikt XVI. teilnahm. Als er im November 2006 seinen „Antrittsbesuch" beim Papst machte, versicherte ich ihn unserer Solidarität mit den Worten: „Die Sorgen unserer Freunde sind auch unsere Sorgen." Das schließt jedoch nicht aus, dass auch die unübersehbaren Meinungsunterschiede klar angesprochen wurden.

Der Erzbischof von Canterbury ist kein anglikanischer Papst; er hat innerhalb der anglikanischen Gemeinschaft einen reinen Ehrenprimat, aber keinerlei Jurisdiktion.

Die anglikanische Gemeinschaft ist keine Kirche, sondern eine Gemeinschaft unabhängiger Kirchen (Provinzen). Es gibt kaum Instrumente, um eine Krise, wie sie sich gegenwärtig zeigt, zu meistern. Der Windsor-Report aus dem Jahr 2004 enthielt Vorschläge, um diesem Mangel etwa durch die Erarbeitung eines Common Canon Law und durch einen Covenant entgegenzuwirken. Erzbischof Williams bat mich um eine Stellungnahme, die er veröffentlichen wollte; sie fiel insgesamt positiv aus. Ich meinte aber daran erinnern zu sollen, dass ein synchroner Konsens in der gegenwärtigen Kirche nicht ausreicht; da die Kirche in allen Jahrhunderten dieselbe sei, müsse man sich auch um einen diachronen Konsens mit der Kirche aller Zeiten, besonders mit der gemeinsamen Tradition der Kirchenväter, bemühen. In diesem Sinn sei auch eine klare gemeinsame Position in grundlegenden ethischen Fragen notwendig.

Mittlerweile wird auch in der Church of England der Weg zur Ordination von Frauen zum Bischofsamt gebahnt.

Vor diesem Hintergrund bat mich der Erzbischof im Jahr 2006, vor der anglikanischen Bischofskonferenz Englands dazu aus katholischer Sicht zu sprechen. Ich meinte, unsere Position sei klar. Trotzdem akzeptierte ich, über „Mission of Bishops in the Mystery of the Church" zu sprechen, wohl wissend, dass es nicht leicht ist, vor einem solchen Gremium klar und doch verbindlich zu sein und gleichzeitig zu wissen, dass man sich nicht in die Entscheidungsprozesse anderer Kirchen einmischen kann.

Die Unmöglichkeit des Mittelwegs

Doch die Engländer sind Gentlemen und reagieren freundlich. Die mehr hochkirchlich eingestellten Bischöfe sind dankbar, dass Kasper sie unterstützt, die Liberalen sind dankbar, nicht katholisch zu sein.

Nachträglich setzte die Konferenz eine Arbeitsgruppe ein, die zu meinen Ausführungen Stellung nehmen sollte. Als ich das Konvolut der Stellungnahmen las, das mir der Erzbischof bei einer Tagung der Gemeinschaft Sant' Egidio in Neapel übergab, fasste ich mich an den Kopf. Da war alles vertreten von ganz liberal „links" bis ganz hochkirchlich „rechts". Ich dachte: Wie kann das in ein- und derselben Kirche auf die Dauer zusammengehen? Ich erinnerte mich an das, was John Henry Newman kritisch in seiner „Apologia pro vita sua" über die anglikanische Kirche und über die Unmöglichkeit der „via media" geschrieben hatte.

Mein Vorgänger Kardinal Cassidy hat das Problem bei einem Vortrag vor der Lambeth-Conference 1998 mit angelsächsischem Humor auf den Punkt gebracht: Er meinte, inclusiveness und comprehensiveness, auf welche die Anglikaner stolz sind, seien ja eine gute Sache, aber man solle daraus keine neue Seligpreisung machen. Es müsse auch dafür Grenzen geben.

So geht es in der gegenwärtigen Krise in der Tat um nichts weniger als um die Identität der anglikanischen Gemeinschaft. Ich selber sagte dasselbe etwas drastischer: „Ihr könnt die Krise nicht mit linguistic compromises und gentlemen's agreements, worin ihr Meister seid, bewältigen. Ihr könnte es nicht allen recht machen; ihr müsst euch entscheiden, wer ihr seid. Lieber ein Ende mit Schrecken als ein Schrecken ohne Ende."

Bruch mit der apostolischen Tradition

Wer noch Hoffnung auf eine Einigung hatte, wird durch die Entscheidung der Generalsynode der Church of England im Juli 2008 in York enttäuscht. Sie eröffnet den Prozess, der zur Ordination von Frauen zum Bischofsamt führen soll, ohne gleichzeitig denen, die Bedenken tragen, durch eine „Pastoral Provision" entgegenzukommen – etwa dadurch, dass sie eine Art eigenen Jurisdiktionsbereich bilden.

Auch wenn es wohl noch einige Jahre dauern wird, bis die die erste Frau in England Bischöfin wird, so ist die Entscheidung gefallen: die Church of England hat sich eindeutig auf die Seite der Kirchen geschlagen, die im Bruch mit der apostolischen Tradition, an der alle Kirchen des ersten Jahrtausends festhalten, den Weg der Kirchengemeinschaften beschreiten, die aus der Reformation des 16. Jahrhunderts kommen.

Aus der Sicht jener Kirchen könnte man formulieren: Willkommen im Club.

Ich würde es nicht ganz so formulieren. Die anglikanische Kirche geht auf die Entscheidung von König Heinrich VIII. im 16. Jahrhundert zurück, sich vom Papst loszusagen und sich zum Haupt einer nationalen Kirche zu erklären. Bis heute ist die Church of England eine „established Church", die eng mit der Monarchie verbunden ist und in der Vergangenheit in moralischen Fragen meist dem Parlament folgte. Ihre weltweite Verbreitung verdankt sie überwiegend dem britischen Empire und dem Commonwealth. Kulturell wurde sie lange Zeit durch die britisch-humanistisch geprägte Kultur ihres höheren Klerus und die gemeinsame englische Sprache zusammengehalten.
Diese Voraussetzungen sind heute weitgehend entfallen oder in rascher Veränderung begriffen: England ist ethnisch, ethisch und religiös sehr pluralistisch und säkular geworden. Die Kirche kann sich nicht mehr an die Gesellschaft anlehnen, die Gesellschaft bräuchte vielmehr eine in sich gefestigte Kirche, die ihr Orientierung gibt und an die sie sich anlehnen kann.
Auch die Kirche hat sich verändert. Die aus katholischer Tradition stammende bischöfliche Verfassung ist durch ein parlamentarisches synodales System und entsprechende de-

mokratische Prozeduren überlagert und ausgehöhlt. So ist geistliche Führung durch Bischöfe, die in dieser Situation dringend nötig wäre, kaum möglich.
Auch der kulturelle Zusammenhalt der weltweiten anglikanischen Gemeinschaft löst sich auf, ja macht teilweise antikolonialen Stimmungen Platz. Viele anglikanische Bischöfe sprechen nicht einmal mehr englisch; in der Lambeth-Conference ist daher Simultanübersetzung nötig.

Das Ende der westlichen Hegemonie
So könnte das Ende der kulturellen Hegemonie Großbritanniens im Commonwealth auch in das Ende der Einheit der anglikanischen Gemeinschaft münden.

Das Ende der anglikanischen Gemeinschaft anzukündigen halte ich für voreilig. Diese hat schon in der Vergangenheit immer wieder Krisen durchgemacht und jedes Mal auch wieder zu einem Modus vivendi gefunden. So ist es auch auf der Lambeth Conference 2008 gelungen, ein Auseinanderbrechen zumindest zwischen den Bischöfen, die teilgenommen haben, zu vermeiden. Sie haben in den umstrittenen Fragen zwar keinen inhaltlichen Konsens gefunden, sich aber auf einen Prozess geeinigt, der zu einem Covenant führen soll, der nach der Vision des Erzbischofs von Canterbury dazu beitragen kann, dass aus der Anglikanischen Gemeinschaft eine Kirche wird. Wenn dies gelingt, hätte die Krise zu einem positiven Ergebnis geführt; ob es angesichts der unterschiedlichen Positionen tatsächlich gelingt, kann nur die Zukunft zeigen. Ohne einzelne Abspaltungen zur Linken wie zur Rechten wird es vermutlich nicht gehen.
Die aktuelle Krise zeigt, dass Anpassung an postmoderne Lebensformen für die Kirche keinen Zugewinn an Ansehen und keinen neuen Glanz bringen, sondern zum inneren und

dann auch äußeren Verfall führen. Eine Heilung kann darum nur durch eine Rückbesinnung auf die eigenen Wurzeln des Kircheseins und auf die eigene und gemeinsame Tradition gelingen. Eine Art neuer Oxfordbewegung wie im 19. Jahrhundert wäre nötig. Die anglikanische Kirche sollte sich neu darauf besinnen, dass sie nicht nur wie die orthodoxen Kirchen tausend, sondern 1500 Jahre gemeinsame Tradition mit der Kirche Roms hat.
Doch vorerst sieht es nicht nach einer solchen neuen Oxfordbewegung aus. Wer die Größe der anglikanischen Tradition kennt und weiß, was die anglikanische Gemeinschaft bisher für die ökumenische Bewegung bedeutet und welche bedeutende Persönlichkeiten sie ihr geschenkt hat, der kann darüber nur traurig sein.

Katholisch werden?

Der katholischen Kirche könnte ein weiterer Partner für das ökumenische Gespräch abhanden gekommen sein.

Leider muss man sagen: Die Anglikanische Gemeinschaft steht mit ihren Problemen und ihrer Krise nicht allein; sie steht repräsentativ für Fragmentierungen, die auch in anderen reformatorischen Kirchen zu beobachten sind. In den genannten ethischen Fragen gibt es auch bei ihnen keinen einheitlichen Standpunkt.
Viele anglikanische Christen leiden unsäglich unter der Situation. Sie brauchen unsere Solidarität und unser Gebet. Viele überlegen sich oder sind schon entschlossen, sich der katholischen Kirche anzuschließen.
Wir sollten freilich keinem Fehlurteil und keiner falschen Erwartung verfallen. Nicht alle, die mit der Entwicklung der Anglikanischen Gemeinschaft unzufrieden sind, werden deshalb auch katholisch. Das wäre auch gar nicht möglich. Denn

um katholisch zu werden genügt es nicht, gegen die Ordination von Homosexuellen und gegen die Segnung gleichgeschlechtlicher Lebensgemeinschaften zu sein, man muss vielmehr den katholischen Glauben als ganzen und die katholische Kirche als solche annehmen und bejahen. Für manche von denen, die dazu bereit sind, kann unter Umständen die „Pastoral Provision" von 1980 ein Weg sein. Sie erlaubt innerhalb der vollen Gemeinschaft in der katholischen Kirche Personalpfarreien, in denen legitime Elemente etwa der anglikanischen liturgischen Tradition weiter gepflegt werden können; sie erlaubt weiter die Weihe von bisherigen anglikanischen Priestern, die verheiratet sind.

Für andere mag die Schwelle, katholisch zu werden, sowohl theologisch wie auch sozialpsychologisch zu hoch sein. Sie wollen in der anglikanischen Gemeinschaft verbleiben und dort für eine Änderung des Kurses kämpfen; vielleicht könnte für sie in der Anglikanischen Gemeinschaft eine „Pastoral Provision" anderer Art, nämlich eine eigene jurisdiktionelle Regelung gefunden werden. Wir werden sie wenigstens moralisch unterstützen können.

Es gibt aber auch viele, die sich den liberalen Tendenzen nicht deshalb widersetzen, weil sie der katholischen Tradition nahestehen, die es im Anglikanismus schon immer gab, sondern weil sie bibeltreue „Evangelicals" sind und sich eher entsprechenden protestantischen Traditionen verbunden fühlen. Doch sie sind gespalten: Einige sind gegen liberale Tendenzen in der Ethik, aber nicht gegen Frauenordination, andere gegen beides, wieder andere der Frauenordination und auch liberalen Tendenzen in der Ethik nicht abgeneigt. Es wird darum interessant sein, wie sich diese im Wachsen begriffene Gruppe in Zukunft formieren wird.

Dialoge und Gespräche
Der anglikanisch-katholische Dialog steht unter keinem guten Stern.

Grundsätzlich brechen wir keinen Dialog ab oder verweigern ihn mit Gemeinschaften, die ehrlich das Gespräch suchen. Doch angesichts der Fragmentierung und Fraktionierung in der protestantischen Welt liegt die Zukunft der Dialoge nicht mehr allein in Dialogen mit weltweiten, inzwischen sehr pluralistisch gewordenen Kirchengemeinschaften und konfessionellen Kirchenbünden. Von diesen offiziellen Dialogen (dialogues) wird man mehr oder weniger regelmäßige Gespräche (conversations) unterscheiden müssen, die wir in Zukunft zunehmend mit solchen Gruppierungen führen, die in ihren Kirchen verbleiben, sich dort nur beschränkt zu Hause fühlen, uns nahestehen, an unsere Tür klopfen und um das Gespräch nachsuchen.
So stellt sich der Päpstliche Einheitsrat darauf ein, in Zukunft mit mindesten zwei unterschiedlichen Gruppen von Anglikanern Gespräche führen zu müssen. Er wird dabei diejenigen moralisch zu stärken versuchen, die innerhalb der anglikanischen Gemeinschaft für deren katholische Traditionen und für die traditionellen ethischen Werte kämpfen.
Damit dies nicht zu einer Verdoppelung oder Verdreifachung unserer Arbeit führt, die der Einheitsrat mit seinen beschränkten Kräften gar nicht leisten könnte, müssen wir uns wohl oder übel neu aufstellen und unsere Dialoge neu organisieren. Das wird ein längerer Prozess sein. Vorerst sind in der neuen Phase ökumenischer Dialoge nur die ersten Umrisse der neuen Aufgaben deutlich. Meinem Nachfolger steht da noch viel Arbeit ins Haus.

XIV. Schwesterreligionen – Die Beziehungen zum Judentum

In die Verantwortung Kardinal Kaspers fällt nicht nur die Ökumene mit den Christen östlicher und reformatorischer Tradition. Mit dem Päpstlichen Einheitsrat ist seit 1974 als eigener Organismus die „Kommission für die religiösen Beziehungen zum Judentum" verbunden.

Dass die religiösen Beziehungen zum Judentum nicht beim Rat für den interreligiösen Dialog, sondern beim Einheitsrat angesiedelt sind, hat einen doppelten Grund.
Zunächst ist es ein persönlicher: Der erste Präsident des (damals so genannten) Einheitssekretariats, Kardinal Augustin Bea SJ, war Rektor des Päpstlichen Bibelinstituts und als Fachmann für das Alte Testament mit dem Judentum vertraut. Während des Konzils war er mit der Abfassung der lange Zeit heftig umstrittenen „Judenerklärung" befasst, die schließlich zum vierten Kapitel der „Erklärung über das Verhältnis der Kirche zu den nichtchristlichen Religionen" („Nostra aetate") wurde.
Der sachliche Grund liegt darin, dass die Kirche zum Judentum ein besonderes und religionsgeschichtlich einmaliges Verhältnis hat. Durch das Alte Testament gehört das Judentum, anders als etwa der Hinduismus oder der Buddhismus, zu den Grundlagen des Christentums; man kann das Christentum gar nicht definieren, ohne auf das Judentum Bezug zu nehmen. Man kann es vielleicht auch so sagen: Judentum und Christentum sind nicht Schwesterkirchen, aber Schwesterreligionen.

Ein deutscher Präsident

In der Person von Kardinal Kasper tritt im Jahr 2001 erstmals ein Deutscher an die Spitze der „Kommission für die religiösen Beziehungen zum Judentum".

Natürlich hatte ich zuerst Bedenken, als Deutscher angesichts der historischen Belastungen des deutsch-jüdischen Verhältnisses die Verantwortung für den christlich-jüdischen Dialog übernehmen zu sollen. Außerdem hatte ich auf diesem Feld bisher kaum Erfahrungen sammeln können.
Ich musste aber zu meiner großen Erleichterung bald feststellen, dass meine deutsche Herkunft für die jüdischen Partner zu keinem Zeitpunkt ein Problem war; zumindest wurde mir dies nie auch nur angedeutet oder gar zur Last gelegt: Ein gutes und erfreuliches Zeichen für die Entwicklung des deutsch-jüdischen Verhältnisses nach der menschlichen und moralischen Katastrophe der Shoah, ein gutes Zeichen auch dafür, dass das jüdisch-christliche, näherhin das jüdisch-katholische Verhältnis inzwischen auf einem festen Boden gegenseitigen Grundvertrauens stand.

Meilenstein Konzil

In Rom heißt es für Kasper, sich in die Geschichte des jüdisch-christlichen Verhältnisses einzuarbeiten.

Es gibt viele dunkle Stellen, allerdings auch einige helle. Leider, ja beschämender Weise, bedurfte es des unfassbaren schrecklichen Verbrechens der staatlich geplanten und systematisch ins Werk gesetzten Ermoderung von sechs Millionen europäischer Juden mitten im christlich geprägten Europa, um zu einer Besinnung und zur Umkehr zu kommen. Die Erklärung „Nostra aetate" ist darum ein als historisch zu bezeichnender Meilenstein, durch den das Verhältnis zwischen

Juden und Christen auf eine neue Grundlage gestellt wurde. Im Jahr 2005 haben Juden und Christen in vielen großen Städten der Welt gemeinsam 40 Jahre „Nostra aetate" in öffentlichen Veranstaltungen gefeiert. Ich konnte in São Paolo, Washington, Jerusalem und selbstverständlich in Rom an diesen Feierlichkeiten teilnehmen. Es war deutlich: Diese Erklärung hat Geschichte gemacht.

„Nostra aetate" hatte nicht nur alle Formen des Antisemitismus verworfen, sondern auch die bleibende Gültigkeit des Bundes Gottes mit „seinem Volk" und die bleibende Verbundenheit von Juden und Christen herausgestellt.

Juden und Christen ist der Glaube an den einen und einzigen Gott, den Schöpfer des Himmels und der Erde, gemeinsam; gemeinsam sind Juden und Christen Abraham und die Patriarchen, Moses und die Propheten; die Mutter Jesu war eine jüdische Frau, Jesus selbst stammte seiner Menschheit nach aus dem Judentum, alle Apostel waren Juden; gemeinsam ist Juden und Christen die eschatologische Hoffnung der Propheten. So sind die Juden, wie Papst Johannes Paul II. am 13. April 1986 bei seinem historischen Besuch in der Großen Synagoge in Rom, dem ersten Besuch eines Papstes dort, sagte, „unsere älteren Brüder im Glauben Abrahams".

Ein Netz von Freundschaften

Auch die Beziehungen zwischen Judentum und Christentum leben von institutionellen Arrangements wie von persönlichen Beziehungen.

Als Professor und Bischof kannte ich das Judentum hauptsächlich aus den Schriften von Martin Buber, in die ich mich

schon als Student vertieft hatte. Bevor ich mich jetzt mit der neueren Theologie des Judentums befassen konnte, musste ich das ganze Geflecht jüdisch-christlicher Beziehungen, wie es sich nach dem Konzil entwickelt hatte, kennenlernen.
Die institutionelle Zusammenarbeit geschieht hauptsächlich vermittels des 1970 eingerichteten „Internationalen Verbindungskomitees zwischen der katholischen Kirche und dem Judentum" (International Catholic Jewish Liaison Committee, ILC) zwischen dem International Jewish Committee für Interreligious Relations (IJCIC) und dem Päpstlichen Einheitsrat). Es trifft sich regelmäßig, normalerweise alle zwei Jahre, um neben aktuellen Problemen des gegenseitigen Verhältnisses über spezielle Arbeitsthemen und Vorhaben zu sprechen. Die Freundschaften, die dabei entstanden, gehören zu den schönsten Erfahrungen der letzten Jahre. Der jüdisch-christlich Dialog lebt wie jeder Dialog letztlich von einem Netz solcher Freundschaften.
Bereits 2001 nahm ich am siebzehnten Treffen des ILC in New York teil, 2004 sahen wir uns in Buenos Aires wieder, 2006 in Kapstadt (Südafrika). Ebenfalls 2001 fuhr ich zum Internationalen Kongress des „International Council for Christians and Jews" in Montevideo (Uruguay). Daneben kamen mit der Zeit Beziehungen zur Anti Defamation League, zur Sternberg Foundation oder der Appeal of Conscience Foundation. Wichtig waren Begegnungen mit jüdischen akademischen Einrichtungen wie der Hebrew University in Jerusalem, der Brandeis University in Boston und der Jeshiva University in New York, bei der mich der damalige Pariser Kardinal Jean-Marie Lustiger einführte.

Antisemitismus damals und heute

Die erste Reise nach Israel als Präsident des Einheitsrates führt Kasper in die Holocaust-Gedenkstätte Yad Vashem.

Besonders betroffen blieb ich vor einer Ausstellung von Bildern von Kindern stehen, die umkamen oder umgebracht wurden. Wie viel blühendes Leben, wie viel Zukunft ist da zerstört worden! Wie beim Besuch im Konzentrations- und Vernichtungslager Auschwitz-Birkenau zusammen mit Papst Benedikt wurde mir das ganze Grauen dieses unfassbaren Geschehens deutlich.
An solchen Orten unvorstellbaren Leidens und unsäglichen Verbrechens, versagen einem die Worte, man kann im Grunde nur schweigen. Es drängen sich auch Fragen auf: Wie war dies alles möglich? Der Psalm 130 „De profundis", „Aus der Tiefe schreie ich" legt sich einem auf die Lippen.

In vielen Ländern mehren sich die Anzeichen, dass Judenfeindschaft kein Kapitel der europäischen Geschichte ist, das definitiv der Vergangenheit angehört.

Leider ist der Antisemitismus nicht nur ein Phänomen der Vergangenheit; er ist noch längst nicht aus der Welt. Dabei muss man nicht nur an Hetzreden fundamentalistischer islamischer Heißsporne denken; auch bei uns ist Wachsamkeit geboten. Vor allem im osteuropäischen Raum ist noch manches zu tun. Darum wurde als Thema des Treffens des Verbindungskomitees im November 2008 in Budapest „Religion and Civil Society today" ausgewählt.

Dem Gespräch zwischen Katholiken und Juden mangelt es nicht an heiklen Themen.

Dass bei diesen Treffen auch brisante Themen zur Sprache kamen, über die ich mich oft erst kundig machen musste und bei denen Antworten nicht immer leicht zu finden sind, wird niemanden verwundern. Über Themen wie die Seligsprechung von Edith Stein, den Karmel in Auschwitz, die Judenmission oder das bedauerliche Auftreten neuer Zeichen von Antisemitismus geriet der Dialog manchmal an den Rand des Scheiterns. Umgekehrt mussten wir darauf hinweisen, dass es auch einen aggressiven Antikatholizismus gibt: Unsere Partner stimmten zu und wollten in den eigenen Reihen für Abhilfe sorgen.

Ein schwieriges Problem ist auch das Verhalten des Vatikans gegenüber Nazi-Deutschland und seinen Verbündeten in der Zeit von 1933 bis 1945.

Am Anfang meiner Tätigkeit war ich vor allem mit der Frage des Zugangs zu den vatikanischen Archiven für die Zeit des Zweiten Weltkriegs und der Haltung von Papst Pius XII. zur Judenverfolgung während dieser Zeit konfrontiert. Um dieses Thema ist es in der Zwischenzeit etwas ruhiger geworden; teilweise groteske, historisch völlig unhaltbare Vorwürfe wie „Hitlers Pope" sind bei allen seriös Urteilenden vom Tisch.
Aber wie eine erst 2005 in Yad Vashem angebrachte Tafel, die vom Schweigen des Papstes angesichts der Judenmorde spricht, zeigt, sind wir in der jüdischen Öffentlichkeit von einer gerechten historischen Beurteilung dieses großen Papstes und seines Einsatzes für die Juden – im Rahmes des damals Möglichen – noch weit entfernt.

Blick nach vorn

Längst drehen sich die jüdisch-katholischen Gespräche nicht mehr nur um die Vergangenheit.

Die Diskussionen der ersten Jahrzehnte befassten sich verständlicherweise mit der Aufarbeitung der Vergangenheit. Das geschah zuletzt in dem Dokument „We Remember. A Reflection on the Shoah" (1998). Es war umstritten und konn-

te nicht das letzte Wort sein; aber wer kann da das letzte Wort sprechen? Mit einem solchen Thema ist man nie fertig und darf man nie fertig sein. Es gilt die Erinnerung wachzuhalten – aus Respekt vor den Opfern wie als Warnung für die Zukunft. Man hat dies memoria futuri genannt.
Es waren dann aber die jüdischen Freunde, die zu mir kamen und sagten: Blicken wir jetzt auch nach vorn! Sprechen wir über die gemeinsamen Herausforderungen; schauen wir, wie wir für unsere Kinder und Kindeskinder eine bessere Zukunft bauen können, sprechen wir über Gerechtigkeit und Frieden in der Welt, über Kampf gegen Armut und Rassismus und alle Formen der Diskriminierung, über die Achtung der Menschenrechte und vieles andere mehr.

Bei unverbindlichen Worten bleibt es nicht.

Eine Delegation des Jüdischen Weltkongresses war inmitten der schweren Wirtschaftskrise Argentiniens in Buenos Aires und sah hungernde Kinder auf den Strassen. Ihre Eltern hatten nicht das Geld, um für die Schulbusse zu bezahlen, die sie zu einer Schulspeisung bringen sollten. In kürzester Frist sammelte die Delegation zehn Millionen Dollar. Sie kamen zu mir und fragten, wie sie das Geld am besten verteilen könnten. Meine Antwort: „Es gibt auch in Argentinien die Caritas, die in allen Städten vertreten ist. Wenn Sie und der Kardinal von Buenos Aires einverstanden sind, können wir mit der Caritas zusammenarbeiten." Als wir dann 2004 beim ILC-Treffen in Buenos Aires eine gemeinsame Einrichtung besuchten, begrüßten uns ein junger Rabbi und ein junger Kaplan – beide die gleichen Jeans und die gleichen langen Haare; die Chemie stimmte und die Einrichtung funktionierte ausgezeichnet.

Drei Kulturen

Gesprächspartner des Vatikans sind mittlerweile nicht mehr nur politische oder gesellschaftliche Organisationen.

Eine weitere „Neuerung“ ist, dass wir als Folge des Besuchs von Papst Johannes Paul II. im März 2000 und meines Besuchs im Großrabbinat in Jerusalem im Jahr 2001 im Juni 2002 neben dem internationalen Dialog einen eigenen Dialog zwischen dem Hl. Stuhl und dem Großrabbinat in Jerusalem begannen. Auf katholischer Seite nehmen unter der Leitung von Kardinal Jorge Mcjía neben den römischen Vertretern Bischöfe aus dem Hl. Land teil, auf jüdischer Seite Rabbiner großer Gemeinden in Israel. Als wir uns zum ersten Mal trafen, waren wir uns zuerst noch recht fremd. Doch nach einer Stunde wusste ich: Das wird gut gehen. Auf der Ebene der Spiritualität der Psalmen sind wir nahe beieinander.

Eine ähnliche Erfahrung wie bei der ersten Begegnung mit der jüdischen Delegation in Jerusalem hatte ich schon 2001 während des Rückflugs von Montevideo gemacht. Beim Abschied hatte mir ein Rabbi ein neues jüdisches Gebetsbuch in die Hand gedrückt. Während des langen Flugs begann ich darin zu lesen und entdeckte plötzlich, wie ich die Gebete beim Lesen betete. Es ist wahr, was im September 2000 eine Gruppe jüdischer Theologen in dem Statement „Dabru emet“ als jüdische Antwort auf die christlichen theologischen Bemühungen um eine neue Theologie des Judentums formulierte: „Juden und Christen verehren denselben Gott“; es ist der Gott Abrahams, Isaaks und Jakobs, der für uns Christen auch der Gott Jesu Christi ist.

Insgesamt kann man sagen, dass der jüdisch-christliche Dialog inzwischen so gut vorangeschritten ist, dass der jüdische Mitmoderator der Gruppe zwischen dem Hl. Stuhl und dem

Jerusalemer Großrabbinat, der Oberrabbiner von Haifa, eingeladen werden konnte, bei der Welt-Bischofssynode im Oktober 2008 einen Vortrag zu halten über das Wort Gottes in der jüdischen Tradition und Praxis. Diese Geste sagt mehr als viele Worte.

Ein Schatten

Die dritte und jüngste unter den monotheistischen Weltreligionen ist der Islam. Ihm begegnet man im jüdisch-christlichen Dialog auf Schritt und Tritt.

Angesichts der politischen Konflikte im Nahen Osten ist ein jüdisch-christliches Gespräch mit dem Islam ein Wagnis. Wir glaubten, es eingehen zu sollen und beginnen nun gemeinsam mit dem Rat für den interreligiösen Dialog in Zusammenarbeit mit der Stiftung „Tres culturas" (Sevilla) einen sogenannten Trialog. Damit er sich nicht ins Uferlose ausweitet, soll er sich auf den Mittelmeerraum beschränken – jenen Kulturraum, der seit der Antike viele einheitliche Züge aufweist. Die gewachsene ökumenische Verbundenheit legt es nahe, auch orthodoxe Teilnehmer aus Griechenland hinzuzuziehen.

Über dem positiven Ergebnis des jüdisch-christlichen Dialogs liegt indes noch immer ein Schatten: die bedrängte Situation der Christen im Heiligen Land.

Wie oft habe ich die furchteinflößenden Sperranlagen zwischen Jerusalem und Bethlehem und die Kontrollposten durchquert, mich in Jerusalem und in den palästinensischen Territorien mit Mitchristen, dort tätigen Ordensschwestern und Priestern unterhalten, mir im Lateinischen Patriarchat, beim Kustos und in der Nuntiatur die Probleme erläutern lassen, mit Vertretern aller Kirchen in Jerusalem konferiert, die alle mit denselben Problemen konfrontiert sind, mich im vatikanischen Staatssekretariat über die schleppenden Verhandlungen mit dem Staat Israel informieren lassen und vieles andere mehr.

Während der Besuche beim israelischen Staatspräsidenten, einmal beim Innenminister und im persönlichen Gespräch mit den jüdischen Freunden habe ich manches deutlich zur Sprache bringen können. Letztere haben mehrfach an hoher Stelle bei israelischen Behörden interveniert und sich nicht gescheut, deutliche Worte zu verlieren. Genützt hat alles leider nichts oder zumindest nicht viel.

Inmitten dieser bedrückenden Situation gibt es auch hoffnungspendende Lichtblicke: zahlreiche jüdisch-christliche Gesprächsgruppen, die in Israel an der „Basis“ entstanden sind, die Bereitschaft einflussreicher jüdischer Freunde, sich auch für die Belange der Christen einzusetzen, die Zusammenarbeit zwischen unseren Bibelinstituten in Jerusalem mit jüdischen Gelehrten und Einrichtungen, die Kontakte und das segensreiche Wirken, das von der deutschen Benediktinerabtei auf dem Sion ausgeht, und manches andere mehr. Am eindrucksvollsten war für mich, als ich beim letzten Besuch mit den arabischen Christen den jährlichen Wallfahrtsgottesdienst zu Ehren „Our Lady Queen of Palestine and the Holy Land“ in Rafat, einem Ort zwischen Jerusalem und Tel Aviv, halten durfte. In Abwandlung eines Wortes Jesu möchte ich sagen: Solchen Glauben habe ich bei uns nicht – oder selten – gefunden.

Päpste als Pioniere

Die Fortschritte im jüdisch-christlichen Dialog wären nicht möglich gewesen ohne das Wohlwollen der Päpste sowie die Begegnungen und Gespräche zwischen Juden und Christen in einigen Ortskirchen, besonders in den Vereinigten Staaten, in Deutschland und in Frankreich.

Papst Johannes XXIII. hatte die Grundlagen gelegt. Während des Zweiten Weltkriegs hatte er als Apostolischer Legat in Istanbul großen Anteil an der Rettung vieler Juden. Kurz nach seiner Wahl zum Papst im Jahr 1958 strich er aus der heute wieder aktuell gewordenen Karfreitagsfürbitte die Rede von den „perfidi Judaei", was richtig übersetzt „ungläubige Juden" heißt, fälschlich aber mit „treulose Juden" übersetzt wurde. Sein Auftrag an Kardinal Bea, eine Judenerklärung für das Konzil zu entwerfen, macht ihn zum Vater von „Nostra aetate".
Unter dem Pontifikat von Johannes Paul II. erhielten die Beziehungen mit den Juden eine neue Dynamik. Von Jugend auf war Karol Wojtyla mit Juden befreundet; er war in nächster Nähe zu Auschwitz aufgewachsen. Es war anrührend, wie er ausgerechnet bei seinem Besuch in Yad Vashem im Jahr 2000 zum ersten Mal Jugendfreunden wiederbegegnete, die den Holocaust überlebt hatten. Die Geste, ein Briefchen mit der Bitte um Vergebung für das den Juden angetane Unrecht in eine Mauerritze der Klagemauer zu stecken, bleibt unvergessen. Schon 1994 erreichte er mit einer politischen Meisterleistung die Aufnahme diplomatischer Beziehungen zum Staat Israel, dessen Existenzrecht der Vatikan damit anerkennt.

Nach dem Urteil vieler Juden ist Johannes Paul II. der Papst, der in der fast zweitausendjährigen Geschichte des Papsttums am meisten für das jüdische Volk getan hat.

Als sich das Pontifikat Johannes Pauls II. dem Ende zuneigte, wollten so viele Juden ihn nochmals sehen und ihm danken, dass wir am Ende die Fülle der Bitten um eine Audienz nicht mehr bewältigen konnten.

Die Karfreitagsfürbitte
Papst Benedikt XVI. hatte schon als Theologe wichtige Beiträge zur Theologie des Judentums geschrieben. Gleich nach seiner Wahl besuchen ihn hohe jüdische Vertreter und sagen ihm, dass Benedikt auf hebräisch „baruch", der Gesegnete heißt. Wenige Monate nach seiner Wahl besucht er während des Weltjugendtages die Kölner Synagoge, während seines Amerikabesuchs im April 2008 stattet er der Park East Synagogue in New York einen kurzen Besuch ab.

Angesichts solch klarer Gesten verwundert es um so mehr, wie es dazu kommen konnte, dass die Neuformulierung der Karfreitagsfürbitte für den „außerordentlichen Ritus" der Karfreitagsliturgie zahllose Missverständnisse und Irritationen aufkommen lassen konnte.

Das Motu Proprio vom 7. Juli 2007, das den Gebrauch der sogenannten tridentinischen Liturgie, in Wirklichkeit des Missale von Johannes XXIII. von 1962 ermöglichte, weckte schon vor seiner Veröffentlichung in jüdisch-christlichen Kreisen Unbehagen.

In der Karfreitagsfürbitte „für die Bekehrung der Juden" des Messbuchs von 1962 war zwar die Rede vom Unglauben der Juden gestrichen worden, aber von der Verblendung der Juden die Rede. Nach der Wiederzulassung des Messbuchs von Johannes XXIII. wurde Kritik laut, eine solche Redeweise widerspreche klar den positiven Aussagen des Konzils über das Judentum in „Nostra aetate". So wurde die Bitte an uns herangetragen, das Gebet aus dem Jahr 1962 durch das der nachkonziliaren Liturgie im Messbuch von Paul VI. aus dem Jahr 1969 beziehungsweise 1975 zu ersetzen.
Der Papst hat sich anders entschieden. Er wollte eine Neu-

formulierung, die den Anliegen der Kritik gerecht wird, er wollte aber zugleich, dass die Neuformulierung in der Gesamtstruktur des alten Missale bleibt und den christologischen Bezug deutlicher zum Ausdruck bringt als dies im Missale 1972 geschah, das jedoch im „ordentlichen" – in der weit überwiegenden Zahl der Fälle gebrauchten – Ritus in Kraft blieb.

Im Februar 2008 lässt Papst Benedikt XVI. eine „neue" Karfreitagsfürbitte veröffentlichen: „Lasst uns auch beten für die Juden. Dass unser Gott und Herr ihre Herzen erleuchte, damit sie Jesus Christus erkennen, den Heiland aller Menschen." „Allmächtiger ewiger Gott, der du willst, dass alle Menschen gerettet werden und zur Erkenntnis der Wahrheit gelangen, gewähre gnädig, dass beim Eintritt der Fülle aller Völker in deine Kirche ganz Israel gerettet wird. Darum bitten wir durch Christus, unseren Herrn."

Missverständnisse programmiert

Schon die Art und Weise der Veröffentlichung verwundert. Statt eines Dekrets der zuständigen „Kongregation für den Gottesdienst", wie es erforderlich wäre, erscheint eine „Nota" des Staatssekretariats ohne erläuternden Kommentar.

In Deutschland sprach der Gesprächskreis „Juden und Christen" beim ZdK von einem Rückschritt hinter die Fürbitte von Papst Paul VI. und hinter die wegweisenden Worte und Gesten von Papst Johannes Paul II. Von einem Moratorium, ja von einem Abbruch des jüdisch-christlichen Dialogs war die Rede. In zahlreichen jüdischen Stellungnahmen wurde die Sorge deutlich, die katholische Kirche mache zur Bekehrung der Juden mobil. Dieser Verdacht weckte jüdische Urängste. Im kollektiven Gedächtnis der Juden sind Erinnerungen an

Zwangsbekehrungen und Zwangstaufen im Mittelalter noch immer lebendig.

Viele Augen richten sich nun auf den Präsidenten der „Kommission für die religiösen Beziehungen zum Judentum".

Nicht zum ersten Mal musste ich einspringen, um wenigstens die Möbel aus dem brennenden Haus zu retten und das zerbrochene Porzellan wieder zu kitten. Das alles hätte sich vermeiden lassen, wenn man die Öffentlichkeit behutsam auf die Neuformulierungen vorbereitet und den neuen Text gleich bei der Veröffentlichung erläutert hätte.

Rabbi David Rosen, als Präsident von IJCIC für den interreligiösen Dialog zuständig, bittet Kasper um Erläuterungen.

Nach einem entsprechenden Brief von meiner Seite war die Sache für die Freunde in den Vereinigten Staaten erledigt. In Frankreich gab es von vorneherein keine Probleme. In Italien, Deutschland und Österreich dagegen gärte es gewaltig; doch diese Dialoge sind Sache der jeweiligen Bischofskonferenzen. Dagegen war ein Kontakt mit dem Großrabbinat als unserem direkten Gesprächspartner nötig. Um dem Druck begegnen zu können, erbat man eine Bestätigung meiner Position durch eine „höhere Autorität", was dann durch einen Brief des Kardinalstaatssekretärs Bertone auch geschehen ist.
Ich habe dargelegt, dass die Haltung, die die Kirche in „Nostra aetate" eingenommen hat, unverändert ist: Dass der Vatikan jede Form von Antisemitismus verurteilt, und dass die positiven Aussagen von „Nostra aetate" über das Judentum uneingeschränkt weitergelten.
Auf der anderen Seite weiß jeder, dass Juden und Christen hinsichtlich des Glaubens an Jesus Christus und seine uni-

versale Heilsbedeutung unterschiedliche Überzeugungen haben. Wir müssen uns also im Dialog in unserer Unterschiedlichkeit achten. Schließlich spricht die neu formulierte Karfreitagsfürbitte mit keinem Wort von Judenmission. Sie fasst vielmehr im Anschluss an den Apostel Paulus die Hoffnung, dass am Ende der Zeit ganz Israel gerettet wird, in ein Gebet. Ein Gebet, das alles in die Hände Gottes legt, ist aber etwas anderes als ein Aufruf zur missionarischen Aktion. Die Kirche lehnt jeden Proselytismus entschlossen ab.

Judenmission?

Die Dialoge können weitergehen. Doch Kardinal Kasper ist auch nach fast zehn Jahren in Rom nicht nur Diplomat und Vermittler, sondern immer noch Theologe.

Ich wollte der Sache auf den Grund gehen und schrieb einen Aufsatz, in dem ich die christologische und eschatologische Position, die im Gebet zum Ausdruck kam, biblisch zu erläutern suchte und dabei die selbstverständliche christliche Pflicht jedes Christen, gegenüber jedermann von seinem Glauben Zeugnis und Rechenschaft abzulegen, von einer organisierten Judenmission unterschied. Der Artikel fand Billigung an „höherer Stelle“ und wurde zunächst etwas gekürzt in der „Frankfurter Allgemeinen Zeitung“ und dann vollständig im „Osservatore Romano“ in verschiedenen Sprachen als offiziöse Stellungnahme veröffentlicht.
Die an sich überflüssige Diskussion hatte damit doch noch ein positives Ergebnis. Das Thema Judenmission, das in „Nostra aetate“ und den amtlichen Stellungnahmen nicht geklärt worden war, aber im Dialog ständig für Unruhe sorgte, konnte einer gewissen Lösung zugeführt werden.
Für die weiteren Gespräche zwischen Christen und Juden ergab sich überdies eine wichtige Konsequenz. Offensichtlich

waren in den bisherigen Dialogen die theologischen Voraussetzungen des Gesprächs nicht oder zu wenig geklärt worden. Vielleicht war man auch ganz gerne den harten Punkten ausgewichen: dem bei allen Gemeinsamkeiten für das Judentum wie das Christentum konstitutiven christologischen Unterschied, der von beiden Seiten zu respektieren ist. Damit ist es nun vorbei. Es gilt zur Sache zu kommen.

Dass eine vertiefende theologische Diskussion überfällig war, hatte Kasper schon vor dem Streit über die Karfreitagsfürbitte erfahren.

Im August 2002 veröffentlichte der Nationale Rat der Synagogen und das Bischöfliche Komitee für ökumenische und interreligiöse Angelegenheiten in den Vereinigten Staaten ein Dokument unter dem Titel „Reflections on Covenant and Mission". Judenmission wurde darin kategorisch ablehnt.
Der Text löste einen Sturm der Entrüstung aus, nicht nur auf evangelikaler Seite. Auch Kardinal Avery Dulles widersprach. Als ich kurz darauf zu einem Vortrag an das Boston College kam, waren im überfüllten Hörsaal nicht nur Studenten anwesend, sondern die Verfasser dieses als Faltblatt inzwischen weit verbreiteten Papiers, viele mir bekannte Rabbiner und Professoren. Ich befand mich buchstäblich in der Höhle des Löwen.
Meine Bedenken richteten sich nicht so sehr gegen die Ablehnung der Judenmission, sondern gegen die mangelnde christologische Grundlegung der „Reflections". Wenn man mit der Bibel von der universalen Heilsbedeutung Jesu Christi überzeugt ist, dann kann man nicht von zwei Heilswegen sprechen, einen für die Juden und einen für die Christen. Es gibt dann nur eine für Juden und Christen gemeinsame Heilsgeschichte, die mit Abraham beginnt und für uns

Christen in Jesus Christus ihre geschichtliche Erfüllung findet. Nach Paulus ist das jüdische Volk das von Gott bleibend erwählte Volk des Bundes, wir Christen sind in die jüdische Wurzel eingepfropft. Der neue Bund in Jesus Christus hebt also den alten nicht auf, er steht aber auch nicht als ein anderer Bund daneben, sondern bestätigt und überbietet ihn. In Jesus Christus haben – so wieder Paulus – alle Verheißungen Gottes ihr Ja und Amen gefunden.
Meine Überlegungen fanden eine günstige Aufnahme und führten bei den Verfassern der Reflections zu neuerlichem Nachdenken. Inzwischen ist die Theorie von den zwei Bünden und den zwei Heilswegen für Juden und Christen bei den christlichen Theologen nicht mehr en vogue.

Gegenseitig und gemeinsam Zeugnis geben

Man kann einwenden, dies sei die christliche Sicht auf die Heilsgeschichte, die von Juden nicht geteilt werde und, wenn sie Juden blieben, auch nicht geteilt werden könne.

Der Einwand ist richtig. Aber er besagt nichts anderes, als was jeder weiß, dass nämlich Juden und Christen über Jesus als den Christus, das heißt Messias und Sohn Gottes, unterschiedlichen Glaubens sind und dass sie die gemeinsame Bibel auf unterschiedliche Weise lesen und auslegen. Das Dokument der Päpstlichen Bibelkommission „Das jüdische Volk und seine heiligen Schriften in der christlichen Bibel“ (2001) hat beide Lesarten als vom Alten Testament her grundsätzlich legitim dargestellt.

Das Wort vom „Austausch der Gaben“ könnte deshalb nicht nur im Blick auf die Ökumene, sondern auch auf das jüdisch-christliche Gespräch eine hilfreiche Perspektive sein.

Juden und Christen können einander in gegenseitigem Respekt Zeugnis geben von ihrem Glauben. Dabei haben wir einander – das habe ich bei Franz Rosenzweig gelernt – viel zu sagen. Juden werden Christen an ihre konkrete geschichtliche Verwurzelung erinnern, die sie nicht spiritualistisch oder gar gnostisch auflösen dürfen; sie werden Christen auch die Unerlöstheit der Welt, die noch immer auf das endgültige Kommen des Reiches Gottes wartet, vor Augen führen.
Christen werden Juden daran erinnern, dass der Bund Gottes mit Abraham sich auf alle Völker bezieht, dass wir uns darum nicht in ein Ghetto einschließen dürfen, sondern den jüdischen Monotheismus in alle Welt hinaustragen und den einen Gott für die eine Menschheit bezeugen sollen, wie die christliche Mission das getan hat.
Juden und Christen können aufgrund ihrer gemeinsamen Hoffnung auf das endzeitliche Heil der Welt (schalom) und auf den Sieg der Gerechtigkeit über alle Mächte des Bösen gemeinsam der Welt das geben, was sie am meisten braucht und was ihr gegenwärtig am meisten mangelt: eine Perspektive der Hoffnung.
Im Buch des Propheten Sacharja gibt es ein schönes Bild für das Verhältnis von Juden und Christen, auf das auch „Nostra aetate" Bezug nimmt: Wir stehen, wenn der Messias kommt, Schulter an Schulter. Also: nicht gegeneinander, vielmehr – obwohl unterschieden – so doch Schulter an Schulter, solidarisch nebeneinander im gemeinsamen Dienst für den Frieden und das Heil der Welt.

XIV. An der Schwelle einer neuen Epoche – das Gespräch zwischen den Religionen

Die Verheißung Gottes an Abraham und der Bund mit ihm sind eine universale Verheißung für alle Völker. Diese Dimension bringt auch die Konzilserklärung „Nostra aetate" zum Ausdruck, wenn sie einerseits die Besonderheit des jüdisch-christlichen Dialogs herausstellt, diesen aber in den größeren Zusammenhang des allgemeinen interreligiösen Dialogs hineinstellt, der mittlerweile im Vordergrund des öffentlichen Interesses steht.

Für den Dialog mit den anderen Religionen ist der Einheitsrat nicht zuständig. Er ist Aufgabe des „Päpstlichen Rats für den interreligiösen Dialog". Er ist nicht nur in demselben Gebäude, sondern auf dem gleichen Stockwerk wie der Einheitsrat angesiedelt. Von dem Rat für interreligiösen Dialog trennt uns nur eine Tür. Wir arbeiten mit ihm in allen einschlägigen Fragen gut zusammen.
Ich bin während meiner vielen Reisen sowohl dem Hinduismus und Buddhismus als auch den traditionellen Religionen Afrikas und den alten indigenen Religionen Zentralamerikas, den Mayas und den Azteken begegnet. In Thailand und Burma habe ich buddhistische Klöster, in Indien hinduistische Ashrams, in Damaskus und Istanbul weltberühmte Moscheen besucht. Schon früh habe ich einige Klassiker der Religionsgeschichte studiert und verschiedentlich an interreligiösen Dialogen teilgenommen. Wie viele Zeitgenossen hat in jüngster Zeit vor allem der Islam mein Interesse gefunden. Im jüdisch-christlichen Dialog kann man diesem Thema im Blick auf den Nahen Osten ja auch kaum ausweichen.

Im Sog der Globalisierung

Mit dem interreligiösen Dialog scheint die Kirche dem heutigen Trend zur Globalisierung zu folgen oder ihm gar zu verfallen.

Was man heute mit Globalisierung bezeichnet, ist bei Lichte besehen gar nichts so Neues. Das Christentum war von seinem Ursprung und von seiner Sendung her schon immer weltweit ausgerichtet. Es ist sozusagen der älteste global player. „Geht hinaus zu allen Völkern ..." lautet der Auftrag Jesu. Dabei war Weltmission von Anfang an mit Dialog verbunden. Man denke an die Rede des Apostels Paulus auf dem Areopag in Athen: „Was ihr suchet, das verkünde ich euch." Dass Paulus darüber das unterscheidend Christliche und den Missionsauftrag vergessen hätte, wird im Ernst niemand behaupten wollen. Mission, recht verstanden, ist ein dialogischer Vorgang.

Meine Prognose lautet, dass das Christentum zu Beginn des dritten Jahrtausends an der Schwelle einer neuen Epoche seiner Geschichte steht. Im ersten Jahrtausend hat sich das Christentum in Europa ausgebreitet, im zweiten Jahrtausend in den beiden Amerikas und in Afrika. Das dritte Jahrtausend könnte das Jahrtausend Asiens sein.

Das ist nicht nur eine politische Herausforderung, wenn es um das Verhältnis zu neu aufstrebenden Weltmächten wie China und Indien geht; das bedeutet auch die Begegnung mit den asiatischen Hochreligionen und ihren Kulturen, die sich bislang für das Christentum wenig durchlässig erwiesen haben.

Zusammenstoß oder Dialog der Kulturen?

Mehrere Jahre vor den Ereignissen des 11. September 2001 und der „Regensburger Rede" von Papst Benedikt machte der amerikanische Politikwissenschaftler Samuel P. Huntington mit der These vom „Zusammenstoß der Kulturen" Furore.

Die Theorie von Samuel P. Huntington von einem „Clash of Civilizations“, der auch ein „Clash of Religions“ wäre, ist zurecht umstritten. Ein solcher Konflikt ist keineswegs unausweichlich, man sollte ihn auch nicht herbeireden und dadurch zu einer sich selbst erfüllenden Prophezeiung machen. Ein offener und gewaltsamer Konflikt zwischen den Kulturen und Religionen wäre eine Katastrophe für die Menschheit.
Unsere Antwort muss lauten: Nicht Zusammenstoß sondern Dialog der Kulturen und Religionen. Die Erklärung „Nostra aetate“ hat dafür rechtzeitig die Weichen gestellt. Papst Johannes Paul II. hat dieses Anliegen mit seinen beiden Einladungen aller Weltreligionen zum Friedensgebet in Assisi (1988 und 2002) aufgegriffen.

Das Verhältnis von Religion und Gewalt hat durch viele terroristische Anschläge der vergangenen Jahre eine Dramatik und eine Aktualität gewonnen, die eine Stellungnahme des Vatikans unabweisbar machte. Die Regensburger Rede des Papstes kam dann doch überraschend.

Es war gut, dass Papst Benedikt XVI. in seiner Regensburger Rede so eindeutig Stellung genommen hat. Religion und Gewalt gehen wirklich nicht zusammen. Gewalt ist eine Beleidigung Gottes wie auch der Würde des Menschen. Als Christen wollen wir einen respektvollen Dialog, aber keinen gewaltsamen Konflikt. „Nostra aetate“ hat dafür die Grundlagen gelegt. Aus dem Dialog kann und soll dann Zusammenarbeit für Gerechtigkeit und Frieden in der Welt werden.

Respekt und Toleranz

Der Dialog mit anderen Religionen wird derzeit vom Dialog mit dem Islam, bei sehr vielen auch durch die Angst vor dem Islam dominiert.

Wie viele so hat auch mich eine im Frühjahr 2008 in England veröffentlichte Studie beunruhigt, welche vorhersagt, es gebe in England binnen zweier Jahrzehnte mehr praktizierende Muslime als praktizierende Anglikaner. Ähnliche Sorgen und Ängste gehen auch in Deutschland um. Nun ist Angst auch hier ein schlechter Ratgeber. Doch den Kopf in den Sand stecken hilft ebenfalls nicht weiter.

Die katholische Kirche will gute, respektvolle und freundschaftliche Beziehungen mit den Anhängern anderer Religionen und möchte mit ihnen zusammenarbeiten. Das gilt selbstverständlich auch für die gemäßigten Vertreter des Islam. Ich bin wiederholt frommen Muslimen begegnet, für die der Islam wirklich das bedeutet, was das Wort Islam ursprünglich heißt, nämlich: Hingabe.

In einem Land wie Syrien bestehen zwischen Muslimen und Christen gutnachbarschaftliche Beziehungen. Als wir einmal in Bangladesh, weil die Flugzeuge streikten, eine gefährliche Nachtfahrt mit Taxis machen mussten, die beiden Taxifahrer, fromme Muslime, wegen Banditen an der Straße Angst hatten und mich deshalb zuvor um den Segen baten, haben sie diesen ohne Schwierigkeit mit Kreuzzeichen und in trinitarischer Form entgegengenommen. Man könnte viele Fälle nennen, wo das Miteinander gut funktioniert.

Man braucht also nicht von vorneherein skeptisch zu sein gegen einen Dialog mit dem Islam, wenngleich man selbstverständlich realistisch sein muss und die Probleme und die Realitäten nicht ahnungslos und naiv ausblenden oder unterschätzen darf.

In den meisten anderen muslimisch geprägten Ländern haben es die Christen derzeit viel schwerer als noch vor wenigen Jahren. In manchen Regionen leben gar Formen von Christenverfolgung wieder auf.

Sorgen bereitet im Augenblick vor allem die Situation im Irak und im nahen Osten. Hier findet ein bisher nicht dagewesener Exodus der Christen statt, und dies in Ursprungsländern des Christentums. Auch in den meisten anderen Fällen haben es die kleinen christlichen Minderheiten in Ländern mit muslimischer Mehrheit sehr schwer. In der Türkei habe ich das mehrfach erfahren. Während die Türken in Westeuropa – auch in Rom – selbstverständlich Moscheen bauen dürfen, ist in der Türkei der Bau einer christlichen Kirche faktisch nicht möglich. Es wäre nur recht und billig, wenn Religionsfreiheit und Toleranz, wie es bei uns gegenüber Muslimen selbstverständlich ist, auch den Christen dort – und noch mehr in Saudi-Arabien – gewährt würde.

Der Absolutheitsanspruch des Christentums

Der Eindruck drängt sich auf, dass das Nebeneinander von Religionen nicht nur praktisch, sondern auch theoretisch eines der großen Themen des 21. Jahrhunderts werden könne. In den vergangenen Jahren hat die vatikanische Glaubenskongregation mehrfach Theologen zensiert, und Bücher verurteilt, die in den anderen Religionen eigene Heilswege anerkannten und mit der Einmaligkeit und Universalität der Heilsbedeutung Jesu Christi die christliche Mission in Frage stellten und die Heilsnotwendigkeit des Glaubens an Jesus Christus bestritten.

Viele Zeitgenossen sind der Meinung, zwischen den Religionen gebe es zwar Unterschiede (was offenkundig ist), aber auch viel Gemeinsames (was ebenfalls nicht bestritten werden kann), im Prinzip aber seien alle Religionen gleich. Sie können und sollen – so die verbreitete These – in einen Wettstreit darüber eintreten, welche Religion dem Menschen mehr und besser zu einem sozialen und individuellen Glück helfen kann. Mission aber solle unterbleiben. Man müsse

vielmehr den vorhandenen Religionspluralismus nicht nur tolerieren, sondern innerlich bejahen.
Diese Denkweise findet derzeit viel Zustimmung, ist aber weder mit dem christlichen Glauben noch mit der jüdischen und muslimischen Religion vereinbar. Alle drei monotheistischen Religionen verehren den einen Gott für alle Menschen und erheben deshalb einen universalen Anspruch. Für uns Christen ist Jesus Christus die endgültige, nicht mehr überbietbare und darum die wahre Religion, Mission gehört daher zum Grundauftrag des Christentums. Wer auf der Grundlage der religionspluralistischen These Frieden zwischen den Religionen schaffen will, muss zuerst die drei monotheistischen Religionen abschaffen. Sie könnten diesem Plan nur um den Preis ihrer Selbstaufgabe zustimmen.
Das hat nichts mit einem christlichen Heilsexklusivismus zu tun. Die universale Heilsbedeutung Jesu Christi schließt vielmehr ein, dass einer, der den christlichen Glauben nie wirklich kennengelernt hat und unschuldiger Weise kein Christ ist, der aber den Willen Gottes in der Weise tut, wie er ihn in seinem Gewissen erkennen kann, am Heil Jesu Christi Anteil haben kann. Das entbindet jedoch Christen nicht, allen die Frohe Botschaft von Jesus Christus zu verkünden.

Papst Benedikt XVI. hat immer wieder gesagt, der Relativismus, der in der religionspluralistischen These zum Ausdruck kommt, sei eines der Grundprobleme der sogenannten Postmoderne.

Der Papst hält unbeirrbar daran fest, dass wir der Wahrheitsfrage nicht ausweichen können. Mit Intoleranz hat das nichts zu tun. Im Gegenteil, der heute überlebenswichtige Dialog setzt Partner voraus, die jeweils ihre Position und ihre Identität haben. Nur solche Partner können einen Dialog führen. Dialog bedeutet darum nicht, die eigene Identität aufzugeben, sondern setzt eine offene Identität voraus, die den andern in seiner Verschiedenheit respektiert. Wer dagegen selbst keine Identität hat, kann auch die eines anderen nicht respektieren.

Eine Symbiose von Religion und Kultur

Einen kategorischen Wahrheitsanspruch erhebt nicht nur das Christentum, sondern auch der Islam.

Das Verhältnis des Christentums zum Islam ist besonders kompliziert. Ich habe den Eindruck, dass darüber bei uns viel Blauäugigkeit und viel Naivität herrschen.
Ich denke dabei nicht nur an das vieldiskutierte Problem der Gewalt. Dieses Problem mag mit einzelnen toleranten Muslimen geklärt sein. Von dem Islam in seiner Gesamtheit kann man das bisher leider nicht sagen.
Daneben gibt es mit dem Islam noch ein anderes grundsätzliches Problem. Als Christen haben wir gelernt, zwischen der Wahrheit der Bibel und zeitbedingten geschichtlichen Ausdrucks- und Darstellungsweisen in der Bibel zu unterscheiden. Wir können etwa unterscheiden zwischen der Aussage, dass Gott die Welt erschaffen hat und der biblischen Darstellungsform, wonach Gott die Welt in sechs Tagen erschaffen hat. Solche Unterscheidungen sind für fromme Muslime bei der Auslegung des Korans im allgemeinen nicht, oder zumindest bisher nicht möglich. Für die meisten ist der Koran nicht, wie für uns die Bibel, von Gott inspiriert, sondern von Gott diktiert und muss darum wortwörtlich verstanden werden.
So ist der Islam nicht nur eine Religion, sondern auch eine Kultur, und er tut sich schwer, sich in eine andere Kultur, konkret in unsere westliche Kultur zu integrieren und sie zu respektieren. Die Stellung und die dem Mann ebenbürtige

Würde der Frau ist da nur ein, wenngleich auch wichtiges Beispiel.

Hass auf den Westen

Der Islam ist nicht, wie etwa der Hinduismus und Buddhismus, eine vorchristliche Religion, die auf Christus hinweist, sondern eine nachchristliche Religion; er beansprucht, das Christentum zu überbieten und versteht sich als die höhere Religion.

In der Tat ist das Verhältnis von Christentum und Islam von dem zu allen anderen Religionen unterschieden. In ihrem Überlegenheitsgefühl sehen sich heute viele Muslime bestätigt, wenn sie offenkundige Formen westlicher Dekadenz sehen. Aus der eigenen Schwächeposition heraus entwickelt sich dann ein moralisches Überlegenheitsgefühl und bei den extremen Vertretern geradezu ein Hass auf alles Westliche. Viele Muslime respektieren unsere Kultur nicht nur nicht, sie verachten sie. Wenn dieser Hass in Gewalt umschlägt, kommt der Dialog an eine Grenze; dann muss man dem selbstverständlich mit allen Mitteln widerstehen, die einem freiheitlichen demokratischen Rechtsstaat zur Verfügung stehen.

Auch im Westen selbst mehren sich die Stimmen, die zu einer Besinnung auf die religiösen und kulturellen Wurzeln des Abendlandes aufrufen.

Mit Interesse habe ich das Buch des amerikanischen Religionswissenschaftlers Philip Jenkins „God's Continent. Christianity, Islam and Europe's Religious Crisis" (deutsch: Gottes Kontinent? Über die religiöse Krise Europas und die Zukunft von Christentum und Islam) gelesen. Es bringt die Sorgen vieler Amerikaner wegen des europäischen Säkularismus' und des geistlichen und moralischen Schwächezustands Europas zum Ausdruck, der mit eine Ursache für das Vordringen des Islam in Europa ist.

Solche Sorgen und solches Kopfschütteln sind mir auch im Mittleren Orient und in Asien begegnet. Eine Welt ohne Gott, eine gottlose Welt und Kultur scheint nachdenklichen Menschen dort auf die Dauer nicht möglich. In kulturgeschichtlicher und menschheitsgeschichtlicher Perspektive hat es bisher eine religionslose Kultur nie gegeben; die Entwicklung in Westeuropa der letzten zwei- bis dreihundert Jahre scheint ein Sonderweg zu sein, der seine Tauglichkeitsprobe noch längst nicht bestanden hat.

Hinter die Trennung von Staat und Kirche und die Auflösung der Identität von Recht und Moral sollte indes kein Weg zurückführen.

Man muss unterscheiden zwischen einer legitimen Säkularität oder auch Laizität einer Gesellschaft und eines Staates, welche dem Kaiser gibt, was des Kaisers ist und Gott, was Gottes ist. Diese Unterscheidung ist ein Ergebnis der europäischen Christentumsgeschichte und grundlegend für eine freiheitliche Gesellschaft, für die Religionsfreiheit das grundlegendste aller Menschenrechte ist.

In der Zwischenzeit sind wir jedoch mit Anzeichen eines aggressiven Säkularismus konfrontiert, bei dem Toleranz in Intoleranz umschlägt gegen alles Religiöse und besonders gegen das christliche Erbe, das Europa einmal groß gemacht hat.

XVI. Abschied von sich selbst? – Das christliche Erbe Europas

Die gleichen europäischen Eliten, die sich anschicken, die Türkei als Vollmitglied in die EU aufzunehmen, haben sich unter anderem deshalb dem Ansinnen hartnäckig verweigert, in die Präambel des (gescheiterten) Verfassungsvertrags einen Verweis auf die christlichen Wurzeln Europas aufzunehmen.

> Das eigentliche Problem ist nicht der Islam; das Problem sind wir selbst. Europa muss aufwachen, vielleicht sogar aufschrecken. Europa muss wieder zu sich selbst, zu seiner Geschichte und seiner Kultur finden, muss seine geistlichen und moralischen Kräfte regenerieren; Europa muss wieder neu das werden, was es in einer langen Geschichte geworden ist, es darf dieses Erbe nicht vergessen oder gar – was leider oft der Fall ist – verachten, sondern muss es mutig und selbstbewusst in die Zukunft tragen. Dann kann es ohne Angst in einen friedlichen Wettstreit mit dem Islam und mit anderen Kulturen eintreten.

Die Fähigkeit zu Selbstkritik, die den westlichen Gesellschaften eigen ist, birgt die Gefahr des Selbsthasses.

> Viele sehen nur noch die dunklen und negativen Seiten, die Schuldgeschichte Europas. Man erinnert etwa an die Kreuzzüge, die Konfessionskriege, die Kolonialgeschichte, das Dritte Reich mit dem Holocaust. Das führt zu Zweifeln und zu Verzweiflung an Europa und seinen Werten. So meinen viele, sich vom scheinbaren Ballast der Tradition befreien zu sollen; sie sagen sich los von den bisherigen Werten, beson-

ders der Ehe und Familie. Europa nimmt Abschied von sich selbst.

Mittlerweile drehen sich die Debatten über das Verhältnis Europas zu seiner Geschichte nicht nur um Formulierungen. Nicht minder signifikant für den Zustand vieler Gesellschaften sind Auseinandersetzungen über die Präsenz christlicher Symbole in der Öffentlichkeit. Als Papst Benedikt XVI. ankündigte, der Weltjugendtag 2011 werde in Madrid stattfinden, hatten die spanischen Sozialisten auf einem Parteitag noch einmal von der Idee Abstand genommen, bei Staatsbegräbnissen die Mitwirkung der Kirche zu verbieten.

Man braucht nur einmal von Gibraltar über Spanien, Frankreich, Deutschland und Polen nach Estland oder von Konstantinopel über Kiew nach Moskau zu reisen, um zu sehen, was Europa zusammenhält und eint. Man wird dort den unterschiedlichsten Völkern begegnen und die unterschiedlichsten Sprachen hören, überall jedoch das Kreuz und überall Kathedralen im Herzen der alten Städte finden. Die Loslösung von dieser christlich geprägten europäischen Geschichte führte zu einer geistigen Leere und schließlich in den Nihilismus.
Als Deutschland zusammen mit weiten Teilen Europas nach dem Zweiten Weltkrieg am Boden lag und nach der Schmach des Dritten Reiches auch moralisch diskreditiert war, da haben sich viele meiner Generation für die Europaidee eines Robert Schuman, eines Konrad Adenauer und eines Alcide de Gasperi begeistert. Heute scheint davon nicht mehr viel übrig zu sein. Europa wurde zwar zu einer Erfolgsgeschichte, dennoch ist eine Europamüdigkeit festzustellen. Europa zweifelt an sich selbst.
Der angesehene amerikanische Ökonom Jeremy Rifkin hat aufgezeigt, dass der europäische Traum nach wie vor eine

Zukunftschance hat. Zu Defätismus ist kein Grund. Im Gegenteil, Europa hat, wenn es seiner selbst neu bewusst wird, seine Zukunft auf neue Weise vor sich.
Ähnliches lässt sich von der Religion allgemein sagen. Jürgen Habermas, der selbst nicht aus einer religiösen Tradition kommt, hat jüngst mehrfach gesagt, dass die Religionen über ein Potenzial verfügen, das einem rein säkularen Denken abgeht; es sei unvernünftig, dieses Potenzial aus dem öffentlichen Diskurs auszuschließen, statt es rational fruchtbar zu machen.

Eine postsäkulare Situation?

Freilich ist die Rede von einer neuen Religiosität vage und die von der Wiederkehr der Religion problematisch. Sie kann auch die Wiederkehr alter und neuer Götter oder Götzen bedeuten, von der selbst Nietzsche, der doch den Tod Gottes verkündet hat, sprach. Jedenfalls füllt sie nicht die leerer gewordenen Kirchenbänke.

Ob man von einer postsäkularen Situation sprechen kann, wie Habermas es tut, ist umstritten. Eine solche postsäkulare Situation kommt, wenn überhaupt, nicht von selbst; sie fällt uns nicht einfach in den Schoß. Es liegt also an uns, ob und wie wir Religion und Christentum wieder aktuell, überzeugend und für andere mitreißend machen.
Für Europa grundlegend ist die antik-christliche und doch modern-neuzeitliche Idee vom Menschen und seiner Würde. Damit widersteht die humanistische europäische Tradition der Gigantomachie der totalitären Systeme des vergangenen Jahrhunderts, die soviel Unheil über Europa und die Welt gebracht haben. Ebenso widersteht sie dem Versuch, abstrakte Größen wie „die" Wirtschaft, „das" Kapital, „den" Fortschritt oder „die" Technik zu absoluten Werten und damit zu Götzen

zu machen. Aus Sicht des Glaubens müssen alle diese Größen auf den Menschen und sein Maß bezogen sein.
Alles ist auf das Maß des Menschen zu beziehen, und dennoch ist der Mensch nicht selbst das Maß aller Dinge. Der religiöse Mensch anerkennt, dass er nicht allmächtig, nicht allgewaltig, nicht allwissend ist. Er verfällt nicht dem Allmachtswahn. Er stellt sich vielmehr demütig und ehrfürchtig unter das Maß des Göttlichen. So betrachtet er auch die Natur und alles, was den anderen heilig ist, mit Ehrfurcht und Respekt. Die Anerkennung, dass wir nur Menschen sind, ist das Menschlichste überhaupt und Grundlage einer wahrhaft menschlichen Kultur.
Grundlegend für die europäische Kultur ist außerdem die Einsicht, dass jeder Mensch je einmalig ist, aber keiner lebt nur für sich selbst. Der Mensch ist ein Gemeinschaftswesen. Eigenverantwortung und soziale Verantwortung gehören zusammen. Die Qualität jeder sozialen Ordnung zeigt sich daran, wie die Würde und der Wert der Kleinen und Schwachen, der Kinder und der Alten, der Ungeborenen wie der Schwerstkranken und der Sterbenden gewahrt und gewährleistet ist. Das zu betonen ist gegen neoliberale und neokapitalistische Tendenzen wie gegen Selbstverwirklichungsideologien neu notwendig, soll es in unserer Gesellschaft nicht so kalt werden, dass am Ende alles auseinanderfällt.
Die auf die Ehe von Mann und Frau gegründete Familie ist Grundzelle der Gesellschaft. Die monogame Ehe hat Europa sein Gesicht gegeben und seine Kultur geprägt. Sie ist die Wiege neuen Lebens und der Kultur, Schule der Humanität und des sozialen Verhaltens. Der Wert der Familie muss auch in der Sozialordnung zur Geltung kommen. Das Familienleben darf nicht einseitig den Bedürfnissen der Wirtschaft geopfert werden. Es bedarf einer sozialen Ordnung, die nicht nur den Bedürfnissen der Wirtschaft und des einzelnen, son-

dern auch und besonders den Bedürfnissen der Familie gerecht wird.
Europa braucht eine Besinnung auf seine Grundlagen und auf die es begründenden Werte. Ohne solche gemeinsamen Werte kann kein Volk leben, kann auch Europa nicht leben. Soll Europa Zukunft haben, müssen die Europäer aufwachen, sich auf ihr geschichtliches Erbe besinnen und es erneuern. Sie müssen wissen, wer sie sind und wozu sie sind.

Freiheit, Solidarität, Verantwortung

Nach dem Historiker A. J. Toynbee lautet das Bewegungsgesetz der Geschichte challenge and response, Herausforderung und Antwort. Ähnlich hat in einer Rede über die Zukunft Europas Kardinal Ratzinger schon 1979 auf eine erstaunliche Dialektik hingewiesen: In der wechselvollen Geschichte Europas sei es bezeichnend, dass der Gedanke an Europa immer dann pointiert aufgetreten sei, wenn den unter diesem Sammelbegriff zu vereinigenden Völkern Gefahr drohte. „Europa erfährt, was es selber ist, am deutlichsten dort, wo es nachdrücklich mit dem konfrontiert wird, was den Gegensatz seines Eigenen darstellt."
Eine solche Konfrontation kann man heute durchaus als realistisch ansehen. Der renommierte Orientalist Bernard Lewis wird mit der Prognose zitiert, am Ende des 21. Jahrhunderts werde Europa mit Blick auf die Religionszugehörigkeit der Mehrheit seiner Bewohner nicht länger Teil Asiens, sondern Teil der arabischen Welt sein: Eurabien statt Eurasien.

Eine solche Prognose mag man wie jede Prognose bezweifeln. Das Aufregende für mich ist aber, dass viele, auch viele derer, die in der Kirche Verantwortung tragen, den Ernst der Situation noch nicht begriffen haben oder ihn nicht wahrhaben wollen. Man will so gut es geht wie bisher weitermachen.

Business as usual und möglichste Bewahrung des Status quo führen in dieser Situation nicht weiter. Papst Paul VI. und Papst Johannes Paul II. haben längst das Stichwort ausgegeben, um das es gehen sollte. Es lautet: Neue Evangelisierung. Sie setzt beim Einzelnen und seinem Glauben, seiner Umkehr und Erneuerung an und zielt zugleich auf eine grundlegende Erneuerung unserer Kultur. Das schließt eine Revision unserer Pastoralpläne ein. Manchmal kommt es mir vor, dass wir uns darüber streiten, wer welchen Bilderrahmen abstauben soll, während das Haus lichterloh brennt.

Es gilt, gegen viel Kleinmut und manche perspektivlose Kleingeisterei an die Großmut, das heißt an den Mut zu Großem zu appellieren und die europäische Idee, die menschliche Größe mit menschlichem Maß, die Freiheit mit Verantwortung und Solidarität verbindet, aufzugreifen und weiterzuentwickeln. Diese Idee hat Europa groß gemacht; sie hat noch längst nicht ausgedient. Sie ist Europas Beitrag zur Kultur und zum Frieden in der Welt. Zuerst müssen wir sie aber selbst wiederentdecken und leben. Das ist die geistige Herausforderung, vor der wir stehen.

EPILOG

Am 5. März 2008 vollendete Walter Kardinal Kasper sein 75. Lebensjahr. Während des Dankgottesdiensts beim Petrusgrab in den Grotten von St. Peter hielt er diese Predigt.

I.

Die Lesung aus dem Epheserbrief (1,3–12) beginnt mit Worten, die mir heute, beim 75. Geburtstag, besonders aus dem Herzen gesprochen sind: „Gepriesen sei der Gott und Vater unseres Herrn Jesus Christus." Ja, was soll und was kann man anderes sagen, wenn einem 75 Jahre, ein dreiviertel Jahrhundert, geschenkt worden sind, 75 Jahre ohne schlimme Krankheit und ohne Unfall, 75 Jahre, in denen mir so unglaublich viel an Gutem geschenkt worden ist: Aufgewachsen in einer guten christlichen Familie mit guten Eltern und lieben Geschwistern, Gelegenheit zum Studium der Königin der Wissenschaften, der Theologie, mehr als dreißig Jahre Zeit, an der Universität zu forschen und zu lehren, mehr als fünfzig Jahre Priester, zehn Jahre als Bischof einer großen und lebendigen Diözese, neun Jahre in Rom mit einer faszinierenden Aufgabe, der Einheit aller Christen, betraut, dabei viele Schüler, Mitarbeiter, Kollegen, Freunde, die den Lebensweg begleitet haben, sehr viele Reisen in alle Welt, wo ich vielen Menschen und Kulturen, allerdings auch vielem Elend begegnen durfte. Es war und ist ein reiches Leben.

Das alles ist, weiß Gott, nicht selbstverständlich, das alles ist ein Geschenk, das alles ist Gnade. Deshalb habe ich Sie eingeladen, hier am Petrusgrab mit mir diese Eucharistie, diesen Dankgottesdienst zu feiern. Danke, dass Sie gekommen sind. Ich kann nur sagen: „Gepriesen sei der Gott und Vater unseres Herrn Jesus Christus."

Aber die Lesung aus dem Epheserbrief geht nochmals tiefer. „Er hat uns erwählt vor Erschaffung der Welt". Dieses Wort hat mich in den letzten Tagen, da ich etwas über mein Leben nachgedacht habe, immer wieder beschäftigt und besonders angesprochen. Unsere Wurzeln gehen weit zurück, zurück bis in die Ewigkeit. Jeder von uns ist ein ewiger Gedanke Gottes, ausgedacht mir großer Liebe. Niemand ist nur ein Zufallsprodukt, eine Laune des Schicksals, ein Rädchen oder Schräubchen im Getriebe der Welt. Unser Leben hängt nicht an einem schwachen seidenen Faden; nein, Gott hat uns, wie es beim Propheten heißt „mit Seilen und Stricken der Liebe an sich gezogen". Noch mehr: Er hat uns, damit er uns niemals vergisst, in seine Hand geschrieben.

Jeder ist persönlich ausgedacht, erwählt, jeder hat seine Berufung, seinen Auftrag, seinen Platz und seine Zielbestimmung. Darum gibt es einen roten Faden im Leben, einen roten Faden, den wir nicht selbst gewoben haben, den wir voll und endgültig erst erkennen werden, wenn wir in der Ewigkeit angekommen sein werden. Dann wird es sein wie bei einer Stickerei. Wenn man sie von unten ansieht, ist es ein Gewirr von Fäden, dreht man sie herum, dann erst wird das Muster, nach dem alles, nach dem auch wir gestickt sind, erkennbar.

Das Muster, wohl aber auch unsere persönlichen Webfehler. Wir müssen ja auch hören, was weiter im Text der Lesung gesagt wird: Wir sind nicht dazu bestimmt, Kardinal oder weiß Gott sonst was zu werden, sondern „damit wir heilig und untadelig leben vor Gott." Darauf kommt es an, und daraufhin muss man sich gerade an einem Tag wie dem heutigen befragen. Wenn man das tut, dann sieht das Resultat etwas bescheidener aus. Dann merkt man, dass alles, was man getan hat und was man nach mehr als sieben Jahrzehnten ist, Fragment und Stückwerk geblieben ist. Dann geht einem die Bedeutung des Wortes aus der Lesung auf, das von der Vergebung der Sünden nach dem

Reichtum seiner Gnade spricht. Auf Vergebung und Gnade sind wir am Ende alle angewiesen. Auch dieser Dankgottesdienst hat darum zurecht mit der Bitte und mit dem Zuspruch der Vergebung begonnnen. Wahrlich ein großer Trost!

II.

Das Evangelium (Joh 15,9–17) führt uns noch einmal tiefer in das Geheimnis des Lebens ein. Es konkretisiert das Geheimnis der Liebe, aus dem wir kommen und für das wir bestimmt sind, durch das Wort von der Freundschaft. „Ich nenne dich nicht mehr Knecht; denn der Knecht weiß nicht, was sein Herr tut. Vielmehr habe ich euch Freunde genannt." Dieser Satz wird jedes Mal bei der Priesterweihe gesungen. Aber er gilt schon für die Taufe und die Firmung. Denn nicht nur das Priestersein, das Christsein ganz allgemein meint zuletzt und zutiefst Freundschaft mit Jesus. Diese Christozentrik ist mir schon sehr früh im Bund Neudeutschland wichtig geworden, in dessen Hirschbergprogramm das Wort von der neuen Lebensgestaltung in Christus steht.

Gewiss – manches was man tagaus tagein so tun muss, und manchmal ist es nicht wenig, ist knechtliche Arbeit; man fühlt sich eingespannt in eine Mühle, in einen unbarmherzigen Terminkalender, den einem andere machen, in Anfragen und Aufgaben, die einfach über einen kommen und denen man sich nicht entziehen kann. Unerträglich, besonders wenn man etwas älter wird und gerne etwas mehr Ruhe möchte, erträglich aber, wenn man sich bewusst macht: Es ist ein Freund, der ruft und für den du etwas tun sollst. Er wartet auf dich, ihm sollst in den Menschen, die dich wollen und brauchen, begegnen.

So ist mir die Johannesminne aus dem Kloster Heiligkreuztal in unserer Diözese wichtig geworden: Johannes, der sich an der Brust Jesu ausruht. In den letzten Wochen habe ich Kirchenvätertexte studiert, die noch tiefer gehen, indem sie sagen:

Wir dürfen unseren Lebensdurst an der mit der Lanze durchbohrten offenen Seitenwunde Jesu stillen. Denn das Blut und Wasser, das da ausfließt, sind nach altkirchlicher Exegese die Sakramente der Taufe und der Eucharistie. Und das als Priester jeden Tag bei jeder Feier der Eucharistie!

Aus der Freundschaft mit Jesus wird die Freundschaft untereinander. Entsprechend war „Freunde" einer der Titel, den sich die frühen Christen gaben. Er findet sich schon am Schluss des dritten Johannesbriefs. Christen sollen Freunde sein, und in Christus sind sie es auch.

Das scheint mir wichtig, wenn es, wie in der Ökumene, um die Einheit aller Christen geht. Denn Freundschaft stiften ist etwas vom Wichtigsten bei diesem Geschäft. Ich finde es jedenfalls tröstlich, dass der Titel unseres Päpstlichen Rates nicht heißt „Rat für die Einheit der Christen" oder „Einheitsrat", wie man oft verkürzt sagt; unser Rat heißt „Rat für die Förderung der Einheit". Das ist wesentlich realistischer. Die Einheit der Christen können wir ohnehin nicht „machen"; jedenfalls haben wir sie in den neun Jahren, da ich in diesem Rat tätig bin, nicht erreicht, und wir werden sie nach menschlicher Voraussicht auch in weiteren neun Jahren, wenn ein anderer an meiner Stelle steht, nicht erreicht haben.

Was uns aber mit Gottes Hilfe gelingt und uns teilweise auch gelungen ist, ist ein Netz der Freundschaft zu knüpfen mit vielen Männern und Frauen, Pastoren, Theologen, Bischöfen der anderen Kirchen und Kirchengemeinschaften. So dürfen wir uns schon heute Freunde nennen und daran arbeiten, das Netz dieser Freundschaft immer mehr zu festigen, damit es bei den immer wiederkehrenden Stresssituationen nicht wieder zerreißt.

An dieser Stelle möchte ich allen Mitarbeiterinnen und Mitarbeitern ganz herzlich danken, dass sie bei diesem wichtigen Werk, das uns vom Herrn selbst aufgetragen ist, mitgeholfen haben und dass sie dies im Geist freundschaftlicher Zusammenarbeit getan haben und mich dabei gelegentlich auch ertragen haben.

III.

Zum Blick in die Zukunft bleibt mit 75 Jahren nicht mehr viel übrig. Das einzige Sichere ist, dass man das meiste seiner Lebenszeit hinter sich hat. Den Rest, der bleibt, müssen wir in die Hände eines anderen legen und hoffen, dass er es gnädig mit uns meint.

Das Evangelium sagt uns auch dazu ein wunderschönes und trostreiches Wort: „Bleibt in meiner Liebe, ... damit meine Freude in euch ist und damit eure Freude vollkommen wird." „Bleiben" ist ein Grundwort im vierten Evangelium. Es ist ein tröstliches Wort, denn es versichert uns, dass wir in dieser unbeständigen, rasch sich verändernden Welt eine Bleibe und ein Zuhause haben, die uns niemand nehmen kann, eine Bleibe in Gottes Liebe, in der wir schon jetzt in dieser Welt aufgehoben sind, und dass uns danach eine ewige Bleibe, in der unsere Freude vollkommen sein wird, bereitet ist. Als Christen wissen wir, dass unser Leben am Ende sich nicht verliert, dass es nicht versickert in ein Wasserbächlein in der Wüste des Nichts, dass es vielmehr einmünden wird in den unendlichen Ozean vollkommener Freude.

Wann und wie das sein wird, wissen wir nicht, und das ist gut so. In diesen Tagen wünscht mir jedermann, dass dies nicht so schnell passieren möge, denn die Ewigkeit ist ja lang. So möchte ich bei dieser Eucharistiefeier alles Bisherige in den Kelch legen und – wie es nachher in der Liturgie heißt – darum bitten, dass Gott mein und euer Opfer zu seinem Lob und zum Heil der ganzen Welt annehmen möge, dass er es reinigen und verwandeln möge, dass er ihm Fruchtbarkeit schenken möge für viele andere und für seine ganze heilige Kirche.

PERSONENREGISTER